ÉTUDE

SUR L'UNE DES ORIGINES

DE LA

MONARCHIE PRUSSIENNE

COULOMMIERS. — Typographie de **A. MOUSSIN**

ÉTUDE

SUR L'UNE DES ORIGINES

DE LA

MONARCHIE PRUSSIENNE

OU

LA MARCHE DE BRANDEBOURG

SOUS LA DYNASTIE ASCANIENNE

PAR

ERNEST LAVISSE

Professeur agrégé d'histoire au Lycée Henri IV
Docteur ès lettres

PARIS
LIBRAIRIE HACHETTE ET Cie
79, BOULEVARD SAINT-GERMAIN, 79

1875

Tous droits réservés

AVANT-PROPOS

La monarchie prussienne a une double origine, le Brandebourg et la Prusse.

L'histoire du Brandebourg et celle de la Prusse demeurent distinctes l'une de l'autre jusqu'en l'an 1618; mais elles ont plus d'un point de ressemblance. Longtemps disputé entre les Allemands et les Slaves, le Brandebourg est enfin conquis par les margraves de la maison ascanienne; au milieu du XIIe siècle, Albert l'Ours fait les premiers pas sur la rive gauche de l'Elbe, et déjà, au commencement du XIVe, ses successeurs ont presque atteint la Vistule. Longtemps rebelle au christianisme, la Prusse est attaquée au XIIIe siècle par l'Ordre teutonique, né en Terre-Sainte, et qui, transporté sur les bords de la Vistule, fait, en cinquante ans, la conquête du pays jusqu'au Niémen. En Brandebourg et en Prusse, la population slave fut en partie exterminée, là par les margraves, ici par les chevaliers allemands.

Les deux histoires se rapprochent au xvie siècle. Une révolution s'accomplit en Prusse après la Réforme : l'Ordre est sécularisé; le grand-maitre électif devient duc héréditaire. Or le premier duc était de la famille des Hohenzollern, qui, depuis le xve siècle, régnait sur le Brandebourg; les Hohenzollern de Brandebourg héritèrent en 1618 des Hohenzollern de Prusse, et ainsi fut fondé l'état brandebourgeois-prussien, état allemand, qui a gardé comme des trophées de victoire les noms des deux pays slaves sur lesquels la conquête l'a établi [1].

Moins de cent ans après cet événement, le Hohenzollern Frédéric III brigua le titre de roi : l'empereur d'Allemagne le fit roi de Prusse. L'ancien « pays de l'Ordre » n'avait jamais relevé de l'empire, tandis que le Brandebourg était attaché à l'Allemagne par le lien de la vassalité; il était

---

1. Les histoires de la monarchie prussienne s'appellent d'habitude, en Allemagne : *Histoire de l'Etat brandebourgeois-prussien; Histoire de la Prusse* signifie seulement histoire de la Prusse proprement dite.

donc naturel que le titre royal fût attribué au duché de Prusse; mais le Brandebourg demeura la partie principale de la monarchie.

Le royaume prussien, aventuré au-delà de la Vistule, tout à l'extrémité de l'Europe politique, n'était rien par lui-même; uni à la marche de Brandebourg, il donna aux électeurs-rois ce double caractère de membres du corps germanique et de souverains indépendants, qui a tant contribué à leur fortune. Mais c'est en Allemagne que cette fortune a grandi; c'est parce qu'ils étaient membres du corps germanique que les Hohenzollern en sont devenus les maîtres. Enfin ils ont trouvé dans la marche la tradition de cette autorité singulière, à la fois militaire et patriarcale, qu'ils ont exercée sur les divers pays soumis à leur domination, et qui en a été le lien solide.

L'histoire spéciale de la marche de Brandebourg mérite donc une étude à part : ce livre en expose les origines les plus lointaines et s'arrête à l'extinction de la dynastie ascanienne.

En peu de mots, voici l'objet qu'on s'y est proposé : dire à quel moment de l'histoire générale est née la marche du Nord, qui devint ensuite la marche de Brandebourg; quelle mission fut assignée à ses chefs et comment ils l'ont remplie;

raconter leurs relations avec l'Allemagne en même temps que leurs conquêtes en pays slave ; définir le caractère de l'autorité margraviale ; la suivre dans son exercice, quand elle crée de toutes pièces un état nouveau sur la rive droite de l'Elbe, et montrer comment, ayant tout institué, elle est demeurée très-forte, même après que le temps et de mauvaises coutumes l'eurent altérée.

L'étude de ces temps primitifs du Brandebourg, à peu près inconnue en France a été longtemps négligée en Allemagne : elle y est en honneur aujourd'hui. Un des maîtres de la science historique dans ce pays, M. Ranke, a publié il y a trente ans ses *Neuf livres de l'histoire de la Prusse :* il semblait alors qu'il fit dater la Prusse des Hohenzollern [1]. Il donne aujourd'hui une seconde édition de cet ouvrage, qui est singulièrement augmentée [2] : le premier volume porte le titre de *Genèse de l'Etat prussien;* un long chapitre y est consacré aux margraves ascaniens, et l'auteur avoue dans sa préface que les événements contemporains l'ont éclairé sur l'importance de cette histoire si reculée.

On s'expose toujours à faire quelque injure à la

---

1. Ranke, *Neun Bücher der preussischen Geschichte*, Berlin, 1847.
2. Ranke, *Genesis des preussischen Staates*, Leipzig, 1874.

vérité, quand on reporte ainsi dans le passé les préoccupations du présent. M. Ranke a voulu vieillir la gloire du Brandebourg, et c'est par patriotisme qu'il donne une place parmi les prédécesseurs des rois de Prusse à un héros du XIIe siècle, le margrave Albert l'Ours. Plus profondes sont les racines de la grandeur prussienne, plus la solidité lui en paraît assurée. D'autres écrivains cherchent dans la même histoire la satisfaction de passions opposées. Ils mettent en lumière le caractère particulier des institutions de la marche, afin de montrer que l'entente est impossible entre l'esprit allemand et l'esprit brandebourgeois, produits de deux histoires si différentes.

Nous n'avons pas à prendre parti dans cette querelle ; mais pourquoi faire difficulté d'avouer que les événements contemporains nous ont aussi ramené vers ce lointain passé ? Certes nous n'aurons garde, en parlant du Brandebourg au moyen âge, de penser à nos justes griefs d'aujourd'hui ; car il ne faut pas envier, même à des victorieux, le don de la haine rétrospective. Mais l'histoire de la Prusse est un sujet où nous avons le devoir d'acquérir une connaissance réfléchie et philosophique, et l'on ne comprend pas une histoire dont on ignore les origines. Depuis Albert l'Ours jusqu'au souverain contemporain de la Prusse, il y a une continuité de tradition qu'on ne saurait méconnaître. C'est donc dans l'histoire du Brandebourg sous la dynastie ascanienne qu'on trouvera la source véritable de l'histoire de Prusse. Il faut remonter jusque-là, en dépit des difficultés, des fatigues et des ennuis de la route.

LA MARCHE DE BRANDEBOURG

SOUS LA DYNASTIE ASCANIENNE

CHAPITRE I

LA MARCHE AVANT L'AVÉNEMENT DES ASCANIENS.

Les Slaves de l'Elbe et les Germains jusqu'à la mort de Charlemagne. — Leur situation comparée en 814. — Les Slaves de l'Elbe et les Allemands depuis la mort de Charlemagne jusqu'à la fondation de la marche du Nord (814-963). — La marche jusqu'à l'avénement des Ascaniens (963-1134). — Situation singulière des Slaves de l'Elbe au début du XIIe siècle. — Causes et conséquences de cette situation.

LES SLAVES DE L'ELBE ET LES GERMAINS JUSQU'A LA MORT DE CHARLEMAGNE

La marche de Brandebourg ne commence pas avec les Hohenzollern. Avant eux se sont succédé plusieurs dynasties, dont la plus illustre est celle des Ascaniens. Les vaillants margraves de cette maison ont frayé toutes les routes où les Hohenzollern devaient les suivre et les dépasser, et c'est dans leur histoire qu'on trouvera les origines véritables de la monarchie prussienne; mais avant de la raconter, il faut remonter loin dans le passé; car leur principale gloire est d'avoir mis un terme par une victoire définitive au combat engagé sur les rives de l'Elbe entre les Allemands et les Slaves, et l'on ne saurait la bien apprécier qu'après avoir retracé à grands traits cette lutte plusieurs fois séculaire.

On n'a pourtant pas le dessein d'aller rechercher dans les temps préhistoriques laquelle des deux races revendique à bon droit la priorité de possession sur les pays entre l'Elbe et la Vistule. A la vérité, de telles questions ne peuvent plus être considérées comme oiseuses, depuis que l'érudition a pris une part active aux affaires du monde, qu'on a vu s'ouvrir l'ère terrible des guerres de race et d'idiome, et le souvenir de l'occupation antérieure d'un territoire devenir la source de revendications éternelles; mais les relations des Allemands et des Slaves sont enveloppées de trop épaisses ténèbres jusqu'à l'ère chrétienne pour qu'il soit possible d'y rien distinguer, et même à cette date, l'histoire des migrations slaves est encore très-incertaine. Au reste, comme il n'est pas de notre sujet de chercher à porter la lumière dans ces obscurités, il suffit de rappeler ici que Tacite et Pline [1] placent sur la Vistule, dans le voisinage des Finnois, les Venèdes, c'est-à-dire les Wendes ou Slaves [2]; que Ptolémée [3] signale à l'extrême orient de l'Europe, aux bords du Volga, un autre peuple slave, les Serbes; mais qu'à la faveur de la grande invasion, les différents groupes de la race se sont avancés dans la direction de l'Elbe et de

---

1. Tacite, *Germania*, ch. XLVI. — Pline, *Historia naturalis*, lib. IV, c. 13.
2. *Wende* est le nom donné aux Slaves par les Allemands; il sert souvent au moyen âge à désigner les Slaves de l'Elbe. — Voyez Schafarik, *Antiquités slaves*, trad. en allemand par Aehrenfeld; t. I, ch. VII.
3. Ptolémée, Géographie, L. v. 9.

l'Adriatique, pendant que les peuples germaniques émigraient en masse vers le sud et vers l'ouest. A la fin du vi⁰ siècle, des Slaves sont établis dans la Pannonie et le Norique, où Thassilo de Bavière les combat [1]; ils menacent l'Italie par l'Istrie, et font jeter des cris d'alarme au pape Grégoire-le-Grand [2]; les Tchèques ont remplacé dans le quadrilatère de Bohême les Marcomans, dont le nom disparaît au v⁰ siècle. Enfin l'occupation du pays entre l'Elbe et la Vistule s'est sans doute faite peu à peu, à mesure qu'émigraient les différentes tribus entre lesquelles il était partagé, c'est-à-dire les Burgondes, les Goths, les Lombards, les Vandales, et les Semnons [3].

Ce pays entre l'Elbe et la Vistule est le théâtre où s'accomplira l'histoire que nous allons raconter : il faut dès maintenant marquer la place des tribus qui sont appelées à y jouer un rôle. En remontant la vallée de l'Elbe, depuis l'embouchure du fleuve jusqu'au point où il sort du quadrilatère de Bohême, on rencontre trois groupes de peuples slaves.

Le groupe septentrional habitait dans le Mecklembourg actuel entre la Baltique au nord et l'Elbe au sud, entre la Reckenitz à l'est et la Trave à l'ouest : la plus forte des nations dont il se composait était celle des Obotrites [4], qui avaient pour villes principales

---

1. Paul Diacre, *De gestis Langobardorum*, IV. 7 (*ap*. Muratori, *Rerum italicarum scriptores*, t. I, pars I. p. 455).
2. S‍t Grégoire, *Opera omnia*, t. II. lib. X, epist. xxxvi. Conturbor, quia per Histriæ aditum jam ad Italiam intrare cæperunt.
3. Voyez pour cette histoire des migrations Slaves, Schafarik, *op. cit*; Rettberg, *Kirchengeschichte Deutschlands*, t. II, p. 544-555; L. Léger, *Cyrille et Méthode*, chap. I.
4. Ou Bodrizes; il y a pour chacun de ces noms de nombreuses formes : on prend ici les plus usitées. Voyez pour toutes ces formes et les étymologies Schafarik, t. II. p. 587 et suiv. Voyez aussi Raumer, *Historische Charten und Stammtafeln zu den Regesta historiæ brandengenbursis*, 1ᵉʳ cahier, p. I. à 24.

Rarog, aujourd'hui disparue, Rostock et Schwérin. Après les Obotrites, dont le nom sert d'ordinaire à désigner le groupe septentrional, apparaissent, à différentes dates [1], des tribus, parmi lesquelles nous nommerons seulement la plus occidentale, celle des Wagriens, où se trouvait une ville destinée à une grande célébrité, Lübeck [2].

Le groupe central, que les Allemands désignaient par les noms de Wiltzes ou de Luitizes [3], était le plus important des trois. C'est aussi celui dont l'histoire est le plus étroitement mêlée à celle de la marche de Brandebourg. Depuis Charlemagne jusqu'au temps de la complète soumission des Wendes, son nom revient plus souvent que celui de tout autre peuple slave : il domine dans les légendes et les contes d'Allemagne, et même aujourd'hui il est prononcé avec terreur par le peuple dans les légendes russes. Les principales tribus du groupe étaient :

Les Rugiens, habitant l'île Rüjana [4], aujourd'hui Rügen, guerriers, pirates, et dévots; leur capitale Orekunda, appelée par les Allemands Arkona, renfermait un des sanctuaires les plus vénérés des Slaves;

Les Woliniens, habitant l'île de Wolin et une

---

1. La géographie politique du pays slave de l'Elbe est pour ainsi dire découverte peu à peu par les chroniqueurs allemands; elle se modifie de siècle en siècle. Il suffit d'en indiquer ici les traits principaux. Voyez Giesebrecht, *Wendische Geschichten, aus den jahren* 780 *bis* 1182. t. I. ch. I.

2. Lübeck fut à l'origine une forteresse wiltze, conquise de bonne heure par les Obotrites.

3. Le nom slave était *Welatabi* : *natio quædam Sclavenorum, quæ propriâ linguâ Welatabi, francicâ autem Wiltzi vocantur*... Eginhard, *Annales*. ad. ann. 799 (*ap*. Pertz, *Monumenta Germaniæ historica*, t. I). *Luitizi, Liutizi* est un nom postérieur. Voyez pour l'histoire de ces noms Giesebrecht, *loc. cit.*, et Schafarik, au chap. des Slaves Polabes, t. II. p. 546-625.

4. Le nom Slave est Rana ; Rüjana et Rügen sont les noms allemands (Schafarik t. II. p. 574. note 2).

partie de la côte voisine : leur capitale, Wolin [1], est célébrée par Adam de Brême comme « une très-noble cité » dont on raconte des merveilles ; « c'est, dit-il, la plus grande de toutes les villes que l'Europe renferme…. enrichie par les marchandises de tous les peuples du nord, elle possède tous les agréments et toutes les raretés [2]; »

Les Circipaniens, habitant auprès de la Peene (*Panis*) qui leur a donné son nom : il y avait un temple fameux dans leur ville de Wollgast ;

Les Chyzziniens, entre la Reckenitz et la Warnow ; les Dolenziens, aux bords du lac et de la rivière Tollense ;

Les Redariens entre la Havel, l'Oder, la Peene, la Tollense : on ne sait où placer leur ville de Ratara ou Rethra, connue par son temple consacré au Dieu de la guerre ;

Les Ucraniens, aux bords de l'Ucker ;

Les Stoderaniens, ou Hévelliens : le premier de ces noms vient de Stoda, nom d'une divinité indigène et c'est celui que la tribu se donnait à elle-même ; l'autre lui était attribué par les Allemands, parce qu'elle était située aux bords de la Havel qui l'enveloppait de trois côtés ; deux villes des Hévelliens portaient des noms qui sont devenus fameux : Brandebourg [3] et Potsdam [4] ;

Les Brisaniens habitaient près de la Havel ; le nom

---

1. *Wolin* est le nom Slave, *Julin* le nom danois, *Winetha* le nom saxon (Schafarik, t. II. p, 576. 8).
2. Adam de Brême, *Gesta Hammaburgensis ecclesiæ pontificum*, II, 19 (*ap.* Pertz, *Monumenta Germaniæ historica*, VII, p. 312).
3. Branibor, Brennaborg, Brennaburg, Branneburch, Brendanburg, Brandunburg, etc.
4. Postupini.

de Priegnitz porté par le pays entre la Havel, la Dosse et l'Elbe est sans doute un souvenir de cette peuplade;

Les Sprévaniens tiraient leur nom de la Sprée, sur les deux rives de laquelle ils étaient établis;

Enfin les Morizaniens habitaient la rive de l'Elbe en face de Magdebourg.

Le troisième groupe des Slaves de l'Elbe était celui des Sorabes ou Sorbes[1], qui habitaient entre les monts de Bohême au sud, la Saale à l'ouest, le Bober à l'est, et qui était séparé des Wiltzes, ses voisins du nord, par une ligne partant de l'embouchure de la Warta dans l'Oder, pour rejoindre le confluent de la Saale et de l'Elbe.

Depuis le temps de Tacite et de Pline, les Slaves avaient gagné une immense étendue de terrain. En un point ils dépassaient l'Elbe, puisque les Sorabes atteignaient jusqu'à la Saale; mais des colonies isolées s'avancèrent plus loin encore vers l'occident. Plusieurs villages de la Vieille-Marche, c'est-à-dire de la partie de la future marche de Brandebourg située sur la rive gauche de l'Elbe, ajoutent encore à leur nom l'épithète de *Wendisch*, et d'autres ont porté jusqu'au xve siècle cette qualification, qui s'est perdue depuis. A l'ouest de la Vieille-Marche, dans le pays de Lunebourg, le fond slave de la population se trahissait, même au xviie siècle, par la langue et par les coutumes, malgré les efforts faits par le gouvernement du pays pour effacer cette distinction[2]. Enfin des

---

1. Le nom de Serbes était donné autrefois par les Slaves à toute la race. Il vit encore aujourd'hui en Serbie, et dans ce qui subsiste des Sorabes dont il est ici question : les Slaves de Lusace s'appellent en effet *Serbjo*.

2. Voyez Riedel, *die Mark Brandenburg im Jahre 1250, oder historische Beschreibung der brandenburgischen Lande und ihrer politischen und kirchlichen Verhältnisse um diese Zeit.*, t. II. p. 8. et note 1.

Slaves, probablement du groupe sorabe, franchirent la Saale pour s'avancer au cœur de l'Allemagne. En l'année 741, quand Sturm, le disciple de Boniface, envoyé par son maître à la recherche d'un asile où l'apôtre de la Germanie pût se livrer à la contemplation et « reposer enfin ses jambes fatiguées », s'enfonça dans la forêt bochonienne, il rencontra, au moment de découvrir le lieu désiré, un grand nombre d'hommes qui se baignaient dans la Fulda : c'étaient des Slaves, qui, voyant aller ce pèlerin seul sur son âne, se moquèrent de lui, mais le laissèrent passer sans lui faire aucun mal [1]. Boniface eut dans la suite de nombreuses relations avec ces tribus. Des Slaves, appelés par lui, défrichèrent la forêt aux pieds des murailles sacrées du monastère de Fulda, qui fut un des foyers les plus actifs de la propagande chrétienne en Germanie. D'autres colonies s'établirent vers le même temps dans les diocèses de Wurzbourg et de Bamberg, où elles introduisirent le travail des mines et l'élève du bétail. Il en est même qui pénétrèrent en Souabe et jusque sur les bords du Rhin [2].

Ainsi les Slaves avaient suivi la marche des Germains, couvert les pays abandonnés par les envahisseurs, poussé leurs avant-postes au sud jusqu'aux portes de l'Italie, envoyé des colons à l'ouest jusqu'aux bords du Rhin ; mais ces progrès devaient s'arrêter, le jour où s'arrêterait l'invasion germanique. A une date inconnue, des tribus qui avaient pénétré au delà de l'Elbe dans la Vieille-Marche et le pays de Lünebourg furent attaquées par les Saxons, venus des bords de la mer en remontant la rive gauche de

---

1. Rettberg, *op. cit.* t. I. p. 372.
2. Riedel, *die Mark Br.*, t. II. p. 10 et 11, et les notes.

l'Elbe, et si bien soumises qu'elles ne remuèrent plus jamais [1]. Toutefois la lutte ne devint vive qu'après que la conquête eut amené les Francs aux extrémités de l'Allemagne. Au commencement du VIII° siècle, la Bavière est encore réduite à la défensive : en 725 les Slaves font dans le Pongau des incursions victorieuses ; mais quand Charles Martel et ses fils ont étendu leur domination sur la Bavière, l'œuvre de la soumission et de la conversion des Slaves et des Avares est entreprise avec vigueur [2].

Sur les bords de l'Elbe, les premiers rapports entre les Francs et les Slaves furent amicaux, car ils avaient un ennemi commun, les Saxons. Pépin s'allie aux Slaves [3] pour punir les Saxons d'avoir prêté appui à son frère Grippon (748), et Charlemagne cherche parmi les nations transalbines des alliés dans la guerre d'extermination qu'il fait à la Saxe : il les trouve chez les Obotrites et les Sorabes [4]. Mais la Saxe une fois domptée, le conquérant chrétien, dont les armes ne pouvaient se reposer tant qu'il resterait un païen à convertir, attaque les Slaves. Il sait profiter habilement des haines qui divisent les diverses nations de cette grande race ; car elle est en proie à l'anarchie. Sous prétexte de venger des injures faites aux Obotrites, aidé par ceux-ci et par les Sorabes, il envahit et ravage le pays des Wiltzes, qu'il frappe d'un tribut et d'où il emmène des otages (799) [5]. Dès lors,

---

1. Riedel, *die Mark Br.*, t. II. p. 7-14.
2. Rettberg, t. II. p. 549-55.
3. *Annales Mettenses*, ad ann. 748 (Pertz. I. 330).... duces gentis asperæ Sclavorum in occursum ejus venerunt, unanimiter auxilium illi contra Saxones ferre parati, pugnatores quasi centum millia.
4. Eginh. *Annales*, ad ann. 795 (Pertz. I. p. 181).
5. *Ibid.* ad ann. 789 (Pertz. I. p. 185) et *Chronicon Moissiacense*, ad ann. 789 (Pertz, I. p. 298).

les expéditions de Charles se multiplient, contre les Sorabes qui ne demeurent pas fidèles à son alliance, contre les Wiltzes qui détruisent la citadelle de Hochburgi, élevée pour les surveiller, non loin du lieu où naîtra Hambourg (810)[1]. Il intervient aussi pour protéger les Obotrites contre les Danois, quand ceux-ci attaquent le pays, d'accord avec les Wiltzes, tuent le roi Drasko, fidèle allié de Charles, soumettent les deux tiers du pays, détruisent la ville de Rarog, et rentrent chez eux chargés de butin. Charles fait élever de nouvelles forteresses contre les Danois et leur impose la paix (811). L'année suivante, il dirige encore une expédition contre les Wendes[2].

Charlemagne finit donc son règne en combattant contre les Slaves. Aux bords de l'Elbe s'arrête le dernier effort du conquérant chrétien. Il avait à peine ébauché sa tâche, car il n'avait point entrepris encore la conversion des tribus qu'il avait soumises, et les Wiltzes, plusieurs fois vaincus par lui, gardèrent aussi bien que les Obotrites, ses alliés, leurs lois et leurs dieux. Sans nul doute il se serait efforcé, s'il en avait eu le temps, de consolider ses victoires par la conversion des vaincus, et d'achever à l'aide des missionnaires l'œuvre commencée par ses armées. L'œuvre était rude, car derrière cette première rangée de tribus slaves, il en eût trouvé d'autres que nous rencontrerons bientôt dans l'histoire de la marche de Brandebourg : dans les vastes plaines qui s'inclinent des Carpathes à la Baltique, les Polonais occupaient le pays jusqu'à la Warta et la Netze ; au

---

1. *Chron. Moissiac.*, ad ann. 808, 809, 810, 811, 812 (Pertz I. p. 308, 309); Eginh. ad ann. 811-812 (ibid. p. 198-199).
2. Rettberg, t. II. p. 553-4.

nord de ces deux cours d'eau, jusqu'à la mer, habitaient les Poméraniens; derrière ceux-ci, les Prussiens.

Ainsi le monde slave, à peine entamé par les Carlovingiens, couvrait l'Europe orientale, et il était inévitable que, de l'Adriatique à l'embouchure de l'Elbe, une grande lutte s'engageât entre les deux races à la mort de Charlemagne.

SITUATION COMPARÉE DES SLAVES ET DES GERMAINS A LA MORT DE CHARLEMAGNE.

Les Slaves ne méritaient point le mépris dont leurs vainqueurs ont si souvent essayé de les accabler. Ce n'est point ici le lieu de retracer leur vie politique, sociale, religieuse, économique. Aussi bien ne trouverait-on pour un tel travail que des documents allemands, c'est-à-dire des témoignages d'ennemis, et qui, se rapportant à différentes dates, souvent à différentes nations, pourraient tout au plus servir à composer un de ces tableaux de fantaisie qui ne trompent point la critique historique.

Il suffit de dire que chez les Slaves la famille et la tribu étaient constituées à peu près comme chez les autres peuples de race aryenne. Comme celle des anciens Germains, leur religion déifiait les forces de la nature et certaines abstractions de l'esprit. Toutefois, on y trouvait un plus vif souvenir de l'Orient : le Slave était dualiste et partageait ses hommages entre les forces utiles et les forces nuisibles, adorant les premières par reconnaissance, les secondes par crainte ; mais il se distinguait surtout du Germain par le culte et par le sacerdoce, au moins dans le pays entre l'Elbe et l'Oder, où la guerre acharnée déclarée au paganisme fit naître et fortifia des institutions religieuses particulières.

Le Slave connaissait toutes les formes de la superstition. Il adorait tantôt des objets naturels, pierres, sources, arbres, forêts, tantôt des fétiches, une lance rouillée, un bouclier, un étendard ou une idole. Quantité de lieux saints s'offraient à sa vénération : telle forêt était un temple, telle pierre dressée un autel; mais il élevait aussi à ses dieux de véritables temples et leur donnait un clergé pour les servir. Chaque tribu avait son sanctuaire principal [1], et quelques-uns, renommés entre tous, attiraient des pèlerins de toutes les tribus, comme ceux de Radegast à Rhetra, de Swantowit à Arkona. Dithmar de Mersebourg donne une longue description du temple de Rhetra. Il parle avec une sorte d'horreur et de crainte superstitieuse de ce lieu entouré de tous côtés par une forêt sacrée, de ses trois portes, dont l'une, celle qui est tournée vers l'orient regarde la mer avec un aspect sinistre, des images des dieux et des déesses qui ornent les murs, de celles qui sont à l'intérieur, portant chacune sur leur piédestal le nom de la divinité, armées de cuirasses et de casques d'une forme terrible. La principale est celle de Radegast, le dieu hospitalier et de bon conseil ou bien le créateur. Entre tous les temples, dit le vieil historien, celui-ci tient le sceptre [2]. Avant la guerre, les infidèles y viennent faire leurs dévotions et prendre leurs étendards : ils les rapportent à la paix avec des présents. Pour garder toutes les choses précieuses qu'il renferme, ils ont institué des prêtres spéciaux, qui président aux céré-

---

1. Dithmar, *Chronicon*, VI, 17 et 18 (Pertz. III. p. 723).
2. Principalem tenet monarchiam.

monies religieuses, interrogent le sort ou le cheval sacré qui rend les oracles.

Au temps de Dithmar la splendeur et la renommée de Rethra étaient grandes ; mais elles s'éclipsèrent tout d'un coup, le jour où l'évêque Burkhard de Halberstadt, dans une croisade contre les païens, s'empara du temple et fit au cheval de Radegast l'injure de le monter pour retourner à sa ville épiscopale[1]. Alors le premier rang parmi les sanctuaires des Wendes passe au temple d'Arkona, consacré à Swantowit, le dieu de la sainte lumière ; il avait aussi des ornements magnifiques, un clergé distingué du reste de la nation par l'habit, par la longue barbe descendant sur la poitrine, par les longs cheveux flottant sur les épaules. Comme à Rethra un cheval y était consacré à la divinité, et rendait des oracles : Swantowit en personne le montait quelquefois la nuit ; et, le matin on voyait à sa place, couvert d'écume et de boue, le noble coursier fatigué par la chevauchée divine.

Ce clergé spécial, chargé de veiller à l'observance de rites solennels dans des lieux consacrés et vénérés, était hiérarchiquement organisé. Les prêtres, supérieurs aux serviteurs du temple occupés des menus détails du culte, n'étaient pas égaux entre eux : tous ceux de Swantowit avaient pour chef le grand prêtre d'Arkona. A ce clergé étaient prodiguées toutes sortes d'honneurs : les prêtres siégeaient parmi les nobles dans les assemblées ; le grand prêtre était un plus important personnage que les rois, qui s'agenouillaient devant ce révélateur de la volonté divine.

---

1. Super eum sedens in Saxoniam rediit... Voyez Raumer, *Regesta historiæ brandenburgensis, Chronologisch geordnete Auszüge aus allen Chroniken und Urkunden zur Geschichte der Mark Brandenburg*, p. 110, n° 592.

Chaque temple avait son domaine, qui parfois était vaste comme une principauté, ses revenus réguliers, perçus sur la fortune des fidèles, sur leur commerce et leur butin.

Enfin les prêtres étaient aussi des soldats ; ceux d'Arkona formaient une milice de trois cents cavaliers. Pour résister au christianisme, le paganisme wende avait donc la foi de ses adeptes, enflammée par les magnificences de son culte, le dévouement d'un clergé fortement organisé, défenseur armé de ses honneurs, de sa richesse et de sa domination.

Les écrivains allemands contemporains des Wendes s'accordent à reconnaître quelques vertus à ces ennemis de l'Allemagne. Le Slave, disent-ils, est hospitalier plus qu'aucun autre peuple : dans chaque maison une chambre attend l'hôte qui peut venir. Il a toutes les qualités du soldat ; il est hardi, vif, rusé, opiniâtre ; il pousse aux dernières limites l'amour de l'indépendance, quittant avec joie maison, famille, supportant toutes les privations, bravant tous les périls, quand il s'agit de combattre pour la liberté. Les mêmes écrivains lui reprochent d'être menteur et cruel envers l'ennemi, d'exiger des autres la constance et la bonne foi, tandis que lui-même est capable par emportement ou par vénalité de violer une paix qu'il a jurée ; mais on est tenté de croire que le reproche ne convient pas aux seuls Wendes ; car les chroniques germaniques abondent en récits d'actes d'ingratitude, de perfidies, de trahisons, de crimes commis par les Allemands contre les Slaves ; c'est au temps, plus encore qu'à la race, qu'il faut imputer ces vices et ces méchantes actions [1].

A de certains égards, les Slaves étaient même plus

---

1. Voyez Giesebrecht, *Wendische Geschichten*, t. I. p. 35, 57.

civilisés que les anciens Germains. Ils habitaient dans de nombreux villages, et quelques-unes de leurs villes, les villes maritimes surtout, étaient très-peuplées et très-prospères. Ils ne méritaient point le reproche qui leur a été fait dans la suite par leurs ennemis d'aimer le travail facile, d'épargner la sueur de leur front à gagner leur vie, de préférer la pêche au travail de la terre. Les eaux et les forêts leur fournissaient le poisson et le gibier, mais ils connaissaient la culture, même la culture maraîchère et fruitière. S'ils préféraient l'élève du bétail, c'est que la nature du terrain les y invitait. Pour la même raison ils étaient passés maîtres en l'art d'élever les abeilles : aujourd'hui encore dans les plaines de l'Europe orientale, entre le Volga et l'Oural, l'abeille bourdonne dans les grandes bruyères et les bois de tilleuls qui couvrent le pays. L'industrie des Wendes était assez avancée; ils travaillaient le chanvre et le lin et chaque maison avait son rouet. Ils achetaient le fer à l'étranger, mais ils fabriquaient les instruments de labour, les armes, les ustensiles de ménage et les ornements de métal dont ils paraient leurs temples. Ils construisaient les bateaux qui portaient les pêcheurs, les marchands et les pirates. Leur commerce intérieur était prospère, leur commerce extérieur étendu : les monnaies arabes qu'on a retrouvées au bord de la Baltique prouvent que des relations avaient été nouées par les Wendes avec l'extrême Orient. Il y avait donc dans les pays au delà de l'Elbe une certaine prospérité ; la population paraît y avoir été assez dense : du moins Eginhard dit que les Slaves se fiaient à leur nombre, qu'ils étaient innombrables[1];

---

1. Eginh. ad ann. 789., gens.. bellicosa et in sua numerositate confidens (Pertz. I. p. 175).

les chroniques allemandes donnent des chiffres considérables de Wendes exterminés par les Allemands, et les urnes funéraires se pressaient dans les cimetières, seuls monuments qui nous restent de plus d'une tribu slave disparue.

A comparer les Germains, même tels que les a dépeints la plume indulgente de Tacite, aux Slaves que nous font connaître les écrivains ecclésiastiques allemands, il n'y a point de raison pour donner la préférence aux premiers ; mais l'Allemagne à la mort de Charlemagne n'est plus la Germanie de Tacite. Cette vaste région présentait au début du ixe siècle deux aspects bien différents. La partie occidentale, Austrasie, Alamannie, c'est-à-dire toute la vallée du Rhin et la haute vallée du Danube, était civilisée depuis longtemps, tranquille et riche. Là s'élevaient les villes épiscopales de Trèves, Metz, Toul, Verdun, Liége, Cologne, Mayence, Worms et Spire en Austrasie, de Strasbourg, Bâle, Constance, Coire, Augsbourg en Alamannie. Plusieurs de ces siéges épiscopaux étaient d'origine romaine et l'Église n'avait fait que les rétablir, quand les conquêtes des Mérovingiens et des Carlovingiens lui avaient rendu le terrain que l'invasion lui avait enlevé. Le pontife romain exerçait sur eux une autorité incontestée, car Boniface avait fondé en ce pays des traditions d'obéissance et de respect envers Rome que le temps n'a pas effacées. C'est dans la Germanie occidentale qu'étaient situées les plus célèbres villas impériales, parmi lesquelles Aix-la-Chapelle, résidence favorite de Charlemagne, qui l'avait ornée en empruntant à des ruines romaines les matériaux de son palais et de sa basilique. Tout témoignait dans cette région rhénane de l'accord entre la puissance franque et Rome, grâce auquel de précieux débris de la civilisation antique furent sauvés, l'invasion arrêtée, et la mobile Germanie fixée sur son sol, pendant que la hache défrichait les vieilles forêts païennes et que les monastères élevés par les missionnaires donnaient le double exemple de la culture intellectuelle et du travail agricole.

Tout autre était la situation de l'Allemagne orientale. En Bavière, Ratisbonne et Passau étaient les sièges d'évêchés plusieurs fois érigés et renversés ; le christianisme était encore nouveau en Thuringe et en Frise, et la Saxe portait la trace des blessures qu'elle avait reçues dans la guerre d'extermination où avait péri son indépendance. Des évêchés avaient été fondés à Osnabrück, Verden, Brême, Paderborn, Minden, Halberstadt, Hildesheim, Münster qui bientôt deviendront des villes ; mais il fallait pour les protéger des forteresses et la terrible législation du capitulaire de la Saxe. Ici donc les souvenirs de la barbarie et du paganisme sont encore récents ; mais ce n'est pas tout : la barbarie danoise, slave, avare est proche ; aussi la frontière est-elle armée contre l'ennemi. De l'Adriatique à la Baltique s'étend la chaîne des marches. Au nord-est cinq marches étaient tournées contre les Wendes : contre les Sorabes, la marche de Thuringe ou *limes sorabicus*, contre les Wiltzes les petites marches de Magdebourg, Zelle, Bardewyk ; contre les Obotrites la marche de Saxe, ou *limes saxonicus*. Les margraves avaient sous leurs ordres plusieurs comtes et surveillaient l'ennemi : ils étaient les chefs d'une sorte d'avant-garde chrétienne en face du paganisme.

L'Allemagne a donc sur les Slaves une grande supériorité : elle est organisée, tandis qu'ils sont livrés aux dissensions. En effet les Obotrites et les Wiltzes étaient le plus souvent en guerre les uns contre les autres ; ceux-ci étaient les mortels ennemis des Sorabes et des Tchèques, qui à leur tour ne s'entendaient pas avec les Polonais. Quand il y avait des ligues entre ces peuples, elles avaient pour objet la guerre contre des peuples frères; encore ces alliances n'étaient-elles pas solides : elles changeaient au gré des événements, et la défiance et la haine caractérisaient les rapports de ces populations entre elles [1]. Dans l'intérieur même de la tribu, les institutions ouvraient la porte à l'anarchie. Déjà dans les temps anciens, la coutume qui perdit la Pologne, celle qui exigeait l'unanimité des voix pour qu'une décision de l'assemblée fût valable était l'origine de grands malheurs [2].

Organisée, l'Allemagne a contre les Slaves la force : chrétienne, elle a une civilisation supérieure ; mais elle doit ce double bienfait à cette alliance franco-romaine, qui, après s'être préparée au temps des Mérovingiens, s'est conclue sous le premier prince de la dynastie carlovingienne et resserrée sous le second dont elle explique toute la politique. Ne perdons point de vue ce grand fait qui nous permet de rattacher à l'histoire générale l'histoire particulière que nous étudions. Au IVe siècle, se produit un grand mouvement de peuples d'Orient en Occident, et bientôt les Slaves qui

---

1. L'empereur Maurice disait de ces tribus qu'elles étaient ἄναρχα καὶ μισάλληλα. Voyez Léger, *op. cit.* p. 44, note 3.
2. Voyez Dithmar, VI, 18 (Pertz, III, p. 812). Unanimi consilio ad placitum suimet necessaria discucientes, in rebus efficiendis omnes concordant. Si quis vero ex comprovincialibus in placito hiis contradicit, fustibus verberatur, et si forinsecus palam resistit, aut omnia incendio et continua deprædatione perdit, aut in eorum presentia pro qualitate sua pecuniæ persolvit quantitatem debitæ.

suivent les Germains empiètent sur le territoire de la Germanie. Au ix⁰ siècle, le mouvement se produit en sens contraire. Après avoir, dès le v⁰ siècle, arrêté les Germains sur le chemin de l'Occident, les Francs ont pris l'offensive contre l'Allemagne ; ils l'ont pour ainsi dire retournée vers l'Orient, où elle fait tête aux Slaves demeurés païens et aux nations asiatiques qui continuent l'invasion. Elle était un danger pour la civilisation chrétienne : elle en est devenue le rempart, grâce aux Francs, nos ancêtres, baptisés par nos ancêtres les Gallo-Romains.

LES SLAVES DE L'ELBE ET LES ALLEMANDS DEPUIS LA MORT DE CHARLEMAGNE JUSQU'A LA FONDATION DE LA MARCHE DU NORD (814-963).

Charlemagne avait donc pris position en face des Slaves, et montré à ses successeurs la route où il fallait marcher. Il s'écoula de longues années avant que ceux-ci pussent s'y engager. Louis-le-Débonnaire comprima, il est vrai, quelques révoltes de Slaves, et les députés des différentes nations parurent plusieurs fois ensemble ou séparément aux assemblées de l'empire. « L'empereur Louis, dit Eginhard, donna audience à Francfort aux députés des Slaves orientaux, c'est-à-dire des Obotrites, des Sorabes, des Wiltzes, etc., qui lui avaient été envoyés avec des présents [1]. » Il joua dans leurs affaires intérieures, et dans les conflits qui éclataient entre elles, le rôle de pacificateur et d'arbitre. Mais les grandes guerres qui suivirent sa mort et qui aboutirent à la séparation de l'Allemagne, de la France et de l'Italie (843), les

---

1. Raum. *Regesta*, p. 18, n° 68.

attaques des Normands, des Hongrois et des Sarrasins, qui fondirent simultanément sur l'empire des Francs, au moment où ses forces étaient divisées ; la faiblesse ou l'impuissance des rois d'Allemagne Louis-le-Germanique, Carloman, Louis II, Charles-le-Gros, Arnulf, Louis l'Enfant (843-911), permirent aux Slaves de recouvrer leur indépendance, de devenir agresseurs à leur tour, et de franchir l'Elbe et la Saale ; encore une fois l'Allemagne était entamée.

Sous la pression des dangers qui la menacent de toutes parts, elle s'organise pour la résistance. Dans la décadence du pouvoir impérial, les vieilles divisions germaniques, Franconie, Saxe, Alamannie ou Souabe, Bavière avaient reparu sous la forme de duchés. Ici comme en France, les usurpations de la grande féodalité furent en quelque sorte légitimées par les services qu'elle rendit : les ducs furent les protecteurs de leurs sujets contre les barbares qu'ils combattirent vaillamment. Le sentiment de l'unité germanique, révélé par Charlemagne, ne fut pourtant pas perdu ; l'ancien droit d'élection fut remis en vigueur ; Conrad de Franconie fut élu roi allemand (911). De cette élection date l'Allemagne du moyen âge, fédération de princes et de peuples, au-dessus de laquelle la royauté nationale représente l'unité. Sa grandeur commence le jour où le duc de Saxe, Henri le Fondateur, succède à Conrad. Ce descendant de Witikind était le plus puissant des ducs d'Allemagne, car l'ancienne Saxe s'étendait du Rhin à l'Elbe, du Harz à la Baltique, et l'humeur guerrière des Germains s'y était conservée tout entière (919).

Henri reprend la tradition carlovingienne ; il relève les marches de l'est, organise derrière elles le pays pour la résistance et pour l'attaque, affranchit l'Allemagne du honteux tribut qu'elle paye aux Hongrois, et entame la conquête des pays slaves.

Brandebourg, la capitale des Hévelliens, assiégée en plein hiver par le roi qui établit son camp sur la glace du fleuve et des étangs dont elle est entourée, capitule, quand la garnison épuisée succombe à la faim, au fer et au froid (927)[1]. La marche de Misnie est fondée chez les Sorabes. Au nord, dans le pays des Redariens, est établi le « légat » Bernard, le premier margrave dont l'histoire fasse mention pour les pays au delà de l'Elbe [2]. Il est vrai, les Redariens secouent le joug et entraînent tous les Wendes dans la révolte ; mais ils sont vaincus auprès de Lenzen dans un combat si terrible que cent vingt mille ennemis, au dire des chroniques allemandes, tombent sous le fer ou sont noyés dans un lac. Bernard va porter la nouvelle au roi, « qui le reçoit avec honneur », et fait décapiter « suivant la coutume » tous les prisonniers [3]. Ces procédés atroces de la conquête saxonne jettent l'épouvante parmi les vaincus. Quand Henri a battu les Danois, le roi des Obotrites, qui ne peut plus s'appuyer sur eux, se laisse baptiser[4]. La terrible attaque dirigée par les Hongrois contre le royaume d'Allemagne ne réveille pas même les tribus slaves ; priées par leurs anciens alliés de se joindre à eux, elles leur envoient pour toute réponse un chien galeux.

Sous Otton-le-Grand (936-973), deux hommes, deux héros du temps, Hermann Billing, que l'empereur fit duc de Saxe, et le margrave Gero s'illustrèrent dans la

---

1. Raum. *Reg*. p. 26, n° 118.
2. Id. p. 27, n° 119.
3. Id. *ibid*.
4. Id. p. 28, n° 120.

guerre contre les Slaves. Gero les combattit par la ruse et par la force. Au début du règne d'Otton, il tue en trahison trente de leurs principaux chefs [1]. Brandebourg était redevenue indépendante : il y envoie le fils d'un roi du pays, élevé en Allemagne, et qu'il a corrompu à prix d'argent. Le traître « se rend à Brandebourg, feint d'avoir échappé aux mains des Allemands, et se fait accepter comme roi par le peuple ; puis il appelle auprès de lui son neveu, le seul survivant de la race royale, le tue et livre au roi d'Allemagne la ville et le pays. » « Cela fait, ajoute simplement la chronique, toutes les nations furent soumises jusqu'à l'Oder et payèrent le tribut [2]. » Il fallut pourtant lutter encore, car « les Wendes méprisaient toutes les misères, quand il s'agissait de défendre leur chère liberté [3]. » Ils dirent un jour à Otton, qui était accouru avec une formidable armée pour combattre une de leurs rébellions, qu'ils consentiraient à payer un tribut, à condition que les Allemands ne se mêleraient plus de leurs affaires intérieures et ne feraient plus administrer leur pays par des comtes. Otton ne voulut rien entendre, et les Allemands remportèrent encore une grande victoire, suivie d'un grand massacre [4]. Tout réussissait à Gero : les Obotrites, les Wiltzes et les Sorabes sentirent l'un après l'autre la force de son bras. La conquête étendit sa principauté sur un vaste territoire compris entre l'Elbe, le Bober, la Warta et l'Oder inférieur. Il força même le duc de Pologne Mieczyslaw à se reconnaître vassal du roi d'Al-

---

1. Id. p. 33, n° 138.
2. Id. p. 33, n° 139.
3. Id. p. 33, n° 138.
4. Schafarik, t. II. p. 529, note 6. — Raum. *Reg.* p. 39, 40, n° 172.

lemagne pour une partie de son territoire. Ce fut le dernier exploit du grand margrave. Il avait perdu dans la guerre polonaise son fils aîné Siegfried, et ne pouvant vaincre sa douleur, il se rendit à Rome, déposa devant l'autel de Pierre, prince des apôtres, ses armes victorieuses ; puis, « après avoir obtenu du seigneur apostolique un bras de saint Cyriaque, » il revint en Allemagne, où il fonda dans un bois qui porte son nom un monastère, dont il fit abbesse la veuve de son fils [1]. C'est là que fut enseveli « le meilleur des margraves de son temps », le « défenseur de la patrie », quand il mourut, deux ans après Siegfried, « amèrement pleuré par l'empereur (965) [2]. »

Gero avait eu toutes les qualités du conquérant. Avec son concours et par ses conseils, le pays avait été divisé en *pagi*, couvert de monastères et d'églises [3]. Otton en effet institua les évêchés d'Oldenbourg, Havelberg, Brandebourg, du vivant de Gero ; de Mersebourg, Zeitz [4] et Meissen, après la mort du margrave. Tous furent placés sous l'autorité d'un archevêché établi à l'extrême frontière de l'Allemagne. Par une bulle adressée [5] « au peuple et au clergé de Saxe » pour leur apprendre l'érection en siége archiépiscopal du monastère de Magdebourg, « situé dans le royaume des Saxons, près de l'Elbe », le pape Jean prescrivait que « l'archevêque de Magdebourg ordonnât à l'avenir les évêques des siéges qui seraient institués en lieu convenable par Otton et par ses suc-

---

1. Raum. *Reg.* p. 43, n° 196.
2. Id. p. 45, n° 204.
3. Id. p. 41, n° 182.
4. Transféré plus tard à Naumburg. Voyez Otto von Heinemann, *Codex diplomaticus anhaltinus*, 1re partie, 1re section p. 13, n° 18.
5. Raum. *Reg.* p. 49, n°⋅ 225-6.

cesseurs, quand ils auraient amené à la foi chrétienne tout le peuple des Slaves. » La nouvelle métropole allait prendre en pays slave le grand rôle si bien joué en pays germanique par Mayence ; entourée de ses évêchés, elle allait engager la lutte, et, à mesure qu'avancerait la frontière chrétienne, fortifier les positions conquises. Le pape et le roi travaillaient donc d'un commun accord au succès d'une même politique ; margraves, comtes et évêques s'y employaient à l'envi, et il semblait que l'on touchât au but marqué par Charlemagne. Il n'en était rien : Otton prépara lui-même la ruine de ses entreprises. Il avait eu trop à lutter contre les ducs avant de les réduire au rôle de vassaux pour tolérer l'existence d'une principauté militaire aussi considérable que celle de Gero. Il morcela le territoire qu'avait administré le margrave ; six marches en sortirent, qui furent bientôt, il est vrai, réduites à trois, les marches de Lusace, de Misnie et du Nord [1]. La dernière s'appellera dans la suite la marche de Brandebourg [2].

Ainsi c'est à la mort de Gero que commence l'histoire particulière de cette terre, dont les destinées devaient être si grandes. Elle subit d'abord un siècle et demi de misères, car elle fut impuissante à porter le choc des Slaves, qui se ruèrent sur la frontière affaiblie de l'Allemagne. Les rois allemands ne l'y aidèrent pas.

En l'année 962, Otton était allé chercher au delà des monts la couronne d'or des empereurs romains. Devenu le suzerain des rois et des princes de l'Occident, sans excepter le pape lui-même, qui était un

---

1. Voyez Heinemann, *Markgraf Gero*, p. 117.
2. Quelques années plus tard Otton II détachait de la Bavière la marche de l'Est qu'il donnait aux Babenberg. C'est le commencement de l'histoire d'Autriche (983).

redoutable vassal, il avait tourné ses regards vers l'Orient, et, pour donner à sa maison le lustre d'une alliance avec les successeurs de Constantin, marié son fils à une princesse byzantine. Charlemagne avait eu toutes ces ambitions, mais en un temps où les royautés d'Occident n'étaient pas nées; où l'Italie, encore affaiblie et ruinée par l'invasion qui s'y était prolongée plus longtemps que partout ailleurs, n'était pas prête pour la résistance; où la suprématie de la papauté dans le monde chrétien n'était pas encore fermement établie; enfin où l'alliance intime de l'empire et de l'église était possible, même nécessaire. Qu'il combattît en effet les Arabes d'Espagne, les Lombards et les Sarrasins d'Italie, les Danois, les Saxons et les Slaves, Charlemagne ne pouvait rencontrer un ennemi, qui ne fût en même temps celui du pape; mais le temps devait faire que des intérêts qui concordaient si bien s'opposassent un jour l'un à l'autre, et que l'empereur ne pût avoir affaire à un ennemi qui ne devînt aussitôt un allié du pontife. D'ailleurs le caractère de Charlemagne, tout pénétré de modestie chrétienne, ne se retrouvera point chez ces chefs du saint empire. Ils aimeront les besognes brillantes et lucratives; l'Italie les attirera, les retiendra, les perdra; quant à l'œuvre commencée par le roi Henri aux bords de l'Elbe, ils n'y consacreront qu'à de rares intervalles une attention distraite. C'est sur d'obscurs margraves que retombera le soin de défendre contre les retours offensifs des Slaves les frontières de l'empire [1].

1. Voyez pour le caractère du saint empire Zeller, *Histoire d'Allemagne*, au t. II; Sybel, *Die deutsche Nation und das Kaiserreich*.

LA MARCHE DU NORD, JUSQU'A L'AVÉNEMENT DES ASCANIENS
(963-1134).

C'est une triste histoire que celle de la marche du Nord jusqu'à l'avénement des Ascaniens, et il est impossible de trouver la moindre grandeur dans cette suite de petits princes incapables, qui laissèrent la frontière allemande plier jusqu'à l'Elbe et l'ennemi pénétrer à plusieurs reprises sur le territoire de la Saxe. Le premier, Thierry, est déjà nommé au temps du margrave Gero, sous les ordres duquel il administrait sans doute la marche du Nord [1]. Dans une lettre datée de Capoue, Otton Ier recommandait de faire aux Redariens, qui « si souvent avaient violé la foi jurée », une guerre acharnée, et « de ne s'arrêter qu'après les avoir détruits (968) [2]. » Le margrave pratiqua si bien cette politique, qu'il provoqua un soulèvement terrible des Wiltzes (983).

« Les nations tributaires, fatiguées par l'orgueil du duc Thierry, prennent les armes d'un accord unanime ; le troisième jour des calendes de juillet, les barbares massacrent la garnison de Havelberg et détruisent le siége épiscopal de cette ville ; c'est leur premier crime. Trois jours après, une troupe de conjurés attaque la ville de Brandebourg : Volcmer, le troisième évê-

1. Witikind, *Res gestæ saxonicæ* (Pertz, III, p. 458), parlant d'une défaite qui lui fut infligée par les Slaves en 955 lui donne le titre de *præses* : *varie pugnatum est a præside Thiadrico adversus barbaros*. Le même chroniqueur nous a conservé une lettre adressée de Capoue à Hermann, duc de Saxe, et à Thierry ; le roi donne à tous les deux le titre de ducs : *Otto divino nutu imp. aug. Herimanno et Thiadrico ducibus...* (Pertz, III. p. 464). D'autres chroniques appellent Thierry *marchio*, c'est-à-dire marquis ou margrave. Ce dernier nom prévaudra dans la suite. — Riedel, *die Mark Br.* t. I, p. 1-2.
2. Voyez Witik., *loc. cit.* p. 464.

que du siége, et Thierry, qui en était le défenseur, s'enfuient à grand peine avec la garnison. Le clergé est fait captif; Dodilo, second évêque de Brandebourg, qui depuis trois ans reposait dans la tombe, en est arraché; son corps, encore intact et revêtu des ornements sacerdotaux, est dépouillé par ces chiens avides; ils se disputent le trésor de l'église, versent le sang à flots et rétablissent le culte de leur hérésie démoniaque [1]. »

Tels furent les exploits des Wiltzes; les Obotrites ne restèrent pas en arrière. Helmold raconte que leur chef, Mistiwoi, qui s'était converti au christianisme, avait demandé la main d'une nièce de Bernard, duc de Saxe; le duc la lui avait promise, et Mistiwoi par reconnaissance lui avait envoyé en Italie, comme pour les faire figurer parmi les vassaux saxons, mille cavaliers conduits par son fils. Au retour de Bernard, Mistiwoi vint le presser d'exécuter sa promesse. Comme le Saxon hésitait, le margrave Thierry, qui se trouvait là, lui dit tout haut que la place d'une princesse de sang allemand n'était point aux côtés d'un chien de Wende. Mistiwoi, irrité, répliqua : « quand le chien est fort il mord bien; » et il alla conter aux siens son injure. Les Obotrites lui reprochèrent « de cultiver les Saxons, gent perfide et avare », lui firent jurer de renoncer à leur amitié, et bientôt s'armèrent contre leurs voisins [2]. L'authenticité de ces sortes d'anecdotes n'est jamais certaine, et il est difficile de placer celle-ci à une date précise; mais il n'y a pas de doute que Mistiwoi, après avoir été chrétien, fit amende honorable aux dieux slaves, franchit l'Elbe à la tête d'une armée considérable,

---

1. Raum. *Reg.* p. 61, n° 289.
2. Id. p. 61, à la note du n° 289.

et ne fut arrêté aux bords de la Tanger que par les forces réunies de l'archevêque de Magdebourg, de l'évêque de Halberstadt, de plusieurs comtes et du margrave Thierry. Cette bataille, qui fut sanglante — l'annaliste saxon parle de 30,754 Slaves tués [1] — sauva la Saxe, mais la rive droite de l'Elbe fut perdue pour longtemps. A la suite de cette révolte, Thierry fut privé de son office et réduit à se retirer à Magdebourg, où « il finit sa vie par une méchante mort [2]. »

L'empereur Otton II (973-983), qui depuis dix ans avait succédé à Otton-le-Grand, donna pour successeur à Thierry Luther de Walbeck; mais lui-même, Otton, n'était-il pas la cause de ces désastres? A la vérité, il avait combattu les Slaves en 976, mais sans succès, et il n'avait pas fait de sérieux efforts pour empêcher l'imminente apostasie des Obotrites et des Wiltzes. C'est la défaite qu'il avait éprouvée à Basentello dans l'Italie méridionale, dont il voulait chasser les Sarrasins et les Grecs, qui avait déterminé les Slaves à la révolte. Au lieu de songer à les châtier, il convoqua les grands d'Allemagne à Vérone pour réclamer leur aide contre ses ennemis de la péninsule, et, l'assemblée terminée, il se mit en marche vers le sud; mais il mourut en chemin. Il avait vingt-huit ans, et laissait un enfant de trois ans, Otton III, déjà choisi à Vérone pour lui succéder, et qui devait régner sous la tutelle de sa mère Théophanie. Les descendants du saxon Henri l'Oiseleur devenaient de plus en plus étrangers à l'Allemagne.

Luther de Walbeck (983-1003) administra la marche à peu près pendant le temps qu'Otton III (983-1002)

---

1. Annalista Saxo, ad annum 983 (Pertz, VI, p. 631).
2. Raum. *Reg.* p. 61-62, n° 292.

gouverna l'empire. A peine sorti d'une minorité troublée, pendant laquelle le combat continue entre les Saxons et les Slaves [1], Otton conclut un armistice avec les Obotrites et les Wiltzes [2] et part pour l'Italie ; mais la guerre recommence sur l'Elbe l'année suivante avec d'affreux ravages réciproques. Occupé de mille projets à la fois, courant tantôt à Aix-la-Chapelle pour contempler Charlemagne dans sa tombe, tantôt à Gnesen où il s'agenouille auprès des reliques de St-Adalbert [3], mêlé aux querelles des papes et de la république romaine, rêvant la conquête des lieux saints et de Constantinople, ce faible esprit, féru d'orgueil, dédaignait les Saxons grossiers qui étaient l'appui de son trône, et les Slaves étaient pour lui de trop misérables ennemis. Quant au margrave Luther de Walbeck il ne nous est guère connu que par un récit de Dithmar. L'empereur Otton, raconte le chroniqueur, vint en 995, séjourner à Arnebourg, « qu'il avait jugé nécessaire de fortifier pour défendre la patrie ; » quand il en partit, il donna l'ordre à l'archevêque Giesiler de Magdebourg de demeurer quatre semaines dans la place. L'archevêque, appelé par les Slaves à une entrevue, faillit périr victime d'un guet-apens où succombèrent presque tous ceux qui l'avaient accompagné. Quoique grièvement blessé, le prélat demeure à son poste, mais à l'heure dite, il part sans attendre le margrave Lothaire qui devait le relever. Il le rencontre en route, et lui recommande fortement la ville. Au moment

---

1. Raum. *Reg.* p. 63, n° 301, et p. 65, n° 314.
2 Id., p. 68, n° 337.
3. Il permet à cette occasion l'érection d'un archevêché polonais, indépendant de Magdebourg. C'est l'abandon de la pensée d'Otton le Grand.

où le margrave s'en approche, il voit s'élever de grandes flammes : les Slaves étaient survenus à l'improviste. Thierry envoie en toute hâte vers l'archevêque, qui ne veut pas revenir sur ses pas ; il essaye vainement d'éteindre l'incendie, et s'éloigne avec douleur, laissant les ruines aux mains de l'ennemi. Ainsi vingt-cinq ans après la mort d'Otton-le-Grand, Arnebourg, sur la rive gauche de l'Elbe, était place frontière, et l'on voit comme la frontière était gardée [1].

Il faut passer vite sur la monotone histoire des margraves qui se succèdent jusqu'au commencement du XIIe siècle. A la mort de Luther de Walbeck, sa veuve achète la survivance de ses fiefs pour son fils, Werner (1003). Celui-ci est en querelles perpétuelles avec le comte Dedo de Wettin, qui lui brûle une de ses villes et qu'il tue (1009). Déposé par l'empereur Henri II, Werner est remplacé par Bernard, fils du premier margrave Thierry, mais il s'acharne contre son successeur et finit par tomber mourant entre ses mains (1014). Bernard, à peine débarrassé de son rival, entre en conflit avec Gero de Magdebourg, dont il attaque de nuit la ville épiscopale ; excommunié pour ce fait, il va, pieds nus, faire amende honorable au prélat (1017). On suppose qu'il mourut l'année suivante. Tout ce qu'on sait de Bernard II, son fils et son successeur, c'est qu'il est le père de Guillaume, qui au moins périt en combattant contre les Slaves (1056). Après lui vient la dynastie des comtes de Stade, Udo I, Udo II, Henri I, Udo III, Henri II (1056-1128) [2]. Aucun de ces princes ne s'élève au-dessus de la médiocrité des autres.

---

1. Dithmar, IV, 25 (Pertz III, pp. 78-9).
2. Voyez pour l'histoire des margraves depuis Luther de Walbeck Raum. *Reg.*, *passim*.

Cependant la lutte contre les Slaves continue obscurément à la frontière. Un moment l'empereur Henri II (1002-1024), le dernier prince de la maison saxonne, négocie avec les Obotrites et les Wiltzes, mais c'est pour obtenir leur alliance contre la Pologne. Devenue royaume chrétien, la Pologne se jette dans les conquêtes, conduite par Boleslas-le-Hardi, qui porte sa frontière à l'est jusqu'à la porte dorée de Kiew, à l'ouest jusqu'aux bords de la Saale, où il élève une colonne de fer [1], si bien que l'empereur d'Allemagne et les tribus de l'Elbe se coalisent contre l'ennemi commun ; mais il faut qu'Henri-le-Saint permette aux Obotrites et aux Wiltzes de garder le culte de leurs idoles et de combattre sous leurs étendards sacrés. Sans doute le christianisme était prêché chez ces païens endurcis, mais à chaque fois qu'il y faisait des progrès, éclatait la persécution. Les chroniques signalent de fréquents massacres de chrétiens, et quelquefois elles en rejettent la responsabilité sur les Allemands ; c'est ainsi qu'un écrivain contemporain reproche au duc de Saxe, Bernard, d'avoir forcé les Obotrites, en les opprimant cruellement, à retomber dans le paganisme. Le mot est expressif : *ad necessitatem paganismi coegit* [2]...

La dynastie franconienne (1024-1125) qui succède à la saxonne, poursuit le même rêve de domination universelle, mais les obstacles grandissent sur sa route. Sous les puissants princes, Conrad II (1024-1039) et Henri III (1039-1056), on voit déjà poindre maints dangers et s'approcher la ruine. Trois ennemis s'annoncent en Italie : au nord les villes lombardes qui

---

1. Raum. *Reg*, p. 73, n° 366.
2. Adam de Brême, II, 46 (Pertz. VII, p. 323).

se coalisent pour la défense de leur liberté ; au sud les Normands, qui ont conquis les Deux-Siciles et les garderont mieux que n'ont fait les Sarrasins et les Grecs ; au centre, le pape qui va donner le signal de la lutte au nom de l'Église menacée dans son indépendance. On comprend que l'Elbe demeure la frontière mal défendue de l'empire. Les Allemands remportent de petits succès, imposent des pacifications provisoires, mais les hostilités renaissent sans que l'on sache qui accuser de la rupture des traités, si bien que l'on vit un jour une scène singulière : devant l'empereur Conrad comparurent en 1034 des députés slaves et saxons qui se renvoyaient la responsabilité d'une agression, et qui offraient de prouver par un combat la vérité de leur dire ; « de part et d'autre, on choisit un champion ; ce fut le Slave qui jeta son adversaire par terre, et ses compatriotes à cette vue en vinrent à ce point d'audace que, sans la présence de l'empereur, ils se seraient jetés sur les Allemands [1]. »

Rarement on en vient aux mains dans une grande bataille : ce ne sont qu'escarmouches, accompagnées de ravages réciproques, qui sont quelquefois horribles. Conrad fait en Slavie « d'immenses dévastations, brûle tout ce qui n'est pas inexpugnable », et pour venger les injures faites au nom du Christ, s'emporte à des cruautés inouïes [2]. Pourtant, en l'année 1056, deux grandes armées se rencontrent près de Prislawa dans une sorte de champ clos, au confluent de l'Elbe et de la Havel. C'est là que périt le margrave du Nord, Guillaume, avec un grand nombre de Saxons : les Slaves vainqueurs déchirèrent son corps au point de

---

1. Raum. *Reg.* p. 92, n° 488 ; p. 93, n° 497.
2. Id. p. 94, n° 500.

le rendre méconnaissable ¹. Telle était l'audace des ennemis de l'Allemagne, au temps du puissant empereur Henri III. Ils ne pouvaient manquer de mettre à profit les embarras de son successeur, Henri IV (1056-1106), sous le règne duquel éclata enfin cette querelle des investitures, qui arma l'un contre l'autre les deux pouvoirs de la chrétienté, mit la guerre civile dans l'empire et le schisme dans l'église.

De graves événements dont l'empire aurait pu profiter venaient justement de s'accomplir chez les Obotrites : Gottschalk, leur duc, s'était converti, et avec l'aide des Danois, il déployait un grand zèle en faveur du christianisme. Déjà il avait fondé les évêchés de Ratibor et de Rarog et porté sa domination au delà du pays des Obotrites, quand en 1066 éclata contre lui un soulèvement formidable. Cet homme « digne d'une éternelle mémoire », ce « Machabée » est massacré à Lentschin ; des prêtres, des moines sont offerts en sacrifice au dieu Radegast ; la conspiration s'étend sur toute la Slavie qui retourne une fois encore au paganisme. L'empereur, un moment arraché aux dissensions intestines de l'Allemagne par la fatale nouvelle, envahit le pays des **Wiltzes**, y fait « de trop grands carnages et de trop grandes dévastations » ; mais l'empire est incapable d'un effort sérieux contre ces ennemis acharnés. Pendant douze ans, les ducs Ordulf et Magnus de Saxe cherchent en vain à les réduire : mais « Orduf est si souvent battu qu'il devient un objet de dérision pour les païens et même pour les siens ³ ». Les Obotrites élisent pour chef Kruko,

---

1. Raum. *Reg.* p. 103, nº 550.
2. Id. p. 109, nº 585.
3. Id. p. 110, nºˢ 592 3.

prince de Rügen, auquel se soumettent aussi les Wiltzes, vers 1070.

La fondation d'un royaume païen, au sein duquel s'apaiseraient les dissensions, pouvait devenir redoutable pour l'Allemagne ; mais Henri IV était alors au plus fort de sa lutte contre les Saxons, et les deux adversaires ne se firent point scrupule de se disputer l'appui des Slaves. Les grands de Saxe avaient refusé de suivre l'empereur contre les Polonais, alléguant qu'ils avaient auprès d'eux de terribles ennemis, les Wiltzes. « Contre eux, dirent-ils, il nous faut nuit et jour veiller, l'épée au côté, en ordre de bataille ; pour peu que nous nous relâchions, aussitôt ils passent la frontière, tuent, brûlent, dévastent tout ce qu'ils rencontrent : il serait absurde à nous d'aller faire la guerre à des nations lointaines, quand nous avons chez nous, comme à demeure, une guerre qui nous ruine. » Ce tableau des misères de la Saxe ne fit qu'inspirer à l'empereur le désir de s'allier à ceux qui étaient de si redoutables adversaires pour ses propres ennemis. Il offrit aux Wiltzes de l'argent, à condition qu'ils attaqueraient les Saxons ; mais les Saxons offrirent davantage à condition que les Wiltzes demeureraient tranquilles, et les barbares ne sachant à qui donner la préférence se prirent de querelle entre eux, si bien qu'il s'en suivit une guerre civile. Il semble pourtant qu'ils se décidèrent pour le plus offrant, c'est-à-dire pour les Saxons. D'après un autre récit, l'empereur alla jusqu'à offrir aux Wiltzes tous les territoires qu'ils pourraient conquérir en Saxe ; les Wiltzes auraient répondu qu'ils connaissaient les Saxons de longue date, pour les avoir combattus ; que rarement ils avaient eu à se réjouir des guerres qu'ils leur avaient faites, que d'ailleurs leur pays leur suffisait, et que leur ambition n'allait qu'à défendre leurs frontières [1].

Contre des ennemis si divisés, Kruko put défendre longtemps son empire, malgré les attaques de Magnus, duc de Saxe, d'Erich, roi de Danemark, d'Udo III margrave du Nord qui, la première ou la seconde année du xiie siècle, s'empara pour un temps de Brandebourg [2]. Erich était le plus redoutable des adversaires du roi wende ; car, dans l'abandon où les Allemands laissaient la politique de Charlemagne, les Danois commençaient à élever des prétentions sur les pays slaves. Erich avait pris sous sa protection le fils de Gottschalk, Henri, qui s'était fait céder un territoire par Kruko. A la mort de Kruko qu'il assassina, dit-on [3], cet Henri, avec l'aide des Danois et de Magnus, duc de Saxe, s'empara du royaume (1105), y remit l'ordre, renvoyant chacun à sa charrue et purgeant le pays des brigands qui l'infestaient. « La Poméranie même fit sa soumission au roi très-chrétien [4] » ; mais cet état nouveau n'eut qu'une existence éphémère. Déjà en l'année 1107 Henri est obligé de faire aux Wiltzes une guerre sanglante [5] ; les Obotrites et les Poméraniens se soulèvent à leur tour ; les différentes tribus slaves reprennent leurs chefs nationaux, et la lutte contre les Allemands recommence comme par le passé. Quand Henri meurt en 1126, ses deux fils se disputent ce qui reste de sa succession, mais ils disparaissent bientôt, et avec eux s'éteint la famille de Gottschalk, l'année où mourait

---

1. Raum. *Reg.*, p. 113, n°^s 611, 613, 616.
2. Id., p. 120, n° 667.
3. Schafarik, II, p. 538.
4. Id., p. 123-4, n°^s 685-6.
5. Id. p. 125, n° 694.

le dernier margrave de la maison de Stade (1128), et trois ans après la fin de la dynastie franconienne, qui s'éteint avec Henri V (1106-1125) [1].

L'avénement de Lothaire de Süppligenburg (1125), duc de Saxe, allait marquer une ère nouvelle dans l'histoire des Allemands et des Slaves de la région de l'Elbe. La dynastie franconienne avait eu deux ennemis principaux : la Saxe et l'église ; elle avait donc trahi dans ses rapports avec les Wendes les intérêts de l'église et de la Saxe. Or Lothaire, duc de Saxe, garda son duché, après qu'il fut devenu empereur ; élu des grands d'Allemagne, il demanda humblement la confirmation pontificale et fit de l'accord avec l'Église la base de sa politique. Il était naturel que le combat contre les Wendes fût repris avec une nouvelle vigueur. Tout un ensemble de circonstances favorables se présenta d'ailleurs au même temps pour changer les conditions de la lutte ; dans le comté de Holstein, dans la marche du Nord, sur le siège archiépiscopal de Magdebourg, se succédèrent des hommes de valeur, qui réunirent leurs efforts pour triompher de la résistance du paganisme. Enfin, quand mourut Henri II, le dernier margrave de la maison de Stade, Lothaire lui donna d'abord pour successeur Conrad de Plötzkau, jeune homme qu'à cause de son courage et de sa beauté on appelait la fleur de la Saxe ; mais quatre ans après, pendant l'expédition de Lothaire en Italie, Conrad fut atteint d'une flèche et mourut. Alors « l'empereur Lothaire donna la marche de Conrad, c'est-à-dire la marche du Nord, à Albert, en récompense des services qu'il lui avait rendus dans

---

1. Schafarik, II, p. 538-9.

son expédition de Rome ». Avec Albert l'Ours allait commencer une grande histoire (1134)[1].

SITUATION SINGULIÈRE DES SLAVES DE L'ELBE AU DÉBUT DU XIIe SIÈCLE CAUSES ET CONSÉQUENCES DE CETTE SITUATION.

De 965 à 1134, pendant 179 ans, les margraves du Nord avaient donc été impuissants à maintenir au delà de l'Elbe le christianisme et la domination allemande. La frontière de l'Elbe même était, à tous moments, menacée par les Wiltzes et les Obotrites, demeurés indépendants et païens, et plus attachés que jamais à leur indépendance et au paganisme. Cependant le monde slave était partout transformé. Depuis longtemps les Slaves du bas Danube, ceux d'Illyrie, de Carinthie, de Styrie, les deux grandes nations polonaise et tchèque, étaient convertis et entrés dans le courant de la civilisation générale. Plus près de nos tribus rebelles des Obotrites et des Wiltzes, les Sorabes avaient depuis longtemps fait leur soumission. Ceux qui habitaient entre l'Elbe, la Saale et l'Erzgebirge n'avaient jamais recouvré leur liberté, depuis que leur pays avait été conquis par Henri l'Oiseleur : les évêques de Meissen et de Zeitz, les comtes allemands, les burgraves, enfin les margraves de Misnie, avaient fait leur office, et au commencement du XIIe siècle les Sorabes de la rive gauche de l'Elbe étaient complètement germanisés. Ceux de la rive droite, après avoir été longtemps disputés entre l'Allemagne, la Bohême, la Pologne, avaient fini par être

---

1. Lotharius imperator marchiam Conradi, videlicet septentrionalem, Adelberto pro studioso sibi exhibito obsequio in Romano itinere superiori anno concessit. Ann. Saxo, ad ann. 1134 (Pertz. VI. p. 768).

rattachés à l'Allemagne. Convertis de bonne heure, ils n'avaient d'ailleurs point donné de prétexte à ces guerres de dévastation dont le pays des Wiltzes et des Obotrites fut le théâtre. Enfin les Poméraniens étaient à la veille d'accepter le christianisme. Les Wiltzes et les Obotrites demeuraient donc comme les représentants isolés de l'ancien paganisme slave.

On connaît déjà l'une des causes de cette situation exceptionnelle des Slaves de l'Elbe inférieure. Les empereurs laissent retomber à peu près tout le poids de la lutte sur les princes de l'est, qui ne sont point en état de le porter. Il s'en faut d'ailleurs que ceux-ci comprennent bien leurs devoirs en face de l'ennemi : des querelles comme celles de Werner et de Dedo, de Werner et de Bernard, de Bernard et de l'archevêque de Magdebourg, n'étaient point faites pour arrêter les progrès des Slaves. Mais l'acharnement des Wendes à la résistance s'explique aussi par les duretés de la conquête germanique.

Nulle part, plus que chez ce malheureux peuple, le christianisme n'est apparu sous des couleurs propres à le faire repousser avec horreur. Il faut bien dire que les Allemands ont montré peu d'aptitude à porter la parole de miséricorde et de charité. Déjà, au IXe siècle, Alcuin reprochait à l'évêque Arno de Salzbourg, qui avait entrepris la conversion des Slaves de Styrie et de Carinthie, d'abuser de l'emploi de la force et de trop aimer la dîme. Charlemagne, en assignant aux siéges épiscopaux qui auraient envoyé des missionnaires en pays païen une part des revenus payés par les convertis, avait excité l'avidité en même temps que l'émulation des évêques, et les conflits qui éclataient entre les divers diocèses n'étaient point faits pour persuader aux païens que les prêtres de Jésus-Christ ne voulaient que le salut de leurs âmes.

L'Allemagne a bien donné à l'Église un certain nombre de missionnaires zélés, mais pas un grand apôtre qui se puisse comparer à l'Anglo-Saxon Boniface, aux Grecs Cyrille et Méthode. Quand ceux-ci arrivèrent en Moravie, sans armes, mais apportant avec eux l'alphabet slave composé par Cyrille, et la traduction slave de l'Évangile ; quand ils parlèrent à ceux qu'ils voulaient convertir leur langue nationale, ce fut une joie universelle. Ces hommes simples s'entendaient enfin adresser une parole intelligible : « les oreilles des sourds s'ouvrirent, et la langue des muets se délia. » Aussi les deux apôtres firent-ils une œuvre féconde, et qui survécut à la Moravie, état factice créé entre deux invasions, celle des Avares et celle des Hongrois. Ils avaient donné à la grande race slave un patrimoine commun : une littérature dont ils avaient créé l'instrument, et des souvenirs qui se sont ravivés de nos jours avec un éclat inattendu. Or ces apôtres du monde slave font songer au pontife qui convertit les Anglo-Saxons et qui entama la Germanie païenne. Comme Grégoire-le-Grand, Cyrille et Méthode étaient nés dans un palais et destinés aux honneurs publics. Comme lui, ils avaient appris tout ce que les écoles de leur temps pouvaient enseigner. Ils avaient renoncé au monde pour la tranquillité du cloître, puis ils avaient été séduits par la grandeur de l'apostolat chrétien. Comme Grégoire-le-Grand enfin, ils avaient une foi profonde servie par une haute intelligence : les papes eux-mêmes honorent Cyrille du nom de philosophe. Cyrille, Méthode, Grégoire, Romains tous les trois, représentent l'alliance féconde de la foi chrétienne et de la sagesse antique. La vieille civilisation au sein de laquelle ils sont nés les élève au-dessus de leurs émules des pays barbares. Combien il y a plus d'humanité chez les deux hommes envoyés de Constantinople parmi les Slaves que chez les évêques de la Germanie !

S'il se présentait d'ailleurs parmi les Wendes quelque missionnaire vraiment animé du zèle de la foi, comme Otton, évêque de Bamberg, qui apprit la langue slave afin d'expliquer aux néophytes la parole chrétienne, ses efforts étaient rendus inutiles par la cruauté et par l'avarice sans frein des princes allemands. On a vu déjà cette parole significative d'un chroniqueur, que le duc Bernard avait par son avarice forcé les Obotrites à retourner au paganisme. « Les princes allemands, dit Helmold après le récit d'une victoire, se partagèrent l'argent, mais de christianisme, il ne fut pas fait mention. On voit par là l'insatiable avidité des Saxons; entre toutes les autres nations, ils excellent aux armes et à la guerre, mais ils sont toujours plus enclins à augmenter les tributs qu'à conquérir des âmes au Seigneur [1]. Il y a longtemps que le christianisme fleurirait dans la Slavie, si l'avarice des Saxons n'y avait fait obstacle. » Avant Helmold, Adam de Brême avait écrit la même chose, presque dans les mêmes termes : « J'ai entendu dire que la Slavie eût été convertie depuis longtemps sans l'avarice des Saxons, qui sont plus portés

---

[1]. Unde cognosci potest Saxonum insatiabilis avaritia, qui cum inter gentes cæteras, Barbaris contiguas, præpolleant armis et usu militiæ, semper proniores sunt tributis augmentandis, quam animabus Domino conquirendis. — Helmold, *Chronica Slavorum*, I, 21 (*ap.* Leibniz, *Scriptores rerum Brunswicensium*, t. II, p. 557).

aux exactions qu'aux conversions. Les malheureux [1] ne prennent point garde aux dangers qu'ils appellent sur leurs têtes, en troublant d'abord par leur cupidité la foi des Slaves, puis en les forçant à la révolte par leur cruauté... Si nous ne leur avions demandé que de se convertir, ils seraient déjà sauvés et nous serions certainement en paix [2]. » Avant Adam de Brême, Dithmar avait flétri la barbare coutume qu'avaient les Saxons de diviser les familles de leurs prisonniers pour les vendre comme esclaves, car le prisonnier wende était un des objets du commerce germanique avec l'Orient [3].

On comprend qu'ainsi traités par leurs vainqueurs, même après qu'ils avaient renoncé au culte de leurs pères pour suivre une religion qu'on leur prêchait le plus souvent dans une langue incompréhensible, les Slaves se soient endurcis dans ces vertus que leur reconnaissent les chroniqueurs allemands, et qu'ils aient préféré mille morts à une telle servitude. Helmold met dans la bouche d'un chef wende parlant à un évêque allemand, un discours qui rappelle l'éloquente harangue du paysan du Danube. « Nos princes nous accablent d'une telle sévérité, les impôts et la servitude sont si durs que nous préférons la mort à la vie. Tous les jours on nous pressure jusqu'à nous faire rendre l'âme... Comment voulez-vous que nous vaquions aux soins de la religion nouvelle, que nous recevions le baptême et construisions des églises, nous que tous les jours on contraint à la fuite; si seu-

---

1. Mens pronior ad pensionem vectigalium, quam ad conversionem gentilium... Adam de Brême, III, 22 (Pertz, III, p. 344).
2. Ab iis si tantum fidem posceremus, et illi jam salvi essent, et nos certe essemus in pace... (id. ibid).
3. Giesebrecht, *Wendische Geschichten*, t. I, p. 35.

lement il y avait un lieu où nous pussions trouver un refuge ! Mais à quoi bon passer la Trave ? Les mêmes malheurs nous attendent au delà ; ils nous attendent au delà de la Peene ; il ne nous reste plus qu'à quitter les terres, à nous confier aux flots de la mer, à vivre sur les abîmes [1]. »

Ainsi le guerrier allemand avait fait prendre en haine le prêtre allemand chez les Wiltzes et les Obotrites ; ces païens défendaient leurs vieilles idoles, comme le palladium de leur indépendance. Or plus longue et plus acharnée était leur résistance, plus radicale devait être la conquête. Une lutte à mort était engagée sur les bords de l'Elbe. Elle va finir par l'extermination des Slaves. Qu'on regarde en effet une carte ethnographique de l'Europe actuelle et qu'on y cherche les populations slaves. Outre la Russie, deux nations slaves seulement sont indépendantes, la Serbie et le Montenegro ; mais la race est distribuée en six groupes distincts : les Serbo-Croates qui comprennent, outre les Serbes et les Montenegrins, les Bosniaques, et les Serbes, Croates et Dalmates, de l'Autriche ; les Slovènes ou Windes de l'Illyrie et de la Carinthie ; les Bulgares ; les Tchèques de Bohême, les Slovaques de Hongrie et les Polonais ; les Russes. Dans toutes ces populations, on parle sauf la différence des dialectes la même langue ; celle dont l'alphabet a été trouvé par les apôtres de la famille slave. On a conscience d'appartenir à une même race, on a des souvenirs communs, des espérances communes. Or ces populations sont précisément celles dont la conversion au christianisme était accomplie

---

1. Helmold, I. 83 (Leibniz, II, p. 557).

à la date où nous sommes arrivés. Chrétiennes, elles pouvaient être subjuguées, mais non exterminées. Quelque dure qu'ait été le plus souvent leur condition, leur nationalité a subsisté. Cherchons maintenant des Slaves dans la vallée de l'Elbe moyenne. L'ethnographie signale encore un groupe de cent cinquante mille Windes environ dans la Lusace, c'est-à-dire dans le pays autrefois habité par les Sorabes, qui de bonne heure, comme on l'a vu, ont été convertis au christianisme. Mais entre l'Elbe et l'Oder, c'est-à-dire dans le pays de ces Wiltzes, qui, au commencement du XIIe siècle, tiennent encore tête à l'empire et au christianisme, les Slaves ont complétement disparu, ou se sont fondus dans la population allemande. Les épouvantables guerres que nous avons racontées avaient fort avancé déjà l'œuvre germanique sur la rive droite de l'Elbe : les ducs de Saxe et les margraves du Nord vont l'achever par les armes et par la politique. Avons-nous besoin, en terminant cette longue introduction, de montrer comment l'étude de ce passé lointain aide à comprendre les plus redoutables questions du présent? Le réveil du patriotisme slave a failli mettre en danger l'existence même de l'Autriche; la prédominance de l'élément germanique en Brandebourg a fait la fortune de la Prusse. La première pierre de cet édifice que nous avons vu couronner de nos jours recouvre un peuple détruit, dont le souvenir ne vit plus guère aujourd'hui que dans la mémoire attristée de quelques patriotes slaves.

CHAPITRE II

LE MARGRAVE ALBERT L'OURS.

Les Ascaniens avant l'avénement d'Albert au margraviat du Nord. — Mission d'Otton de Bamberg chez les Wendes. — La marche à l'avénement d'Albert; premiers actes d'Albert; expéditions et négociations en pays wende. — Acquisition et perte du duché de Saxe. — Croisade en pays wende. — Prise de possession de Brandebourg. — Nouvelles entreprises sur le duché de Saxe. — Mort d'Albert.

LES ASCANIENS AVANT L'AVÉNEMENT D'ALBERT AU MARGRAVIAT DU NORD.

Suivant la coutume du moyen âge, la famille d'Albert l'Ours a porté les noms de ses résidences successives, qui sont toutes les trois situées sur la pente orientale du Harz : Ballenstedt, qui fut converti en abbaye dans les premières années du XIIe siècle ; Anhalt qui fut, à la même date, bâti au bord de la Selke sur les flancs escarpés et boisés du Hausberg ; enfin Aschersleben bâti vers 1150 dans la vallée de l'Eine. Ce dernier lieu se nommait en latin Ascaria, d'où, par corruption, Ascania. Les noms d'Anhalt et d'Ascaniens désignent ordinairement la famille, mais c'est sous celui de Ballenstedt qu'elle fait son apparition dans l'histoire [1]. L'annaliste saxon parle en effet, à l'année 1030, d'un comte de Ballenstedt, Esico, dont le père, qui n'est point connu, avait épousé une fille d'Odo, margrave de Lusace [2]. Il est probable que les Ballenstedt sont restés de petits seigneurs jusqu'à ce mariage qui vint tout à coup illustrer et enrichir leur maison ; car Odo mourut sans héritier mâle, et si le margraviat fut donné aux Wettin, les biens patrimoniaux, qui étaient considérables, passèrent aux Ballenstedt. Esico reçut en outre l'investiture de plusieurs comtés autrefois administrés par les ancêtres de sa mère. Ces alleux et ces fiefs, joints à ceux des Ballenstedt, formaient une sorte de principauté qui, des dernières hauteurs du Harz, s'étendait jusqu'à la rive droite de l'Elbe moyenne. C'était un pays où la population était moitié allemande, moitié slave, une sorte de marche, moins le nom.

Esico acheva, par son mariage, de porter la famille des Ballenstedt, à peine sortie de l'obscurité, au premier rang dans l'empire ; il épousa Mathilde, fille de Hermann de Werla et de Gerberg, princesse bourguignonne. Or Gerberg, devenue veuve, épousa en se-

---

1. Iste est Sigifridus (ce Sigfried est un fils du margrave Odon, qui mourut avant son père), avunculus Esici comitis de Ballenstide.... Annalista Saxo, ad annum 1030 (Pertz, VI, p. 678).

2.

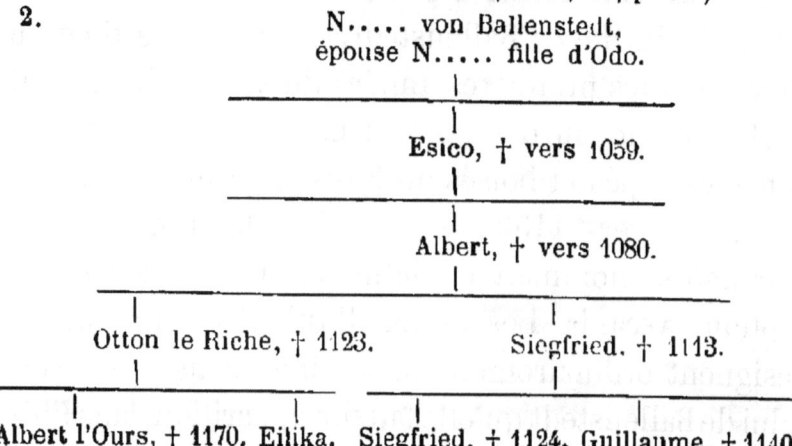

condes noces le duc Hermann de Souabe et en eut une fille, Gisela, qui devint la femme de l'empereur Conrad II, et la mère de l'empereur Henri III [1] : Esico fut donc le beau-frère du premier et l'oncle du second [2]. Cette grandeur même et les alliances auxquelles ils en étaient redevables engagèrent les Ballenstedt dans les guerres civiles qui troublèrent l'empire au xie siècle : Albert, fils d'Esico [3], prit part à la révolte des princes saxons contre Henri IV. Cet Albert eut deux fils, Otton et Siegfried, de son mariage avec Adélaïde, fille d'Otton d'Orlamünde, margrave de Misnie. Adélaïde s'étant remariée au comte palatin du Rhin Henri de Laach, cette union demeura stérile, et le palatin adopta ses deux beaux-fils. Siegfried renonça aux biens des Ballenstedt pour se réserver l'héritage des Laach ; il devint un des grands princes de l'empire, soutint fidèlement Henri IV contre son fils révolté, et quand celui-ci, arrivé au trône, le poursuivit de son ressentiment, le palatin souleva l'Allemagne contre l'empereur ; mais il fut vaincu et ne survécut pas à sa défaite (1113).

Cependant son frère Otton, prince d'humeur pacifique, administrait tranquillement l'héritage d'Albert.

1. Gerberg, fille du roi Conrad de Bourgogne,
épouse

en premières noces,	en secondes noces,
Hermann de Werla.	Hermann de Souabe.
Mathilde,	Gisela,
femme d'Esico de Ballenstedt.	femme de Conrad II.

2. Pour toute l'histoire des ancêtres d'Albert l'Ours, V. Heinemann, *Albrecht der Bär*, ch. I et les notes à la fin du volume. Voyez aussi Raumer, *Reg.* passim.

3. Un passage de l'annaliste saxon établit la généalogie des ancêtres connus d'Albert l'Ours : Machtildem desponsavit comes Esicus de Ballenstide, genuitque ex eâ comitem Adalbertum.., patrem comitis Ottonis... Annalista Saxo, ad ann. 1026 (Pertz VI, p. 676).

Fidèle aux traditions de sa famille, il avait fait un mariage qui lui valut le surnom de riche. Magnus, de la maison des Billings qui, depuis un siècle et demi, gouvernait la Saxe, n'avait eu de son union avec Sophie, fille du roi de Hongrie Bela, que deux filles : Wulfhild et Eilika. Auprès d'elles s'empressaient de nombreux prétendants, attirés par la richesse allodiale des Billings et par l'espoir d'hériter du duché après la mort de Magnus; car l'usage reconnaissait une sorte de droit au gendre d'un feudataire décédé. Henri le Noir, duc de Bavière, avait épousé Wulfhild; peu de temps après Udo de Stade, margrave du Nord, se mit en route pour aller demander la main d'Eilika; mais, chemin faisant, il s'arrêta pour passer la nuit, dans le château de Helperich de Plötzkau; il y vit la sœur de son hôte et ne voulut pas aller plus loin : au grand scandale de ses vassaux, il célébra ses noces avec la belle Irmingarde. Ce fut Otton de Ballenstedt qui épousa l'héritière dédaignée [1]. Il crut un moment succéder à son beau-père (1106), car l'empereur, après avoir investi du duché Lothaire de Süppligenburg, le lui retira pour le donner à Otton (1112); mais au moment où Lothaire allait commencer les hostilités contre l'empereur, un arrangement intervint, qui força Otton à résigner sa dignité avant même de l'avoir exercée [2].

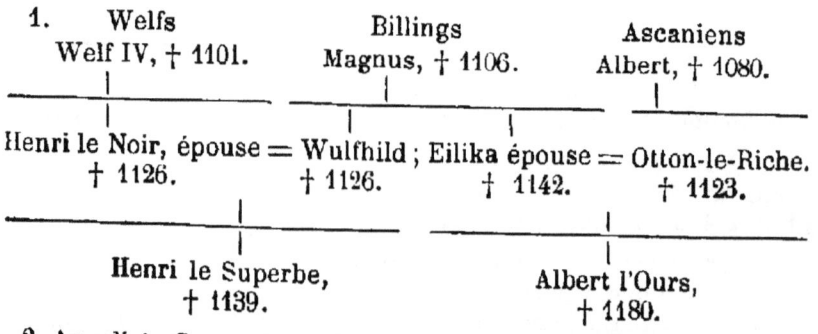

1.

2. Annalista Saxo ad annum 1112, (Pertz, VI, p. 749).

A la mort de son frère Siegfried, dont les fils furent dépouillés même de leurs biens allodiaux par Henri V, Otton, qui était sans doute le tuteur de ses neveux, entra dans la coalition qui se forma pour leur défense, mais il ne porta point d'abord les armes directement contre l'empereur. En effet les Wendes, profitant comme toujours des dissensions de l'empire, vinrent ravager le pays entre la Saale et l'Elbe ; Otton part avec 60 lances, environ 300 hommes, marche sur Köthen où l'ennemi, dix fois plus nombreux, est disséminé pour le pillage, le surprend, le chasse devant lui jusqu'à l'Elbe qu'il passe, et conquiert sur la rive droite les premiers établissements qu'aient eus les Anhalt au delà du fleuve frontière (1115)[1]. Cependant la guerre continue avec acharnement dans l'empire, jusqu'à ce qu'Henri, plusieurs fois trahi par la fortune, consente à recourir à un arbitrage et à réparer ses injustices. Guillaume, fils de Siegfried, est rétabli dans ses allodiaux : plus tard il recouvra la dignité palatine. La maison ascanienne avait donc atteint déjà un haut degré de fortune quand Otton mourut en 1123, laissant deux enfants : Eilika, qui épousa Henri de Stade, margrave du Nord, et Albert, qui allait devenir un des héros du XIIe siècle en Allemagne [2].

Les documents contemporains ne donnent pas la

---

1. *Annales Magdeburgenses*, ad ann. 1115 (Pertz, XVI, p. 182). *Annalista Saxo*, ad ann. 1115 (Pertz VI, p. 751). *Annales Palidenses*, ad ann. 1115 (Pertz, XVI, p. 76). Raumer, *Reg.*, p. 133, n° 743. — Voyez aussi Ranke, *Genesis des preussischen Staates*, p. 6, où l'importance du fait est fort exagérée.

2. Raumer, *Reg.* p. 134, n° 749. *Ann. Sax.* ad ann. 1106 (Pertz, VI, p. 744). Eilica nupsit Ottoni, comiti de Ballenstide, genuitque ex eâ Adelbertum marchionem et filiam Adelheidem, que nupsit Heinrico marchioni de Stahen.

date de la naissance d'Albert, qu'il faut placer tout à la fin du xiie siècle ou tout au commencement du xiiie [1], et leur sécheresse permet à peine quelques conjectures sur son caractère. On l'appelait l'Ours à cause de son courage, l'ours étant le roi des forêts du nord, et des chroniques postérieures le surnomment le beau : l'historien doit deviner le reste. Pour ne rien négliger, en un sujet où les renseignements psychologiques sont rares, il faut noter qu'Albert tient beaucoup moins de son père, le pacifique Otton, que de sa mère Eilika, la fille de Magnus et la petite-fille des rois de Hongrie. Eilika était d'humeur ambitieuse et inquiète : retirée sur ses terres après la mort de son mari, elle est toujours en querelle avec ses voisins, et manque un jour d'être victime de la colère des bourgeois de Halle [2]. Elle agite, si l'on peut dire, l'Allemagne et la chrétienté pour enlever au landgrave de Hesse l'avouerie sur le petit monastère de Goseck, situé non loin de son château de Burgwerden. Le pape Innocent II lui donne raison [3] ; aussitôt elle met son activité à relever les bâtiments et à refaire les revenus du cloître qui étaient fort en souffrance. L'abbé qu'on appelait Bertold, ne lui convenait pas : elle le persécute, jusqu'à ce qu'il ait quitté le couvent. Quand le malheureux a rendu le dernier soupir à Lorsch, où il s'est retiré, elle court au monastère de Pegau pour y chercher un moine, du nom de Nenther, dont elle veut faire l'abbé de Goseck. Nenther jure qu'il ne quittera point ses frères, et ceux-ci, qui connaissaient la répu-

---

1. Voyez la discussion de ce point dans Heinemann, p. 319, note 6.
2. Raumer. *Reg.* p. 148, n° 835.
3. Le pape la prend sous sa protection spéciale. **Voyez** Heinemann, *Cod. dipl. anh.* p. 212, n° 287.

tation d'Eilika approuvent fort sa résolution. L'impérieuse femme insiste, menace, si bien que l'abbé réunit la communauté, et s'excuse de se laisser vaincre par une femme, en alléguant le respect dû à la dame et suzeraine du pays où le monastère est bâti. « Nous pensons, dit-il, qu'il n'est pas prudent de l'offenser. » Quelques jours après, Nenther, abbé malgré lui, s'installait au monastère de Goseck, et la comtesse faisait à cette occasion un beau sermon au peuple assemblé [1]. Au cours de cette histoire, nous retrouverons Eilika toujours guerroyant. Elle sera l'alliée de son fils Albert l'Ours, qui portera sur un plus vaste théâtre cette ambition toujours en éveil et cette hardiesse toujours en quête d'aventures.

A peine en effet son père avait-il rendu le dernier soupir, qu'Albert l'Ours se jeta dans la guerre qui venait de se rallumer entre la Saxe et l'empereur : avec l'aide du duc Lothaire, le chef des révoltés, il conquit et garda la marche de Lusace (1124) [2], sur laquelle il se croyait des droits du chef de sa trisaïeule, la mère d'Esico [3]. La mort d'Henri V (1125) et l'avénement de Lothaire à l'empire secondèrent la fortune naissante du jeune margrave, auquel Lothaire donna l'investiture de la Lusace, en même temps qu'Henri de Stade, son beau-frère, recevait celle de la marche du Nord. Pourtant il eût été contraire aux lois de la nature humaine que Lothaire, devenu empereur, demeurât longtemps en bonne intelligence avec ceux qui l'avaient aidé dans ses révoltes contre l'empire : il entendait bien comprimer la belliqueuse humeur de la noblesse saxonne.

1. *Chronicon Gozecense*, II, 19, 21, 22, 24-29 (Pertz. X, p. 154, 157).
2. Raum. *Reg.* p. 138, n° 782, 3, et page 139, n° 785.
3. Voyez le tableau généalogique, au bas de la page 44.

La mésintelligence n'éclata pas tout d'un coup, et l'empereur était entouré de tous ses vassaux de Saxe, dans la malheureuse campagne qu'il entreprit contre Sobislaw, duc de Bohême, afin de le contraindre à demander la confirmation impériale. Surpris dans les défilés de Bohême par des forces supérieures, il vit tomber la fleur de la noblesse saxonne. Albert de Ballenstedt, après avoir perdu tous les siens, tués autour de lui, fut fait prisonnier [1]. L'empereur lui-même, cerné par les Bohémiens, allait tomber en leur pouvoir, s'il n'eût consenti à reconnaître comme duc Sobislaw, qui vint alors s'agenouiller devant lui [2]. Albert, après cette réconciliation, fut rendu à la liberté. Il eut sans doute sa part des riches présents qu'aux Pâques de l'année suivante, Sobislaw distribua dans Mersebourg aux parents de ceux qui avaient péri dans les défilés de Bohême (1126-27).

A ces fêtes de Mersebourg, l'amitié de Lothaire et du jeune margrave reçut une première atteinte. L'empereur, préoccupé de trouver des alliés contre les Hohenstaufen et au besoin contre les Saxons, donna en mariage sa fille unique Gertrude à Henri le Superbe, duc de Bavière, fils d'Henri-le-Noir, et de Wulfhild de Saxe (1127) [3]. Albert l'Ours, cousin germain d'Henri, vit de mauvais œil cette alliance [4]. Depuis la mort de Magnus, les Welfs et les Ascaniens étaient en querelle : les seconds se plaignaient d'avoir été frustrés dans le partage des alleux des Billings.

---

1. Marchio Adelbertus, egregiæ indolis juvenis et militaris capitur, *ann. Saxo* ad ann. 1126 (Pertz. VI p. 763).
2. Raum. *Reg.* p. 141-2, n° 798-9.
3. Voyez Jaffé. *Geschichte des deutschen Reiches, unter Lothar dem Sachsen*, p. 58-9.
4. Voyez le tableau généalogique, p. 46.

Albert était d'ailleurs candidat à toutes les successions, et n'oubliait pas qu'un moment son père avait été pourvu du duché de Saxe. Or il prévoyait qu'Henri, ajoutant à son titre de petit-fils de Magnus, celui de gendre de Lothaire, succéderait à l'empereur dans son duché, peut-être même dans l'empire. Pendant deux ans, il se tient à l'écart, comme s'il boudait son ancien allié. Bientôt il entre en lutte ouverte contre lui. Henri de Stade, margrave du Nord, étant mort, l'empereur donna, suivant l'usage, l'investiture de la marche au plus proche parent du défunt, Udo de Freckleben. Aussitôt Albert, qui sans doute convoitait encore cet héritage, fit une guerre acharnée à Udo, qui tomba sous les coups des Ascaniens (1130)[1]. C'est dans ces conjonctures que Lothaire avait donné la marche à Conrad de Plötzkau[2] ; l'année suivante, pour punir Albert de la mort d'Udo, il lui enleva la marche de Lusace[3]. Albert craignit sans doute d'engager une lutte inégale ; peut-être fut-il d'ailleurs consolé par la promesse d'un dédommagement prochain ; car, loin de se révolter, il accompagna l'empereur en Italie dans l'expédition où périt Conrad, auquel il succéda. On suppose qu'il reçut à la diète de Halberstadt, aux Pâques de 1134, l'investiture de la marche du Nord[4].

MISSION D'OTTON DE BAMBERG CHEZ LES WENDES

Quelques années auparavant, alors qu'il commençait à ressentir du mécontentement contre Lothaire,

---

1. *Annal. Sax.* ad ann. 1130 (Pertz. VI. p. 767).
2. Voyez p. 35.
3. Voyez à l'année 1131, *ann. Sax.* (Pertz VI. p. 767), *Ann. magdeb.* (Pertz, XVI. p. 184) ; *Chronicon Montis Sereni* (*ap.* Mencken, *Scriptores rerum germanicarum, præcipue saxonicarum*, t. III. p. 11).
4. Voyez Jaffé, *loc. cit.* p. 154.

Albert avait commencé à tourner les regards vers le pays et vers le peuple qu'il avait désormais la charge de soumettre et de convertir : il s'était intéressé à la mission qu'Otton, évêque de Bamberg, avait conduite en pays slave (1127). Il faut dire quelques mots de cette pieuse entreprise, dont l'histoire se rattache au sujet qui nous occupe.

L'évêque de Bamberg s'était imposé le devoir de convertir les Poméraniens, et déjà en l'année 1124 il avait fait une première tentative, à l'instigation du duc Boleslaw de Pologne, qui avait beaucoup à souffrir du voisinage de ces païens [1]. Séparés des Polonais par la Warta et la Netze, des Prussiens par la Vistule, des Wendes par l'Oder, les Poméraniens s'étaient jusque là vaillamment défendus contre la Pologne ; un moment menacés par les Wendes, au temps du roi Henri, qui imposa sa suzeraineté à leur duc Swantibor, ils avaient recouvré leur indépendance après la chute de ce royaume éphémère. A la mort de Swantibor, en 1107, ses quatre fils s'étaient partagé sa principauté : Wratislaw et Ratibor avaient reçu la Poméranie proprement dite, séparée par la Persante et la Kuddow de la Pomérellie, qui fut le domaine de Bogislaw et de Svantopolk. Wratislaw, l'aîné de la famille, était bientôt devenu conquérant au détriment des Wendes retombés dans l'anarchie : il avait passé l'Oder et commencé la conquête de la rive gauche du fleuve. C'était un prince intelligent, qui avait autrefois résidé en Allemagne comme prisonnier. Il y avait reçu le baptême, et s'il était redevenu païen par peur

---

[1] ... Otto bavenbergensis epicopus, invitante pariter et adjuvante Bolizlao, Polonorum duce... Helmold, *Chron. Slavorum*, I. 40 (*ap.* Leibniz, *Scriptores rer. Bruns.*, p. 573).

d'irriter le sentiment de son peuple, il faisait des vœux pour le triomphe du christianisme. C'est chez lui qu'Otton avait prêché la parole chrétienne. Aidé par lui, l'évêque avait remporté de grands succès ; mais il eût été nécessaire qu'il fût soutenu par un sérieux effort de la Pologne et de l'empire. Cet effort ne fut pas fait [1], et l'évêque était à peine rentré dans son diocèse que le paganisme reprit le dessus et que les traces de la mission furent presque partout effacées. Il résolut de recommencer l'entreprise; mais au lieu de faire route, comme la première fois, par la Bohème et la Pologne, il traversa le pays des Wendes.

Parti de Bamberg à la fin de mars 1127 [2], Otton se dirige par la forêt de Thuringe vers Reinersdorf, sur les bords de l'Unstrut, où il avait, peu de temps auparavant, fondé un monastère de l'ordre de Cluny. Il y fait ses provisions de route, qu'on porte à Halle, où elles sont embarquées sur la Saale. Pendant ces préparatifs, Otton se rend à Mersebourg où se tenait la cour impériale. Il y trouve auprès de Lothaire Witikind [3], prince wende qui commandait à Havelberg. Inquiet sans doute de l'isolement où se trouvaient les tribus de l'Elbe, Witikind cherchait à se rapprocher de l'empire et du christianisme. Tous les jours, en effet, les Allemands d'une part et les Polonais de l'autre devenaient plus menaçants. Récemment encore l'illustre Norbert, fondateur de l'ordre de Prémontré, à peine

---

1. Helmold, à l'endroit qui vient d'être cité, se plaint précisément que les « Henri » aient été un obstacle à la conversion des Wendes... Slavorum, quorum utique conversionem Henriciani Cæsares non modice retardarunt, domesticis videlicet præegravati .. *loc. cit.* p. 574.

2. Voyez pour la date, Jaffé, *Geschichte des Deutschen Reiches unter Lothar dem Sachsen*, p. 269, note 8.

3. Idem, p. 57 et note 14.

promu à l'archevêché de Magdebourg (1126), avait rappelé aux habitants des anciens diocèses de Brandebourg et de Havelberg qu'il était leur pasteur et leur chef spirituel. Il s'y était pris rudement, irrité qu'il était contre ces villes épiscopales devenues le « domicile de l'iniquité [1] », et les Wendes l'accusaient de les vouloir réduire en servitude. Witikind ne voyait de salut que dans la conversion des siens à la foi nouvelle; mais comme Wratislaw de Poméranie, il n'osait point heurter de front leurs sentiments. Il eût assurément souhaité qu'Otton les convainquît au passage, et il lui promit devant l'empereur un sauf-conduit et une escorte.

De Mersebourg l'évêque retourne auprès des siens : tout était prêt. Otton fait acheter sur le marché de Halle de la vaisselle d'or et d'argent, des objets précieux et des draps. Il voulait en effet prodiguer les présents et paraître très-riche; car il avait appris d'un saint missionnaire, le moine Bernard, que les Poméraniens, loin de se laisser émouvoir par le spectacle de la pauvreté chrétienne, ne pouvaient croire qu'on vînt au nom du Tout-Puissant, quand on n'avait pas même de souliers à se mettre aux pieds. L'expédition s'embarque enfin, descend la Saale, puis l'Elbe, jusqu'au confluent avec la Havel, et, s'engageant dans le pays wende, remonte la rivière jusqu'à Havelberg. On était au mois de mai. La ville était joyeuse; tout autour de ses murailles, des bannières flottaient au vent : on célébrait la fête de Gerovit, « le dieu du printemps rayonnant. » Otton, irrité par ce spectacle, s'arrête, mande Witikind, qui ne se fait point attendre, et comme il reproche au Wende de tolérer un tel scan-

---

1. Voyez Giesbrecht, *Wendische Geschichten*, t. II, p. 253.

dale, celui-ci lui représente que son peuple s'est révolté contre l'archevêque de Magdebourg, parce que ce prélat voulait le plier au joug d'une trop dure servitude. « Il n'est puissance au monde qui puisse nous forcer à recevoir de lui la doctrine nouvelle, dit-il, car nous préférons la mort au poids d'un tel esclavage [1]. » Il supplie pourtant Otton de ne point renoncer à dissiper l'erreur où vivent les siens : « le peuple qui repousse les ordres de l'archevêque écouterait avidement les conseils du missionnaire... » En effet le peuple s'assemble aux portes de la ville autour d'Otton, qui le harangue en langue slave, du haut d'un tertre ; il consent aisément à renoncer à la cérémonie sacrilége qu'il célébrait, protestant qu'il accepterait volontiers le baptême, si on le délivrait du joug de l'archevêque. Otton n'avait point qualité pour prêcher dans le diocèse de Norbert, qui n'eût pas toléré cette usurpation ; il donne de l'or à Witikind, un psautier à sa femme, fait charger sur des chariots de nouvelles provisions et réclame l'escorte qui lui avait été promise à Mersebourg ; mais le Wende n'ose la lui donner, alléguant l'état d'hostilité où il vit avec ses voisins, qui ne manqueraient pas de lui tuer ses hommes. L'évêque alors invoque la très-puissante main de Dieu et continue sa route.

Il s'engage dans une immense forêt, où il marche cinq jours durant pour arriver au lac Müritz ; les indigènes lui expriment, comme avaient fait les gens de Havelberg, leur horreur pour la domination de l'ar-

---

1. Witikindus.... protestatus plebem archiepiscopo suo Norberto rebellem, eo quod duriori servitutis jugo eam subjugare tentaret, nullo modo cogi posse fatebatur ut ab eo doctrinæ verbum susciperet, sed prius mortis occasum quam servitutis hujus modi onu subire paratam esse... Raum. *Reg.* p. 144, n° 809.

chevêque de Magdebourg. De là il se dirige vers Demmin, où il rencontre Wratislaw, duc de Poméranie, que les habitants avaient appelé à leur aide pour une guerre qu'ils projetaient contre les Wiltzes. Le prince fait sous les yeux d'Otton une incursion sur le territoire ennemi, puis il prend congé de lui, après lui avoir donné rendez-vous à Usedom, où il a convoqué la noblesse du pays. Là Wratislaw prenant la parole, exhorte les siens à renoncer à leurs dieux. Une solennelle discussion s'engage, où les défenseurs du paganisme sont bientôt battus. Des prêtres mêmes se lèvent pour confesser qu'il serait insensé de persister dans le culte des ancêtres, quand tous les peuples à l'entour se font chrétiens. On s'empresse donc autour d'Otton qui demeure à Usedom toute une semaine, catéchisant et baptisant. A Wolgast, même succès, après une plus forte résistance. A Gützkow, les païens venaient d'élever à grands frais un temple; à la voix d'Otton, ils le jettent par terre et commencent la construction d'une église.

Pendant son séjour à Gützkow, l'évêque de Bamberg reçoit des députés venus d'Allemagne, « afin de s'enquérir soigneusement du succès de son œuvre et de lui offrir au besoin du secours. » C'est Albert l'Ours qui les avait envoyés. Otton les retient près de lui, les mène à Demmin, à Usedom pour qu'ils puissent voir les prodiges accomplis par la parole chrétienne. Dans cette dernière ville il les fait assister aux négociations qu'il a entamées avec le duc Boleslaw de Pologne, afin d'amener ce prince à s'accommoder avec les Poméraniens qu'il voulait obliger à reconnaître sa souveraineté; puis il les congédie après les avoir chargés de ses remercîments pour le margrave. Quant à lui, il demeure encore un certain temps en Poméranie, revoyant les lieux où il avait prêché lors de son premier voyage, ramenant les gens de Stettin qui avaient oublié ses leçons, confirmant ceux de Julin dans la foi qu'ils avaient gardée. Il rentre dans son évêché tout à la fin de l'année, après s'être arrêté quelques jours à la cour de Boleslaw de Pologne [1].

Cet épisode fait bien voir la situation des peuples slaves habitant entre l'Elbe et l'Oder. Ils sont toujours divisés entre eux : Witikind et les habitants de Demmin sont en guerre avec leurs voisins, et ils appellent l'étranger dans leurs querelles. Ils se plaignent hautement de l'oppression que les Allemands font peser sur eux et se montrent disposés à écouter la parole chrétienne portée par de simples missionnaires. La crainte de l'isolement, ressentie d'abord par les princes, a en effet gagné les peuples. Le christianisme prend pied en Poméranie, où s'élève une principauté nouvelle qui a dépassé l'Oder, gagne du terrain vers l'ouest et menace les Obotrites et les Wiltzes. A son tour, il lui faut se défendre contre la Pologne, qui n'oublie pas sa prétention de dominer les nations slaves du nord. Assurément l'influence allemande est très-compromise en ces contrées ; mais l'ambassade envoyée par Albert l'Ours, afin de « s'enquérir de l'état des choses », montre qu'il avait les yeux sur la carrière qui, à l'est de l'Elbe, s'ouvrait à son courage et à son ambition. A vrai dire, il ne s'y engagea pas tout de suite, et ne s'y

---

1. Voyez pour le récit de la mission d'Otton de Bamberg les extraits du biographe d'Otton dans Raum., *Reg.* p. 143-5, nos 808-12, 815-17, 820; et Heinemann, *Albrecht der B.* p. 71-77.

enferma jamais : ses voisins allemands eurent beaucoup à souffrir de ses convoitises; mais la tâche de conquérir des pays païens dont l'existence, au milieu d'états chrétiens, était un phénomène étrange, s'imposait à lui, et bien qu'il dût à plusieurs reprises la dédaigner, la force des choses l'y ramena toujours.

LA MARCHE A L'AVÉNEMENT D'ALBERT. — PREMIERS ACTES D'ALBERT; EXPÉDITION ET NÉGOCIATIONS EN PAYS WENDE.

La marche, rejetée sur la rive gauche de l'Elbe, s'étendait le long du fleuve, à peu près depuis l'embouchure de l'Ohre jusqu'à celle de l'Aland; la partie de la province actuelle de la Saxe prussienne, qui porte le nom de Vieille-Marche, correspond assez exactement à l'ancienne marche du Nord. Elle était toute entière en terre saxonne et portait quelquefois le nom de marche de Saxe. La Milde, la Biese, l'Aland, la divisaient en deux parties presque égales : la partie orientale était formée par le *pagus* de Belinesheim, et comprise dans le diocèse de Halberstadt; la partie occidentale était formée par le *pagus* d'Osterwolde et relevait du diocèse de Verden. Dans la première, qui confinait à l'Elbe, les forteresses étaient nombreuses : Tangermünde, Arnebourg, Werben étaient les principales; dans la seconde, moins exposée aux coups de l'ennemi, le lieu le plus important était Salzwedel, qui avait été la résidence habituelle des margraves de la maison de Stade [1]. Aucun fief de l'empire n'était mieux situé que la marche pour s'agrandir par la conquête : c'était la compensation de la médiocrité de son étendue et de sa richesse. Aucun margrave mieux

---

1. Voyez Heinemann, *Albrecht der B.* p. 97-8, et les notes n°ˢ 10-12, à la page 339; Riedel, *die Mark Br.* t I, p. 11-41.

qu'Albert n'était en état de lui rendre les territoires qu'elle avait perdus sur la rive droite de l'Elbe, car les fiefs et les alleux, qu'il possédait d'autre part, lui donnaient une puissance que ses prédécesseurs n'avaient jamais connue.

Les deux années qui suivent son investiture, Albert reste presque constamment auprès de l'empereur. Il assiste en 1135 à la diète de Bamberg [1] où, en présence de tous les princes d'Allemagne, Frédéric de Hohenstaufen, vaincu par les armes de Lothaire et d'Henri de Bavière, sollicite à genoux le pardon de ses révoltes. Il est à Magdebourg, le jour où Lothaire reçoit solennellement les envoyés des rois de Danemark et de Hongrie, et probablement aussi à Mersebourg, quand le duc de Pologne vient à son tour reconnaître la suzeraineté impériale et prendre place, l'épée nue, dans le cortège de l'empereur. L'année suivante, on retrouve le margrave à Aix-la-Chapelle, où Lothaire annonce l'expédition qu'il veut faire l'automne en Italie, à Mersebourg où l'on délibère au sujet de cette campagne, à Goslar enfin, où Albert se rencontre avec l'évêque Anselme de Havelberg [2]. Le prélat arrivait de Constantinople, où il avait été soutenir dans une discussion solennelle les droits de l'église latine contre ceux de l'église grecque ; car l'évêque de Havelberg était, comme celui de Brandebourg, un évêque *in partibus infidelium*, et l'on voit qu'il portait son activité loin de son diocèse.

Cependant Albert reçoit à Goslar une nouvelle qui le rappelle à son poste : les Wendes venaient de passer

---

1. Raum. *Reg.* 154, n° 878.
2. Heinemann, *Cod. dip. anh.* p. 177, n°s 230-32 ; *Albr. der B.* à l'appendice, p. 449, n° 26.

l'Elbe et de ravager la marche [1]. Il accourt, réunit ses vassaux et fait une expédition au delà du fleuve. A la vérité, nous ne savons rien de cette campagne, si ce n'est qu'elle fut courte, et ne fut point suivie d'une conquête définitive ; mais il semble que le margrave prit pied, dès cette année 1136, dans le pays des Hévelliens ; les établissements qu'il y garda furent comme autant de points de départ pour la conquête qui se poursuivit lentement dans la Priegnitz [2]. Vers la même date, Albert concluait avec Pribislaw, prince de Brandebourg, une convention qui préparait une acquisition très-importante.

Au milieu de ses sujets païens, adorateurs de Triglaf, le dieu à trois têtes, Pribislaw et sa femme Petrussa étaient chrétiens, et tous deux s'efforçaient d'amener au culte du vrai Dieu « l'âme idolâtre de leur peuple ». L'entreprise était difficile et le sort de Gottschalk en montrait les périls. Pribislaw avait donc cherché de l'appui en Allemagne. Depuis longtemps, il était en relations avec Albert, dont il avait tenu le fils, Otton, sur les fonts baptismaux : il avait même donné en cadeau de baptême à son filleul la Zauche. Enhardi par cette alliance, il ne cacha plus sa ferveur religieuse, bâtit une église, fit venir des moines de l'ordre de Prémontré, et « tout roi qu'il fût, montra une si grande dévotion, que, méprisant les ornements royaux, il offrit aux reliques de St-Pierre son diadème et celui de sa femme ; » mais il n'avait point d'enfants et craignait que le ressentiment des Hévelliens ne fît disparaître son œuvre ; il la mit donc sous la protection du margrave qu'il reconnut pour son héritier. On

---

1. Raum. *Reg.* p. 157, n° 900.
2. Heinemann, *Albrecht der B.* p. 344 aux notes 45 et 46.

a supposé avec quelque vraisemblance que cet acte d'adoption s'accomplit vers l'année 1136, et que la nouvelle qui s'en répandit parmi les Wendes excita ceux-ci à faire sur les terres d'Albert l'invasion dont il a été parlé [1]. Les païens ne furent pas découragés d'ailleurs par le châtiment qui leur avait été infligé ; il est probable qu'ils reprirent bientôt une attitude offensive, car Albert paraît n'être pas resté jusqu'au bout auprès de l'empereur en Italie. Pendant l'hiver de 1137, il passe l'Elbe encore une fois avec une armée assez forte, et porte la destruction sur la terre de ses ennemis [2].

ACQUISITION ET PERTE DU DUCHÉ DE SAXE.

La nouvelle de la mort de Lothaire rappela l'attention du margrave sur les affaires de l'empire. L'empereur avait succombé au mois de décembre 1137, au moment de quitter l'Italie. On a vu les beaux côtés de son règne : Lothaire avait fait plier devant lui les Hohenstaufen révoltés ; il avait maintenu la paix entre l'Église et l'empire, reçu l'hommage des couronnes de Danemark, de Bohême, de Pologne, de

---

1. Toute cette histoire de l'adoption d'Albert par Pribislaw est racontée dans une chronique du XIVe siècle, celle de Pulcava : *Chronicon Boemiæ* (*ap*. Dobner, *Monumenta Boemiæ historica*, t. III. p. 167). L'existence même d'une convention pareille a été contestée : c'est un des points litigieux de l'histoire du Brandebourg, et l'on a écrit des volumes sur la question. Les preuves en faveur de la tradition qui est ici rapportée sont concluantes. En effet Pulcava a écrit d'après une vieille chronique brandebourgeoise (V. Riedel, *Novus codex diplomaticus brandenburgicus*, IVe part. t. I, p. IX-XVI) ; un fragment d'une autre chronique du XIVe siècle, cité par Heinemann (*Albrecht der B.* au supplément, p. 421-2 nos 1 et 2) concorde avec Pulcava. Enfin les *Annales Palidenses* (Pertz XVI, p. 85), document contemporain du marg. Albert, disent à la date de 1150 : Heinricus Brandeburg obiit, cujus hæres factus est marchio Adelbertus. » Henri était le nom chrétien de Pribislaw.

2. Collecta valida manu terram Slavorum prædabundus perambulavit., Raum. *Reg.* p. 161, no 924.

Hongrie; mais il avait obtenu ces brillants résultats par une politique qui compromettait l'avenir. En effet, il avait fini par donner à son gendre Henri-le-Superbe, duc de Bavière, le duché de Saxe, et constitué par là en Allemagne la puissance la plus redoutable qu'on y eût jamais connue[1] : c'était comme un appel aux coalitions qui allaient se former contre elle. Enfin l'humilité de la politique du Saxon envers l'Église avait encouragé les prétentions pontificales et préparé de nouveaux conflits. A la nouvelle que Lothaire a laissé les insignes impériaux à Henri, et qu'ils sont menacés d'avoir pour chef un homme dont les domaines s'étendent de l'Adriatique à la Baltique, les princes ecclésiastiques et laïques s'émeuvent. A tout prix, ils veulent empêcher l'élection du duc de Saxe et de Bavière. Ils se concertent avec Conrad de Hohenstaufen, négocient d'avance avec lui les concessions que l'on commence à stipuler à chaque avénement et qui ruinent le pouvoir impérial. Pendant ces pourparlers, Albert l'Ours entrait en Saxe avec une armée : il avait cru le moment venu de faire valoir ses droits sur le duché[2].

La veuve de Lothaire, Richenza, avait convoqué la noblesse saxonne à Quedlinbourg, pour la disposer en faveur d'Henri de Bavière. Albert marche sur la ville, l'investit, empêche la réunion et porte le ravage et l'incendie sur les terres de l'impératrice. Cependant la noblesse de l'Allemagne du sud se réunissait à Lützelkoblenz sur la Moselle, et procédait, au mépris de toutes les formes, à l'élection de Conrad de Hohenstaufen. Albert fut des premiers à reconnaître le nouvel

---

1. Voyez Jaffé, *Geschichte des Deutschen Reiches unter Lothar dem Sachsen*, à l'appendice, p. 230; et *Geschichte des Deutschen Reiches unter Conrad dem dritten*, chap. I.
2. Raum. *Reg.* p. 162, n° 926.

empereur, dont il avait facilité l'élection par l'offensive hardie qu'il avait prise [1]. Conrad veut profiter de ses premiers avantages et réduire son rival à l'impuissance ; il somme Henri d'abdiquer une de ses couronnes ducales, le met au ban de l'empire, sur son refus, et donne le duché de Saxe au margrave Albert [2].

Albert avait donc atteint le but suprême de son ambition ; mais il ne trouva dans sa dignité nouvelle qu'une satisfaction passagère. Tout lui sourit d'abord, bien que les Saxons, mécontents qu'on eût disposé du duché sans les consulter, se fussent rangés en grand nombre autour de Richenza. Au même moment Eilika, mère d'Albert, était un des plus vaillants soutiens de la cause de son fils. Celui-ci prend l'offensive comme toujours, s'empare de Lünebourg, de Brême, conquiert la plus grande partie de la Westphalie saxonne. Adolphe de Holstein ayant été chassé de son comté par ses sujets, Albert, usant de son pouvoir ducal, y installe Henri de Bardewide ; sur un seul point il éprouve un échec : le château de Bernbourg « d'où sa mère, la margrave Eilika, exerçait sa tyrannie », est détruit par le feu [3]. Cependant la noblesse de Saxe ne se ralliait pas à son nouveau duc. L'empereur vient à Goslar, à Noël de l'année 1138, pour donner solennellement à Albert l'investiture en terre saxonne. Il convoque les grands de Saxe une fois encore à Quedlinbourg (1139), pour ménager une entente, mais

---

1. Voyez Raum. *Reg.* p. 162-4, n°ˢ 927-31, 939, 941-2.
2. Conradus autem rex in solium regni levatus, Adalbertum in ducatu firmare nisus est, injustum esse perhibens quemquam principum duos tenere ducatus... Bellabant ergo hi duo principes, duarum sororum filii intestinis præliis, et commota est universa Saxonia... Helmold, I. 54 (Leibniz. II, p. 583).
3. Raum. *Reg.* p. 164, n° 943-4. Les *Regesta* contiennent pour l'année 1138 une erreur chronologique, corrigée par Heinemann, *Albrecht der B.* p. 351, note 85.

là, il apprend qu'Henri de Bavière, laissant à son frère Welf VI le soin de défendre ses intérêts et ses droits dans le sud de l'Allemagne, venait d'arriver en Saxe. Henri avait voyagé en grande hâte et en secret : quatre cavaliers seulement l'accompagnaient. Au bruit de sa venue, les Saxons accourent sous son étendard. L'empereur quitte précipitamment la Saxe, laissant Albert seul aux prises avec son adversaire.

En un moment le margrave perd ses conquêtes. Son territoire est attaqué, et ses forteresses emportées : il se réfugie auprès de Conrad [1]. Son vassal Henri de Bardewide ne peut se maintenir dans le Holstein. Avant de quitter le comté, il se rend coupable d'un acte qui montre avec quelle facilité les princes allemands oubliaient dans la fureur de leurs querelles, la mission de la Germanie en pays wende. Il incendie les forteresses de Segeberg et de Hambourg, élevées contre les barbares [2].

L'empereur Conrad fit de grands préparatifs pour rétablir en Saxe son autorité méconnue. Les princes de l'Allemagne de l'ouest lui promirent leur concours; Albert, de son côté, s'assura l'assistance du duc Sobislaw de Bohême. Après avoir fait en Bavière une expédition au cours de laquelle il donna le duché au margrave d'Autriche, Conrad se mit en marche vers la Saxe. Les Bohémiens le rejoignirent auprès de Hersfeld; l'armée impériale était nombreuse et brillante : les archevêques de Mayence et de Trèves, les évêques de Spire, Wurzbourg, Worms, Zeitz se trouvaient dans ses rangs, où Léopold d'Autriche et Albert l'Ours s'apprêtaient à combattre pour gagner leurs

---

1. Raum. *Reg.* p. 166-167; n°⁸ 956-962.
2. Helmold, I. 56, (*loc. cit.* p. 585.)

nouvelles couronnes. Henri-le-Superbe ne fut pourtant pas intimidé par ce déploiement de forces ; l'archevêque de Magdebourg tenait pour lui, et la plupart de ses amis et fidèles de Saxe, auxquels « il avait exposé ses misères », avaient répondu à son appel [1]. Il marcha au-devant de l'armée royale et vint camper en face d'elle aux bords de la Werra. Au moment d'en venir aux mains, les évêques qui se trouvaient dans les deux camps firent conclure une suspension d'armes. Les Saxons reconnurent Conrad pour empereur, et il fut convenu qu'on remettrait à une diète, qui se réunirait à Worms au mois de février 1140, le jugement définitif sur les prétentions d'Henri au duché de Saxe. En attendant, celui-ci gardait ses conquêtes ; Albert demeurait dépossédé même de ses propres fiefs [2].

La mort presque subite d'Henri de Bavière (oct. 1139), ranime tout à coup les espérances du margrave. Il court hardiment à Brême, où la foire de la Toussaint avait attiré une grande foule et y convoque, comme duc de Saxe, un *placitum* solennel. Mais les Saxons étaient irrités de la mort d'Henri, qu'ils attribuaient à un empoisonnement. Ils se soulèvent contre Albert, qui s'enfuit à grand'peine, prennent parti pour le fils de leur duc, un enfant de dix ans, qui sera bientôt connu sous le nom d'Henri-le-Lion. Encore une fois, l'impératrice Richenza était à la tête du mouvement. Les terres d'Albert subissent de nouveaux ravages. Son château patrimonial d'Anhalt est détruit de fond en comble [3].

---

1. Raum. p. 166, n° 956.
2. Id. p. 168, n°s 970-3, et Heinemann, *Albrecht der B.* p. 353-4, notes 165-8.
3. Raum. *Reg*. p. 168-9, n°s 976-7 ; p. 171, n° 991.

Le margrave, retiré auprès de l'empereur, plaida sa cause à la diète de Worms (1140), mais les princes saxons ne s'y rendirent pas. Convoqués à Wurzbourg, ils s'abstinrent encore. Conrad n'osa point les attaquer. Après avoir remporté en Bavière un nouveau succès sur Welf VI, il entama des négociations avec la Saxe : elles traînèrent péniblement pendant une année. La mort des deux personnages qui mettaient le plus de haine dans cette lutte, de Richenza et d'Eilika, produisit un certain apaisement. Enfin, au printemps de 1142, se réunit à Francfort une grande diète qui termina le différend. Henri le Lion dut renoncer à la Bavière, mais il garda la Saxe. Albert fut réintégré dans la marche du Nord. Une riche succession lui était d'ailleurs échue ; son cousin, le palatin Henri [1], étant mort sans enfants, il avait hérité des biens d'Orlamünde, qui provenaient de sa grand'mère, et qui se composaient des comtés de Weimar et d'Orlamünde et d'un grand nombre de fiefs situés en Thuringe et en Franconie. Il est probable qu'il en reçut l'investiture à Francfort même [2].

CROISADE EN PAYS WENDE.

Peu de temps après la pacification de **Francfort**, la nouvelle se répandit en Allemagne qu'Edesse avait succombé sous les coups des infidèles et que Jérusalem était menacée. Saint Bernard, après avoir, à Vézelay, attaché la croix sur l'épaule de Louis VII, roi de France, se rendit en Allemagne. Le Saint-Em-

---

1. Voyez p. 44 et 47.
2. Raum. *Reg.* p. 172-3, nᵒˢ 998, 1008-10, 1012.

pire avait pris une part modeste à la première croisade, et paraissait peu disposé à s'aventurer dans la seconde. Les efforts faits auprès de Conrad à plusieurs reprises pour le déterminer à se croiser n'avaient point réussi. Il fallut qu'à Spire, pendant la messe célébrée le 27 décembre 1146, l'apôtre de Clairvaux se tournât vers l'empereur et lui arrachât, à force d'éloquence, la promesse de se rendre en Terre-Sainte. Les larmes aux yeux, Conrad prit la bannière et la croix que saint Bernard lui tendait des marches de l'autel [1]. Son exemple fut suivi par un grand nombre de princes de toutes les parties de l'Allemagne, sauf la Saxe. Saint Bernard voulut aussi gagner les Saxons, et il se rendit à la diète que l'empereur avait convoquée à Francfort, pour régler avant son départ les affaires pendantes et imposer une trêve à toutes les querelles (1147). Henri le Lion y assistait avec la plupart de ses vassaux et des princes de l'Allemagne orientale, parmi lesquels était Albert l'Ours; mais aux exhortations de saint Bernard, ceux-ci répondirent qu'ils n'avaient pas besoin d'aller chercher les infidèles au delà des mers, et qu'ils avaient à leur portée une croisade à faire [2]. L'apôtre reconnut qu'ils avaient raison, et du consentement de Conrad, il prêcha la croisade contre les Slaves. Après avoir en termes sévères, blâmé la négligence que les Allemands avaient mise à propager le christianisme chez leurs voisins [3], il distribua aux Saxons l'insigne de cette nouvelle

1. Jaffé, *Geschichte des deutschen Reiches unter Konrad dem III*, p. 113.
2. Otton de Freisingen, *De rebus gestis Friderici I Barbarossæ libri duo*, I, 40.
3. Heinemann, Albreckt der B., p. 162 et p. 369-70.

guerre sainte, qui était la croix plantée sur un globe. Le pape Eugène écrivit de Troyes aux princes saxons une lettre où il louait leur entreprise, mais en leur recommandant de la pousser jusqu'au bout et de ne point accorder aux païens la conservation de leurs idoles moyennant tribut. Saint Bernard renouvela cette défense que la rapacité germanique, si souvent flétrie par les écrivains ecclésiastiques, rendait nécessaire [1].

Cependant les Wendes sentaient venir la guerre d'extermination : les croisés avaient juré de détruire complétement les païens ou de les convertir [2]. Niclot, prince des Obotrites, arme son peuple, et, après s'être préparé une retraite en bâtissant la forteresse de Dobin, sur les bords du lac Schwérin, il s'embarque, apparaît tout à coup avec sa flotte devant Lübeck [3], surprend et brûle un grand nombre de navires dans le port et se répand dans le Holstein qu'il ravage. Cette attaque précipite les armements des croisés, qui s'étaient faits avec une désespérante lenteur. Deux armées sont sur pied au commencement d'août : l'une se dirige vers Dobin ; elle est commandée par Henri le Lion, qu'accompagnent l'archevêque de Brême, plusieurs évêques, un grand nombre de comtes et de nobles. Les Wendes se retirent devant elle dans leurs bois et leurs marais. Près de Dobin, elle trouve les Danois qui se joignent à elle. L'autre armée se réunit à Magdebourg. Au premier rang,

---

1. Boczek, *Codex diplomaticus moravicus*, I, n° 265, p. 244; n° 274, p. 253 ; Raum. *Reg.* p. 185-7, n°ˢ 1092, 1096, 1102; Jaffé, *Geschichte des deutschen Reiches unter Conrad dem dritten* p. 111-114, 120.
2. Consenserunt in hoc ut vicinam sibi Slavorum gentem paganam aut omnino delerent aut christianos fieri cogerent... *Auctuarium Gemblacense* ad ann. 1148 (Pertz. VIII. p. 392).
3. Lübeck faisait alors partie du comté de Holstein.

parmi les princes séculiers, étaient les margraves du Nord et de Misnie, Albert et Conrad ; parmi les ecclésiastiques, l'archevêque de Magdebourg, les évêques de Havelberg et de Brandebourg. Les Slaves de Pologne avaient envoyé leur contingent. « Toute la terre trembla devant la face des chrétiens, et pendant trois mois ils parcoururent le pays, dévastant les campagnes, incendiant les villes » ; après quoi, les princes ecclésiastiques et les princes laïques se séparèrent pour aller assiéger, les premiers Demmin et les seconds Stettin.

Toutes les forces chrétiennes étaient donc tenues en échec devant trois villes. L'issue de ces trois siéges ne fut pas glorieuse pour les croisés. Les habitants de Stettin ayant remontré aux évêques qui les assiégeaient qu'ils avaient été convertis par Otton de Bamberg, et qu'ils ne demandaient qu'à être confirmés par la douceur dans la foi chrétienne, les évêques se prêtèrent à un accommodement. Devant Dobin, les Allemands laissèrent écraser par les assiégés leurs alliés les Danois, qui périrent par milliers ; le reste, criant à la trahison, regagna son pays. Devant Demmin, les opérations languissaient. La discorde se mit parmi les Allemands. Les uns voulaient la guerre à outrance, mais les gens d'Henri le Lion et d'Albert l'Ours étaient portés aux ménagements. « A quoi sert cette guerre, se disaient-ils ? Le pays que nous ravageons nous appartient ; ces hommes que nous tuons sont nos sujets. Pourquoi donc combattre avec tant de rage contre nos propres intérêts ? » Sans doute, le duc et le margrave se faisaient le même raisonnement. On ne tarda point à parler de paix. En décembre 1147, cinq mois après le commencement de la croisade, les Wendes se déclarèrent prêts à recevoir le baptême, et l'on ne s'enquit point de la sincérité de leur conversion. Beaucoup furent baptisés, mais restèrent aussi attachés que devant au paganisme. L'armée chrétienne retourna en Allemagne sans gloire, accusée encore une fois d'avoir entrepris cette guerre non pour évangéliser les Wendes, mais pour piller et conquérir leur pays [1].

Plus triste encore fut l'issue de la croisade allemande en Terre-Sainte. L'armée de Conrad, trahie par les Grecs qui la conduisaient, fut détruite entre Nicée et Iconium, et l'empereur revint à peu près seul à Constantinople, où il attendit le roi de France. Celui-ci ne fut guère plus heureux, et l'expédition ne fit que démontrer l'impuissance des chrétiens d'Occident à secourir le royaume du Saint-Sépulcre. Conrad rentra en Allemagne au mois de mai 1149. Aussitôt les querelles assoupies par la croisade se ranimèrent. Welf VI, qui prétendait se maintenir en Bavière, fut battu par le fils de Conrad, le roi des Romains Henri (1150). Albert l'Ours ne prit en ce moment-là aucune part aux événements de l'empire ; car la succession de Pribislaw venait enfin de s'ouvrir.

PRISE DE POSSESSION DE BRANDEBOURG.

A peine son mari avait-il rendu le dernier soupir, et avant que la nouvelle de sa mort, qu'elle cacha soigneusement, fût connue, Petrussa manda le margrave Albert, qui arriva en toute hâte, occupa Brandebourg et fit célébrer en grande pompe les funé-

---

[1]. Pour le récit de la croisade, voyez Helmold, I, 65 ; Raum. *Reg.* p. 188-91, n°° 1108-13, Jaffé, loc. cit. p. 145-154.

railles du chef wende, dans l'église où celui-ci avait naguère pieusement déposé son diadème [1]. Albert l'Ours se mit aussitôt à organiser sa conquête, mais elle n'était pas encore définitive. La persistante rivalité du margrave et du duc Henri de Saxe, la guerre civile qui sévit avec fureur dans l'empire, favorisaient les dernières résistances des Hévelliens. Or il restait un rejeton de la famille de Pribislaw, Jacze, qui paraît s'être retiré en Pologne. Les ducs Boleslaw et Casimir y régnaient alors, après avoir expulsé leur frère Wladislaw, gendre d'Albert l'Ours ; ils prirent donc volontiers le parti de Jacze contre le margrave qui était leur ennemi commun. Un jour, Jacze parut inopinément devant Brandebourg : le margrave était absent ; la ville était gardée moitié par des Saxons, moitié par des Slaves ; la garnison se laissa corrompre, et l'on présume qu'il n'y eut pas même de combat. Albert accourut aussitôt ; aidé par l'archevêque de Magdebourg, il attaqua la ville. On combattit par terre et par eau, et le siége fut long et sanglant. Quand Albert rentra dans sa conquête, il expulsa tous les Slaves, et pourvut la forteresse d'une nombreuse garnison allemande (1157) [2].

Brandebourg avait vécu le dernier jour de son indépendance. C'était une véritable capitale wende, sous

---

1. Raum. *Reg.* p. 172, n° 1000 ; mais Raumer commet une erreur en plaçant ce fait à la date de 1141. *Conf.* Heinemann, *Albrecht der B.* p. 376, note 174.
2. Voyez les fragments d'une vieille chronique brandebourgeoise, dans Heinemann, *Albrecht der B.* à l'appendice, p. 422... Albertus ursus marchio, Wichmanni archiepiscopi magdeburgensis et nobilium fretus auxilio, castrum vallavit tribus in locis, exercitum adducens. Anno autem Domini MCLVII, tertio Idus junii, castrum denuo acquisiverunt. Voyez aussi une charte de l'évêque de Brandebourg (Riedel, cod. dipl. I, VIII, p. 104) ; et Raum. *Reg.* p. 207, n° 1247. p. 209, n° 1250.

bois et entourée d'eau. Une colline, qui s'élève de 66 mètres au-dessus du niveau de la mer, et qui est comme une merveille en ce pays plat, la défendait du côté de l'Allemagne. C'est là que s'élevait le temple fameux de Triglaff, converti plus tard en une église consacrée à la Vierge. Longtemps on y garda, comme un souvenir de la victoire chrétienne, l'idole à trois têtes qu'avait terrassée la mère du Sauveur. Ce temple n'existe plus aujourd'hui : il était de pierre, ce qui est encore une merveille dans le Brandebourg, et le roi-sergent, Frédéric Ier, le fit démolir au XVIIIe siècle, sans souci de la vieille histoire, pour en faire transporter les matériaux à Potsdam, qui se bâtissait alors. C'est à peine si l'on en trouve encore vestige sur la colline ; mais du sommet, l'œil suit au loin le cours de la Havel, qui se replie vingt fois sur elle-même, et, s'élargissant par endroits, forme de petits lacs où se reflètent les nuages d'un ciel humide. De tous les côtés, la plaine monotone et maigre s'étend à perte de vue. Au temps du margrave Albert, la ville se composait sans doute en grande partie de maisons de pêcheurs, groupées comme aujourd'hui au bord de la rivière. Albert et ses successeurs vont illustrer cette bourgade, qui garde encore quelques traces de sa grandeur passée. Ses églises, toutes gâtées qu'elles soient par des clochers grotesques et par des tours carrées que surmontent des dômes mal dessinés, les grands combles de ses maisons de brique, ses rues qui portent des noms où vit le souvenir du passé, plaisent au visiteur arrivant de Berlin, et reposent son regard fatigué des splendeurs factices de la capitale prussienne.

La prise de possession de Brandebourg est un fait

historique d'une grande importance. Le territoire acquis par Albert, comme héritage de Pribislaw, n'était pas très-considérable ; c'était le Havelland, entre la Havel et le Rhin son affluent, qui l'entourent comme une île. A côté de Brandebourg, qui en était la ville principale, Pritzerbe, Nauen, Rathenow, Plaue, Spandow étaient déjà connues au XIIe siècle. La dernière ville, qui fut fortifiée par Albert l'Ours, était à la frontière orientale du Havelland, qui s'arrêtait par conséquent à quelques kilomètres de Berlin. Au Havelland il faut ajouter, pour compléter le domaine slave du margrave, la Zauche, don de Pribislaw à son filleul Otton. Située au sud du Havelland, dont elle est séparée par la Havel, la Zauche correspond à peu près au cercle actuel du même nom dans la province de Brandebourg, gouvernement de Potsdam, mais elle s'étendait plus loin à l'ouest et rejoignait la Marche proprement dite, à travers le domaine transalbin de l'archevêché de Magdebourg. Ziesar, Görzke, Briezen défendaient la frontière occidentale et méridionale de la Zauche contre l'archevêché. A l'est, en face du pays de Teltow, demeuré slave, veillaient les châteaux de Saarmund et de Trebbin. Enfin la terre de Priegnitz, ou pays de Havelberg, avait été peu à peu conquise par Albert : l'Elbe la séparait de la marche, et elle était comprise entre ce fleuve, l'Elde et la Dosse ; Havelberg, Wittstock, Putlitz en étaient les lieux principaux. Le Havelland, la Zauche et la Priegnitz réunis formaient à peine le quart de la province actuelle de Brandebourg ; mais c'était beaucoup que d'avoir reconquis au delà de l'Elbe un pays qui ne devait plus être perdu. Si la marche du Nord n'était point, comme on l'a prétendu à tort, vassale du duché de Saxe, elle était située en terre saxonne, et on l'appelait marche de Saxe aussi bien que marche du Nord. Or Albert l'Ours prit le titre de margrave de Brandebourg et il est évident que ce titre lui paraissait supérieur à l'autre. Brandebourg eut bientôt le rang d'une capitale. Cette ville, dira plus tard un margrave, « brille entre toutes nos villes.... C'est d'elle que nous avons reçu le titre de notre principauté; c'est d'elle que tout notre domaine a tiré son origine, comme les ruisseaux découlent de leur source » [1].

En droit ce n'était point une principauté indépendante de l'empire qu'Albert avait fondée; mais en fait l'indépendance des margraves de Brandebourg devait être à peu près complète sur ce terrain conquis par leurs armes et par leur politique. Dans la plaine qui s'étendait vers l'est et s'inclinait vers le nord, la nature n'avait mis aucun obstacle à leur ambition. Une vaste carrière s'ouvrait donc devant eux; ils y marcheront à grands pas, quand, à la mort d'Albert, ses fiefs et comtés d'Allemagne étant partagés entre ses cadets, la marche deviendra le domaine unique et spécial de l'aîné de ses descendants. Plus détachés des affaires de l'empire que leur ancêtre, ils feront mieux celles de la marche de Brandebourg. A la vérité Albert leur montra le chemin qu'il fallait suivre pour la colonisation de la marche [2]; il releva les évêchés détruits de Havelberg et de Brandebourg; il appela des colons, fonda des villes, mais jusqu'à la

---

1. Præ omnibus fulget, tunc quia nostri principatûs titulum recepimus ab eodem, tunc quia totum nostrum dominium ab eâdem nostrâ civitate traxit originem, tanquam à fonte rivuli derivantur.. Document de l'année 1315, cité par Riedel, *die Mark Br.* t. I, p. 328, note 2.
2. Voyez pour les institutions le chapitre V.

fin de sa vie son attention fut tournée vers l'Allemagne, et le duché de Saxe demeura l'objet de sa convoitise. Un an après la mort de Pribislaw, le margrave assistait à la diète de Wurzbourg, où l'on délibéra sur une expédition en Italie projetée par Conrad ; mais Henri-le-Lion commençait à réclamer hautement la Bavière, et l'on craignait qu'en l'absence de l'empereur il ne tentât de s'en emparer. Albert, profitant des inquiétudes de Conrad, lui conseilla d'attaquer Henri et de le mettre par une guerre menée à fond, hors d'état de nuire (1151).

NOUVELLES ENTREPRISES SUR LE DUCHÉ DE SAXE.

Le margrave s'était préparé de longue date à cette éventualité. Il avait attisé le mécontentement suscité parmi les nobles saxons par le caractère despotique et violent de leur duc, et fait alliance intime avec Hartwig de Stade, archevêque de Brême. D'après le plan d'attaque concerté avec Conrad, Henri-le-Lion devait être enfermé en Souabe, où il se trouvait ; ses ennemis entreraient en Saxe, et d'accord avec les Saxons révoltés, feraient main basse sur ses forteresses. Conrad, après avoir passé par Wurzbourg, afin de s'assurer par lui-même que toutes les précautions avaient été prises pour barrer le passage au duc de Saxe, marcha rapidement par Erfurt et Goslar sur Brunswick, mais Henri y était avant lui. Trompant la surveillance des Impériaux il avait, cinq jours durant, chevauché sous un déguisement. Sa brusque apparition déconcerta Conrad qui s'enfuit honteusement, abandonnant le margrave aux forces et à la colère de son rival [1].

1. Raum. *Reg.* p. 197-8, nos 1168-9.

La guerre qui s'engagea immédiatement fut bientôt interrompue par la mort de Conrad (fév. 1152). Albert et Henri se trouvèrent en présence dans l'église d'Aix-la-Chapelle, le jour où Frédéric de Souabe, élu roi de Germanie, vint recevoir la couronne de Charlemagne, puis à la diète de Mersebourg, où le nouveau chef de l'empire s'efforça en vain de réconcilier les deux ennemis [1]. La lutte reprit avec son accompagnement habituel de pillages et de dévastations jusqu'à la diète de Wurzbourg où comparurent Albert et Henri, qui, après avoir conclu leur accommodement, promirent de suivre Frédéric en Italie [2]. Tout préoccupé de cette expédition, l'empereur voulut s'assurer le concours du puissant duc de Saxe, auquel il prodigua ses faveurs. Il alla jusqu'à lui rendre à Goslar, dans la diète qui s'y réunit au printemps de 1154, le duché de Bavière. Il lui concéda en même temps d'importants privilèges, qui lui donnaient en pays wende une véritable souveraineté [3]. Nul doute qu'Albert l'Ours n'ait vu avec chagrin la fortune de son ennemi. Pendant qu'Henri suivait l'empereur en Italie, le margrave de Brandebourg demeura en Allemagne, ainsi que plusieurs des ennemis du duc de Saxe et de Bavière, parmi lesquels l'archevêque de Brême. Une conspiration fut ourdie entre eux contre Henri, mais déjouée par le retour de Frédéric qui avait rapidement et victorieusement mené sa première campagne au delà des Alpes (1155) [4].

Une longue trêve s'ensuivit, pendant laquelle se placent la perte et la reprise de Brandebourg, et un pé-

---

1. Raum. *Reg.* p. 199 et 200, nos 1176-78; 1184-5, 1187.
2. Id. p. 200, nos 1187-91.
3. Id. p. 203, no 1215.
4. Id. p. 205, no 1227.

lerinage d'Albert au Saint-Sépulcre. Nous ne savons rien des motifs qui l'ont déterminé à faire ce voyage, non plus que de la façon dont il l'accomplit. Parti au début de l'année 1158, il est de retour l'année suivante ; plusieurs documents le montrent multipliant les donations aux églises. Après avoir suivi l'empereur en Italie, où il assiste à la destruction de Milan (1162), il aide Henri-le-Lion à soumettre les Obotrites, dans le pays desquels le duc de Saxe avait déjà fait de grands progrès ; mais au milieu des troubles que suscite en Allemagne la lutte du sacerdoce et de l'empire, les deux adversaires vont se retrouver aux prises [1].

Frédéric Barberousse avait pris parti, dans le schisme qui divisa l'église, à la mort d'Adrien IV, pour Victor IV contre Alexandre III. A la mort de Victor (1164), il fit élire par un conclave fort irrégulier Pascal III, puis, convoquant à Wurzbourg la noblesse laïque et ecclésiastique d'Allemagne, il fit jurer à chacun sur des reliques et sur l'évangile de ne jamais reconnaître Alexandre pour le successeur de Saint-Pierre (1165) [2]. Le margrave de Brandebourg prêta le serment après le duc de Saxe et de Bavière, mais ce dernier était résolu à ne pas le tenir. Contre lui s'était formée une coalition d'un grand nombre de ses vassaux. Sa puissance, encore accrue par ses récentes conquêtes sur les Obotrites, la faveur dont il jouissait auprès de l'empereur, avaient enflé son orgueil. « C'était, dit le chroniqueur Helmold, le prince des princes du pays ; il courbait le front des révoltés,

---

1. Raum. *Reg.* p. 211, 213-5, 217, 221, nos 1260-1, 1276-82, 84, 86, 87, 98, 1323.
2. Id. p. 222, n° 1330.

brisait leurs forteresses, faisait la paix autour de lui et possédait une immense fortune [1] ». Aussi avait-il fait beaucoup de mécontents. L'âme de la coalition fut Rainald de Dassel, archevêque de Cologne et chancelier de l'empire. On n'attendait pour agir que le départ de l'empereur pour l'Italie, et l'on comptait qu'Henri suivrait Frédéric ; mais il demeura, et se fortifia soigneusement. Évidemment il était au courant des intrigues des conjurés, car, devant le château de Dankwarderode, il fit placer un lion de bronze, la gueule tournée vers la marche de Brandebourg [2].

C'est en effet Albert l'Ours qui commence l'attaque avec l'archevêque de Magdebourg dans les derniers jours de 1166 ; mais Henri les repousse et, se mettant à leur poursuite, va ravager le pays jusqu'aux portes de la ville archiépiscopale. Là il conclut un armistice avec l'archevêque et le margrave ; puis il se tourne contre le comte d'Oldenbourg qui avait soulevé le nord de la Saxe et le force à s'enfuir dans les marais de la Frise, où le vaincu trouve la mort (1167). Henri refuse dès lors d'exécuter les conditions de l'armistice conclu avec Magdebourg, et la ligue se reforme contre lui ; cette fois elle est formidable. Les archevêques de Cologne et de Magdebourg, le margrave Albert et ses fils, le landgrave de Thuringe, le margrave de Misnie, un grand nombre de moindres personnages laïques et ecclésiastiques jurent de combattre et de traiter ensemble [3]. La Saxe est envahie

---

1. Helmold, II, 6... Et factus est princeps principum terræ et conculcavit colla rebelium, et effregit munitiones eorum, et fecit pacem in terrâ, et possedit hereditatem multam nimis.... (Leibniz, III, p. 623).
2. Heinemann, *Albr. der B.* p. 401, note 54.
3. Voyez ce traité dans Heinemann, *Albr. der B.* à l'appendice, p. 477, n° 46.

de trois côtés à la fois ; Haldensleben attaquée la première, est brûlée de fond en comble. La guerre prend un caractère de fureur inouïe. L'archevêque de Brême s'étant joint aux ennemis du duc de Saxe, celui-ci envahit son territoire et n'y laisse point pierre sur pierre [1].

Cependant l'empereur était en Italie. Après qu'il eut emporté Rome de vive force et qu'il y eut établi l'antipape Pascal III, la peste se mit dans son armée. Il remonta vers la Lombardie, où le pape Alexandre avait organisé la ligue des villes lombardes. Frédéric y apprit la guerre qui sévissait en Allemagne. Il envoya aussitôt l'ordre de suspendre les hostilités, et remettant à un autre temps la lutte avec les cités italiennes, repassa les Alpes (1168). Il essaya d'amener une pacification générale, mais les coalisés avaient renoué leur ligue par de nouveaux serments. Deux fois ils refusèrent de se rendre aux diètes où ils étaient convoqués. A Wurzbourg, il avaient à peine consenti à faire trève, qu'un nouvel incident ralluma les hostilités [2]. L'archevêque de Brême mourut en rentrant dans ses états dévastés. Pour lui succéder furent élus en même temps le doyen Otbert, et Siegfried, fils d'Albert de Brandebourg [3]. Siegfried avait à peine pris possession de sa charge qu'Henri le Lion le fit expulser de Brême. Il fallut que l'empereur vînt en personne, au commencement de 1169, tenir une diète aux frontières de Saxe, d'où il emmena comme prisonniers quelques-uns des perturbateurs acharnés de la paix publique. A Bamberg l'accord fut

---

1. Helmold II, 7-9 (Leibniz, II, p. 623-5) et *annales Stadenses* ad ann. 1166 (Pertz, XVI, p. 260).
2. Raum. *Reg.* p. 226, n° 1356.
3. Id. p. 227, n° 1360.

enfin conclu [1] ; il était tout à l'avantage d'Henri le Lion, mais la fatigue universelle le fit accepter par tous (1169).

L'année qui suivit la pacification de Bamberg, Albert l'Ours et Henri le Lion se rencontrèrent une dernière fois à Erfurt, pour l'élection du roi des Romains. Le vieux margrave, après avoir voté pour le fils de Frédéric, retourna dans la marche. Entouré de ses fils, il vint assister à la bénédiction de l'église de Havelberg, qui fut donnée par l'archevêque de Magdebourg assisté des évêques de Havelberg, de Brandebourg, de Meissen et de Ratzebourg. Trois mois après il mourut [2]. Il est probable que son corps fut enseveli à Ballenstedt près du château patrimonial des Ascaniens, dans l'église de Saint-Pancrace, bâtie par lui, et que sa tombe fut détruite au XVIe siècle, pendant les horreurs de la guerre des paysans.

Aucune vie dans cette turbulente époque ne fut plus agitée que celle du margrave de Brandebourg, et l'on comprend qu'une histoire comme la sienne ait laissé des traces même dans la fugitive mémoire populaire. La légende associa son nom à celui de Frédéric et d'Henri, comme l'atteste le vieux dicton : « Henri le Lion, Albert l'Ours, Frédéric à la Barbe Rouge étaient trois hommes capables de convertir le monde. » L'histoire ne prouve pas que la conversion du monde ait été leur principal souci. Du moins, si le margrave Albert avait consacré à soumettre les Wendes à sa suzeraineté en même temps qu'aux lois de l'Église, la moitié des efforts qu'il a dépensés à essayer de conquérir la Saxe, il eût porté jusqu'au delà de

---

1. Raum. *Reg.*, p. 227, n° 1366.
2. Id. p. 229, n° 1379-81.

l'Oder les limites de son margraviat. Pourtant son principal titre à la renommée est d'avoir conquis quelques lieues carrées sur la rive droite de l'Elbe. Quand ses fils eurent trouvé la fortune sur la voie qu'il leur avait indiquée, une partie de leur gloire revint au premier margrave ; on lui prêta, comme il arrive toujours, des pensées profondes qu'il n'avait jamais eues, et ce vaillant batailleur devint, sous la plume de ses panégyristes, une sorte de champion de la Germanie et d'apôtre du christianisme.

CHAPITRE III

RELATIONS DES MARGRAVES ASCANIENS AVEC
L'EMPIRE ET LES ÉTATS ALLEMANDS

Les successeurs d'Albert l'Ours ; division de leur histoire. — Relations des margraves avec l'empire. — Relations avec le duché de Saxe. — Relations avec l'archevêché de Magdebourg. — Relations avec les marches de Lusace et de Misnie.

LES SUCCESSEURS D'ALBERT L'OURS ; DIVISION DE LEUR HISTOIRE.

Albert l'Ours laissait sept fils. L'aîné, Otton, est le chef de la dynastie margraviale ; Hermann, le second, reçut les biens d'Orlamünde : il est la tige des comtes d'Orlamünde, qui s'éteignent dans la seconde moitié du XVe siècle ; Siegfried entra dans l'Église : il fut successivement abbé du monastère de Notre-Dame à Magdebourg, évêque de Brandebourg, archevêque de Brême ; Henri suivit l'exemple de Siegfried, mais ne s'éleva pas si haut : après avoir été longtemps chanoine à Magdebourg, il y devint prieur et directeur de l'école-cathédrale ; Albert fut comte de Ballenstedt : il mourut sans héritier mâle et ses biens passèrent à Bernard, le dernier des fils d'Albert l'Ours. Thierry paraît avoir reçu pour sa part les allodiaux des Billings, apportés dans la famille par sa grand'mère Eilika : il fut comte de Werben ; enfin Bernard, qui porta d'abord les titres de comte d'Aschersleben et d'Anhalt, devint duc de Saxe après la déposition d'Henri le Lion. Des deux fils de Bernard, l'un, Albert, fut la tige des ducs ascaniens de Saxe, qui se divisa dans la suite en lignes de Saxe-Wittenberg et Saxe-Lauenbourg ; l'autre, Henri, est la tige de la famille ducale d'Anhalt, qui a perpétué jusqu'à nos jours la descendance du margrave Albert [1].

L'histoire de la branche aînée est la seule qui nous intéresse ; mais avant de l'entreprendre, il faut mesurer les difficultés de la tâche. Les événements y sont très-compliqués, et la coutume, qui prévaut au XIIIe siècle, de partager la marche entre plusieurs princes, dont chacun porte le titre de margrave, ne permet pas de suivre la chronologie ni d'énumérer règne par règne les actions des margraves. Un court exposé généalogique montrera l'impossibilité d'appliquer ici la méthode ordinaire.

Au margrave Otton Ier, qui règne de 1170 à 1184, succèdent ses deux fils, Otton II (1184-1205) et Albert II (1205-1220), ses deux petits-fils, Jean I (1220-1266) et Otton III (1220-1267). Ces derniers, qui régnèrent en commun pendant 46 ans, partagèrent la marche entre leurs fils ; il y eut alors deux branches de la dynastie margraviale, la johannienne et l'ottonienne. Or Jean Ier, ancêtre des Johanniens, avait eu de trois mariages dix enfants, parmi lesquels trois, Otton IV à la Flèche, Conrad I, Jean II régnèrent ensemble [2] : Otton IV et Jean II moururent, celui-ci

---

1. Voyez Heinemann, *Albrecht der B.*, p. 203 et suiv.
2. Les chiffres attribués aux margraves qui portent le même nom sont de pure convention ; on les répartit d'ordinaire comme nous avons fait entre les deux branches. — Un quatrième fils

en 1281, celui-là en 1303, sans héritiers ; Conrad Ier, mort en 1304, avait laissé une postérité nombreuse : Jean IV, Otton VII et Waldemar ses fils portèrent le titre margravial ; Waldemar survécut à ses frères qui moururent, Jean IV en 1305 et Otton VII en 1308 : il demeura ainsi le seul héritier de la maison johannienne. Cependant Otton III, fondateur de la branche ottonienne, avait eu sept enfants : quatre, Jean III, Otton V le Long, Albert III, Otton VI le Petit, règnent ensemble ou successivement ; mais Jean III meurt l'année du partage (1268) ; Otton VI se fait moine ; Albert III reçoit un domaine à part (1284) ; Otton V, resté seul, meurt en 1298. Son fils, Hermann le Long, hérite en 1301 du domaine de son oncle Albert III, et réunit ainsi toute la principauté de la branche ottonienne. Quand il meurt en 1308, son fils Jean [1], encore mineur, est placé sous la tutelle de Waldemar, de la

de Jean I, Henri, reçut un domaine spécial. Il fut en 1303 margrave de Landsberg.

1. LES MARGRAVES DE LA FAMILLE ASCANIENNE :

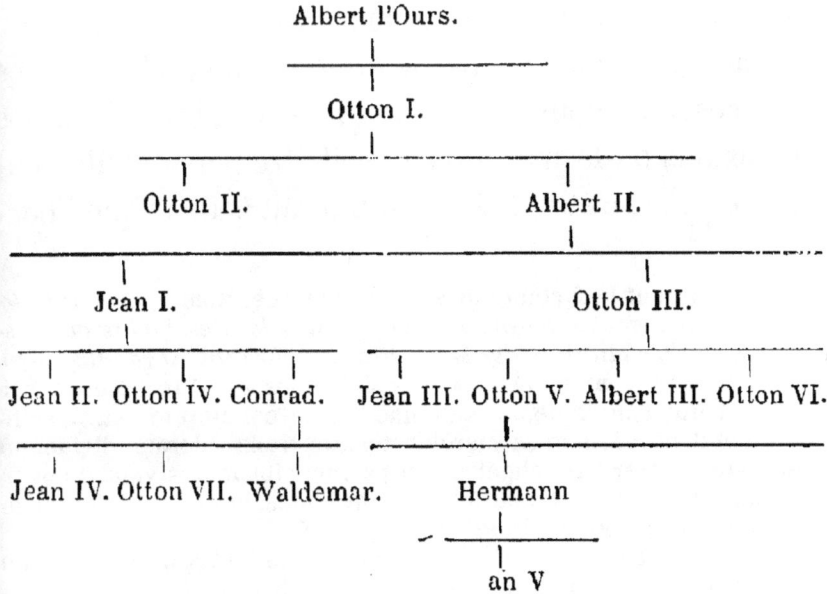

branche aînée, qui avait épousé une fille de Hermann. Waldemar hérita en 1317 de son pupille et la marche tout entière se trouve réunie sous un seul chef, malheureusement à la veille de l'extinction de la dynastie.

Au milieu d'une telle confusion, il est impossible, en racontant l'histoire des Ascaniens, de marquer la part qui revient à chacun d'eux dans l'œuvre commune; mais il est certain qu'il y eut une œuvre commune, et l'important est de la retrouver.

Malgré ce morcellement de leur principauté, les Ascaniens surent garder une union qui ne fut troublée que par deux ou trois querelles bientôt apaisées. Quand le premier partage avait été fait, on avait pris un à un les territoires dont se composait la marche, e l'un des deux co-partageants avait déterminé les parts ; l'autre avait choisi. Ainsi furent évités les sujets de mécontentement et de jalousie [1]. Chaque branche dans son domaine était indépendante de l'autre; les revenus avaient été partagés comme le reste; seules, les chasses demeurèrent communes; mais au-dessus du partage resta la dignité margraviale. Le titre n'en fut attaché à aucune partie du domaine : chacun des princes que nous avons nommés le porta. Dans les occasions où le margrave devait être personnellement représenté, c'était l'aîné qui figurait [2]. Pour que l'har-

---

1. Voir, pour la façon dont se fit le partage, Riedel, *Codex diplomaticus brandenburgensis, II Haupttheil, oder Geschichte der auswärtigen Verhältnisse der Mark Brandenburg und ihrer Regenten* t. I. p. 89-90, n° CXIX... « Nos Johannes et Otto, recognoscimus.... quod inter nos.... sub hac forma condictum est.... scilicet quod nos Johannes marchio terram trans Oderam dividemus et frater noster Otto eliget quam partem sibi magis viderit opportunam. Item nos Otto marchio terram Budessin etc. etc. Voir auss Riedel ibid. p. 96 et 97, n°ˢ CXXIX,CXXX.

2. Klöden, *Diplomatische Geschichte des Markgrafen Waldemar von Brandenburg*, t. I, p. 13-14.

monie se maintînt dans la famille, il fallait que la nécessité de l'accord fût reconnue par cette oligarchie princière. Il y avait en effet une politique qui s'imposait aux margraves. C'est parce qu'ils l'ont suivie que leur prospérité s'est maintenue jusqu'à la fin, et que Waldemar, le dernier d'entre eux, a laissé un nom presque aussi glorieux que celui d'Albert l'Ours. Tout d'abord les margraves furent mêlés aux affaires de l'empire, et comme ils confinaient à d'importants états laïques et ecclésiastiques, qui leur disputaient la conquête de la rive droite de l'Elbe, ils eurent à lutter contre ces voisins qui étaient des rivaux; en même temps ils continuèrent la guerre en pays slave. Rapports des Ascaniens avec l'empire et les états allemands ; conquête des pays slaves : voilà les deux grandes divisions de l'histoire politique des margraves. L'étude des institutions de la marche sera l'objet d'un chapitre à part.

RELATIONS DES MARGRAVES AVEC L'EMPIRE.

Les margraves de Brandebourg étaient grands officiers de la couronne germanique, en qualité de chambellans. Cette dignité, qu'Albert l'Ours reçut selon les uns avec l'investiture de la marche, selon les autres après la paix de Francfort, les faisait électeurs du Saint-Empire, et par conséquent les mêlait aux querelles qui précédaient chaque avénement, aux guerres civiles qui trop souvent le suivaient. Ils jouèrent donc un rôle dans l'histoire de l'Allemagne, mais non le plus important; car ils avaient leurs affaires particulières qui retinrent leur attention, et leurs intérêts privés qui dictèrent leur conduite. Dans la grande lutte où s'abîme l'institution du Saint-Empire, les Ascaniens n'ont pas de dessein arrêté ; ni Guelfes, ni Gibelins, ils sont du parti qui leur offre le plus de chances de réaliser leurs projets sur les pays transalbins, et ils changent de camp, suivant les nécessités de la politique.

Les Ascaniens tiennent pour les Gibelins contre les Guelfes, quand Frédéric Barberousse, peu de temps après la mort d'Albert l'Ours, fait au duc de Saxe une guerre décisive : les margraves en effet étaient fort intéressés à la ruine d'un état voisin, beaucoup plus considérable que le leur, et qui, par ses progrès en Nordalbingie et en Slavie, eût fermé la route à tout agrandissement sérieux de la marche. On verra plus loin quel lot leur échut dans le partage de la dépouille guelfe.

Cependant l'empire déclinait rapidement. Frédéric Barberousse descendit cinq fois en Italie sans pouvoir soumettre la péninsule. La domination allemande pesait lourdement sur ce malheureux pays. Rome au premier voyage, Crémone et Milan au second, avaient été ensanglantées, et la dernière de ces villes, la reine des cités lombardes, détruite de fond en comble. Des podestats imposés à ces riches républiques exaspéraient les habitants à la fois par la fiscalité et la brutalité tudesques. En même temps l'Église était menacée dans ses droits spirituels par l'empereur, qui renouvelait les errements d'Henri III et créait des papes en dépit de toutes les règles canoniques. La papauté se fit le champion de l'indépendance italienne. Alexandre III et les villes lombardes l'emportèrent à Legnano (1176), et Frédéric, après avoir été s'agenouiller devant le pape à Venise, signa un armistice qui fut converti en paix définitive à Constance. L'indépendance de la papauté et celle des villes italiennes étaient sauvées (1183).

Quand le vieil empereur, qui voulut terminer sa glorieuse vie par une croisade, périt dans les eaux du Cydnus, il eut pour successeur Henri VI (1190-97), un ambitieux sans bon sens et sans pitié, qui conquit, après une guerre d'une abominable cruauté, l'Italie méridionale, se crut sérieusement le souverain de la France et même de la Castille, rêva la conquête de l'Épire et de la Macédoine, et mourut à Messine au moment de s'embarquer. Henri VI ne laissait qu'un enfant de trois ans ; aussitôt les ennemis des Hohenstaufen relevèrent la tête. En même temps que Philippe de Souabe, frère d'Henri VI, fut élu Otton de Brunswick, fils d'Henri le Lion. La guerre civile fut encore une fois déchaînée dans l'empire (1197).

De même que le margrave Otton I de Brandebourg (1170-84) avait secondé Frédéric Barberousse contre Henri le Lion, Otton II (1184-1205) soutient Philippe de Souabe contre Otton de Brunswick ; mais Philippe meurt assassiné (1208). Otton IV est reconnu par toute l'Allemagne, jusqu'au jour où, reprenant les prétentions impériales sur l'Italie, il perd la protection du pape qui lui oppose Frédéric de Hohenstaufen, le fils d'Henri VI. Dès que le jeune prétendant met le pied en Allemagne, l'éclat de son nom et ses brillantes qualités attirent autour de lui de nombreux partisans (1212). Pourtant le margrave Albert II (1205-1220) reste fidèle à la cause d'Otton IV ; il signe même avec lui un traité où il s'engage à mettre « toutes ses forces et tous ses moyens » au service de l'empereur. Celui-ci promettait à son tour au margrave sa médiation auprès du roi de Danemark, au besoin son appui contre lui [1]. Cette dernière clause explique toute la politique du margrave. On verra par la suite de cette histoire que le Danemark, après la destruction du duché de Saxe, menaça d'enlever à la marche la domination des pays slaves. Or le Danemark, allié fidèle et respectueux du saint siége, devait faire cause commune avec Frédéric II, le protégé pontifical : il n'est pas étonnant que le margrave Albert ait abandonné la cause gibeline, servie par ses trois prédécesseurs.

Albert vivait d'ailleurs en mauvaise intelligence avec l'archevêque de Magdebourg, qui s'était prononcé pour Frédéric II et qui avait publié l'excommunication lancée contre Otton. La marche eut à souffrir de la guerre civile, et plusieurs fois elle fut ravagée par les troupes de l'archevêque [2]. Le margrave n'en envoya pas moins un contingent brandebourgeois à cette bataille de Bouvines où la jeune royauté capétienne, sortant enfin de l'obscurité avec Philippe Auguste, s'affranchit par la victoire des prétentions de l'empire germanique. La défaite d'Otton en France acheva de ruiner son parti en Allemagne : l'année suivante il renonçait à la couronne. Pourtant la réconciliation du Brandebourg avec le nouvel empereur ne fut complète qu'après que Frédéric eut annulé, en investissant les margraves Jean et Otton du duché de Poméranie (1235) [3], les énormes concessions faites par lui au roi de Danemark.

---

1. Imperator.... promisit se mediatorem studiosum et efficacem inter regem Dacie et ipsum marchionem et Slavos existere. Si vero medium marchioni competens non invenerit, promisit, regi Dacie suisque fautoribus dedicere, et marchioni contra ipsos et contra omnem hominem firmum et constans auxilium cum effectu portare.... Riedel, *Codex diplomaticus* II, t. I, p. 5, n° X.
2. *Maydeburger Schöppen-Chronik*, ad ann. 1125, manuscrit cité par Wohlbrück, *Geschichte des Altmark*, p. 140.
3. Riedel, *Cod. dipl.*, II, t. I, p. 12, n° XX.

Dès longtemps il était aisé de prévoir que l'Italie deviendrait la terre de perdition du Saint-Empire. Elle avait tenté tous les empereurs depuis les Ottons : Frédéric II finit par s'y établir, insouciant des destinées de l'Allemagne, dédaignant même de la secourir contre les Mogols qui l'envahissent, comme ses prédécesseurs ont dédaigné de poursuivre sérieusement les Wendes. Une fois encore les papes se mettent à la tête de la résistance : une lutte décisive s'engage entre les deux pouvoirs. Un grand nombre de princes allemands, ecclésiastiques ou laïques, essayent de s'interposer entre eux. Jean et Otton « frères et margraves de Brandebourg par la grâce de Dieu » écrivent au pape, pour déplorer « la dissension qui s'est élevée entre sa Révérence d'une part, et d'autre part leur seigneur l'empereur », et « les calamités qui en sont sorties à l'incitation du diable »; ils proposent au pontife d'accepter l'arbitrage de Conrad, grand-maître de l'ordre teutonique, dans l'intérêt « de tout le peuple chrétien, dont le salut dépend de l'accord du pape et de l'empereur [1]. » Il est curieux de voir ces deux princes de l'Allemagne de l'est, ces deux combattants de la frontière, exprimer aussi nettement, au moment où elle s'obscurcissait partout, la vieille idée carlovingienne, et proposer pour médiateur entre les deux pouvoirs ennemis le grand-maître de l'ordre teutonique, cet autre combattant de l'avant-garde ger-

---

1. Excellentiæ vestræ devotissime duximus supplicandum, quatinus tum pro Deo, tum pro necessitate totius populi Christiani, cujus salus in vestra et domini imperatoris concordia et tranquillitate videtur consistere, concedere ac licentiare curetis ut frater Conradus, honorabilis magister hospitalis sanctæ Mariæ domus Teutonicorum in Jerusalem, laborem et sollicitudinem sumat, tanquam.. fidelissimus mediator..... (Riedel, *loc. cit.* p. 20-22, n° XXX.)

manique, ce second ancêtre de la monarchie prussienne. Ces louables efforts demeurent inutiles. Un décret d'excommunication est lancé contre Frédéric, et les margraves sont sommés en même temps que les autres électeurs, de procéder à l'élection d'un roi des Romains, « afin de mériter les récompenses divines et la faveur du siége apostolique » (1246)[1].

On ne sait point où certains manuels d'histoire de Prusse ont pris ce mensonge que les margraves de Brandebourg sont restés jusqu'au bout fidèles à la cause de l'empereur. Une lettre d'Innocent IV montre qu'Otton, au plus fort de la crise, entretenait avec le pape des relations amicales[2]. Un procès-verbal de la cérémonie prouve que le margrave faisait fonction de chambellan au couronnement de Guillaume de Hollande, le protégé du pontife (1249)[3]. Cependant l'empereur déposé vivait encore, et les margraves, tout en s'inclinant devant la volonté pontificale, ne paraissent pas avoir combattu contre Frédéric ; car à la mort de celui-ci, Innocent II mande à Otton que « le persécuteur de l'église ayant été enlevé du monde par la divine Providence, les hommes pieux ont maintenant pleine liberté de témoigner par des actes en l'honneur de Dieu et de l'Église, le zèle qui était naguère caché au fond de leurs âmes, » et il lui enjoint « sur la rémission de ses péchés » de prêter appui à Guillaume. Les margraves y consentent d'autant plus volontiers que Guillaume est leur neveu, et qu'il se montre fort libéral envers eux[4]. En effet ils reçoivent

---

1. Id., *ibid.*, p. 27, n° XXXIX.
2. Id., *ibid.*, p. 27, n° XL.
3. Id., *ibid.*, p. 30, n° XLIII.
4. Id., *ibid.*, p. 31, n° XLV.

de lui la ville de Lübeck, en récompense de leur fidélité constante, de leurs services et de leurs peines [1]; ils obtiennent pour leurs sujets des priviléges commerciaux en Hollande [2], pour eux l'expectative sur les fiefs d'Albert de Saxe [3]. Le pape ne leur ménage pas les témoignages de son contentement : le légat d'Innocent IV menace d'excommunication les bourgeois de Lübeck, qui ne veulent point accepter la suzeraineté du Brandebourg [4], et dans une lettre écrite à l'abbé de Lehnin pour l'informer qu'il autorise, malgré la parenté des deux futurs époux, le mariage de Jean de Brandebourg avec la fille du duc Albert de Saxe, Alexandre IV parle des grands services rendus par les Ascaniens « à la cause de l'église et de son très-cher fils Guillaume, illustre roi des Romains [5] » (1255).

Malgré les efforts de la papauté, Guillaume de Hollande ne sait pas conquérir d'autorité dans l'empire. Le successeur de Charlemagne et d'Otton, qui a conservé le pompeux langage de la chancellerie impériale, finit misérablement : en guerroyant contre les Frisons, il s'embourbe dans un marais où des paysans l'assomment (1256). A sa mort, le margrave de Brandebourg Otton III brigue sa succession. Dans une sorte de profession de foi, si l'on peut employer cette expression moderne, il se déclare prêt à recevoir la couronne et à mettre au service de Dieu « son corps et son âme, ses biens et ses amis, tout ce qu'il possède ou pourra possé-

---

1. Id., *ibid.*, p. 32, n° XLVI. Lübeck, après avoir été incorporée au duché de Saxe, était devenue ville impériale. Voir plus bas, page 98. Les margraves ne gardèrent pas la ville.
2. Id., *ibid.*, p. 33, n° XLVIII.
3. Id., *ibid.*, p. 37, n° LII (marqué XLVII par erreur dans Riedel).
4. Id., *ibid.*, p. 32, n° XLVII.
5. Id., *ibid.*, 43, n° LXIV.

der [1]. » Ainsi les successeurs d'Albert l'Ours se sentaient de taille à gouverner l'empire ; mais l'empire les trouva trop grands pour lui. Au lieu de relever la couronne en la confiant à la garde d'un puissant prince, les électeurs l'avilirent en la vendant. Deux étrangers l'achetèrent, Alphonse de Castille à l'évêque de Trèves, Richard de Cornouailles à l'archevêque de Cologne. Le premier ne parut pas en Allemagne, mais le second y vint plusieurs fois, apportant ses poches pleines d'or, pour les vider entre les mains avares qui, de toutes parts, se tendaient vers lui. C'est le temps du grand interrègne (1256-73).

Vient ensuite la série des petits princes qui essayent de mettre à profit leur passage sur le trône pour faire la fortune de leur maison. Rodolphe de Habsbourg (1273-91) combat le roi de Bohême auquel il enlève l'Autriche et la Styrie, et jette les bases de la puissance autrichienne. Adolphe de Nassau (1291-98), choisi à cause de sa faiblesse, suscite par son ambition une formidable ligue. Albert d'Autriche (1298-1308) reprend la politique de famille de son père Rodolphe, nourrit les plus ambitieux projets et tombe sous le poignard d'un des siens, Jean le parricide, qu'il a frustré de son héritage. Nous verrons qu'en Bohême, en Thuringe, Misnie, Lusace, l'ambition des Habsbourg se heurte contre celle des Ascaniens et que les deux familles s'y disputent les débris de l'empire.

A la mort d'Albert (1308), deux margraves, Otton VII et Waldemar, aspirent à la couronne en compagnie de bon nombre de princes allemands ; mais en dépit de

---

1. Id., *ibid.*, p. 48, n° LXXII.

toutes leurs négociations et de tous leurs efforts [1], les électeurs leur préfèrent le comte de Luxembourg, Henri VII, petit prince de la forêt d'Ardenne, qui va mourir en Italie après y avoir montré son impuissance (1308-1313). Son successeur, Louis de Bavière, verra finir la dynastie ascanienne, et une nouvelle période s'ouvrir pour l'histoire de la marche.

La chute du vieil empire ne fit que profiter à la marche de Brandebourg. Tant qu'un prince personnifiait l'unité de l'Allemagne et gardait en mains la force nécessaire pour faire respecter sa suzeraineté, toute conquête au delà de l'Elbe eût été, comme au temps d'Henri le Fondateur et d'Otton, une conquête allemande et non brandebourgeoise. La féodalité qui, par des causes diverses, n'avait cessé de grandir, et qui se dissimulait mal sous l'enveloppe brillante de la monarchie des Hohenstaufen, avait fini par désagréger l'Allemagne, où il ne restait plus qu'une fédération anarchique de principautés et de républiques. Chacun y travaillait pour soi, et le premier, l'empereur donnait l'exemple. L'affaiblissement de l'autorité suprême fortifia dans son indépendance le pouvoir margravial, qui avait déjà des privilèges particuliers, et s'élevait presque jusqu'à la souveraineté. Les conquêtes de la marche en pays slave achevèrent de la distinguer du reste de l'Allemagne, et d'en faire un état d'un caractère nouveau, ayant ses institutions spéciales, ses destinées propres, et grandissant au milieu même des malheurs de l'Allemagne : le règne des margraves Otton et Jean, qui correspond à la période où tombe l'empire et naissent les désordres

---

1. Id. *ibid.*, p. 272, 274-6, n°s CCCXLVI, CCCXLVIII, CCLIX.

du grand interrègne, est le plus heureux de la dynastie des Ascaniens.

RELATIONS AVEC LE DUCHÉ DE SAXE.

A la mort d'Albert l'Ours, quatre principautés étaient échelonnées sur la frontière orientale de l'Allemagne, depuis les monts de Bohême jusqu'à la mer du Nord et à la Baltique, le long de l'Elbe qu'elles dépassaient : c'étaient les marches réunies de Lusace et de Misnie, l'archevêché de Magdebourg, la marche de Brandebourg, et le duché de Saxe. Tandis que les états du centre de l'Allemagne ne pouvaient point se développer, que les Alpes arrêtaient ceux du sud, que la royauté capétienne contenait et menaçait ceux de l'ouest, un vaste espace s'ouvrait devant les états orientaux. Des conflits d'ambition les mirent aux prises, et le Brandebourg s'éleva au-dessus des autres.

On a vu la part prise par Albert l'Ours aux conspirations et aux guerres dirigées contre Henri-le-Lion. C'était l'ambition de conquérir la couronne ducale qui poussait le margrave de Brandebourg ; mais ses alliés voulaient la briser. A mesure que la féodalité se développait, il n'était si petit prince qui ne prétendît relever directement de l'empire. La principauté guelfe, composée de deux duchés, comprenant dans sa mouvance un grand nombre de comtés de l'Adriatique à la Baltique, s'accroissant tous les jours des dépouilles des faibles qu'elle opprimait, était un reste du passé qui devait réunir contre lui toutes les forces vives du présent ; mais le duché de Saxe était particulièrement redoutable à la marche de Brandebourg, à cause des conquêtes qu'il avait faites au delà de l'Elbe.

La Nordalbingie, c'est-à-dire le pays situé au nord

de l'embouchure de l'Elbe, était, au début des temps historiques, partagée entre les tribus slaves des Wagriens et des Polabes [1] et les tribus germaniques des Dithmarses et des Holsates. De bonne heure, l'attention des ducs de Saxe s'était tournée de ce côté. Le duc Lothaire de Süppligenbourg avait en 1110 donné aux Schaumbourg le comté de Holstein, qui comprenait le pays des Holsates. Le second comte de Holstein, Adolphe, celui-là même qui fut un moment aux prises avec Albert l'Ours [2], prit possession de la Wagrie. Henri-le-Lion acheva la conquête du pays : il créa le comté de Ratzebourg chez les Polabes (1143), et comme les Dithmarses défendaient victorieusement leur indépendance contre les comtes de Stade, il se fit investir du comté par l'archevêque de Brême, qui en était le suzerain, et soumit cette fière peuplade, où vivaient encore les vieilles traditions de la tribu germanique.

Les conquêtes du Lion en Slavie ne furent pas moins importantes. Chez les Obotrites, il assura la victoire du christianisme en instituant trois siéges épiscopaux qui relevaient de Brême ; il couvrit le pays de colons et de vassaux allemands, et fonda le comté de Schwérin, qui eut pour chef-lieu l'ancienne capitale des princes obotrites. Il reconnut Pribislaw pour prince des Wendes, mais sous la suzeraineté de la Saxe ; enfin à Henri Borwin (1178-1227), successeur de Pribislaw, il donna en mariage sa fille Mathilde, et fonda ainsi la dynastie germano-slave qui règne encore aujourd'hui sur le Mecklembourg [3].

1. Les Polabes, tribu obotrite, habitaient sur la rive droite de l'Elbe, entre la Bille et l'Elde.
2. Voyez p. 63-4.
3. Le nom de *Mecklenburg* vient de *Mikelenburg*, château situé près de Wismar et qui était la résidence habituelle des princes

Les ducs de Poméranie avaient, comme on a vu, franchi l'Oder, poussé jusqu'au lac Müritz, occupé toute la partie orientale de la province actuelle de Brandebourg, c'est-à-dire l'Uckermark, le Barnim, le Teltow : Henri le Lion arrêta leurs progrès, et força Casimir Ier (1135-1182) et Bogislaw (1135-1187), à reconnaître sa suzeraineté. Enfin Rügen ayant été conquise par Waldemar Ier, roi de Danemark, Henri exigea de lui la cession de la moitié de l'île [1].

Dans ces pays transalbins, Henri-le-Lion s'était formé comme une principauté indépendante, qui était l'objet de sa sollicitude particulière. De lui date la grande prospérité de Lübeck. L'ancien village wende avait eu des destinées fort agitées. Passé des Wiltzes aux Obotrites, des Obotrites au comte Adolphe de Holstein, il avait changé d'emplacement comme de maître. En 1143, Adolphe l'avait transporté de la rive de la Trave sur le plateau qui s'élève entre cette rivière et la Wackenitz; mais il dut céder en 1158 la ville nouvelle à Henri-le-Lion, qui, après avoir achevé de la bâtir, en fit la place de guerre la plus forte de la Nordalbingie et la ville de commerce la plus importante de la Baltique [2]. Au delà de l'Elbe, évêques et comtes relevaient directement de lui, de droit comme de fait, car il les avait institués et placés à l'extrême frontière. Toujours exposés à des attaques, ils avaient besoin de son appui. Les évêques avaient fait quelque résistance,

---

wendes. Aujourd'hui encore parmi les titres communs aux deux grands-ducs de Mecklembourg-Strélitz et de Mecklembourg-Schwérin figurent « *Fürst zu Wenden...* » En 1864, les deux grands-ducs ont fondé un « *Ordre de la couronne wende* ».

1. Voyez pour les conquêtes d'Henri-le-Lion en Nordalbingie et en Slavie, Usinger, *Deutsch-dänische Geschichte (1189-1229)*, p. 11-17.
2. Voyez, pour l'histoire des conquêtes d'Henri-le-Lion, Helmold, *Chron. Slav.*, au livre II, passim, surtout le chap. LXXXVIII.

mais s'étaient soumis. Le duc, raconte Helmold, avait reçu de l'empereur le droit « de créer et de donner des évêchés dans toute la terre des Slaves soumise par lui et par ses ancêtres.... Il manda donc monseigneur Gerold, évêque d'Oldenbourg, monseigneur Évermode, évêque de Ratzebourg, et monseigneur Bernon, évêque de Mecklembourg, afin qu'ils reçussent de lui leurs dignités et qu'ils lui prêtassent hommage, *comme on fait à l'empereur*. Les évêques trouvèrent l'obligation très-dure, mais ils s'y plièrent par amour pour celui qui s'est humilié à cause de nous. »

La destruction de la puissance guelfe fut l'œuvre de la féodalité allemande, bien plus que celle de l'empereur, quoique Henri le Lion eût grièvement offensé Frédéric Ier, en refusant de le secourir dans sa lutte avec les villes lombardes. De retour en Allemagne après sa défaite, Frédéric trouva Henri aux prises avec une coalition, dirigée comme au temps d'Albert l'Ours par l'archevêque de Cologne, et où se rencontraient tous les princes de l'Allemagne orientale, parmi lesquels les Ascaniens [1]. L'empereur temporisa longtemps; trois fois il cita l'orgueilleux vassal devant une diète, mais Henri dédaigna de comparaître (1179) : il se préparait à une défense désespérée. La Saxe venait d'être visitée par un hiver terrible. Au printemps, disent les chroniques, les oiseaux n'avaient point chanté, et les lèvres des prêtres, engourdies par le froid, purent à peine, le jour de Pâques, faire entendre les chants de la résurrection. Pour achever de jeter l'épouvante dans les esprits, la terre trembla. Les Saxons étaient dans l'attente d'une grande catastro-

---

1. Voyez H. Hahn, *Die Söhne Albrechts des Bären, Otto I, Sigfried, Bernhard* (1270-84). — *Ihre Theilnahme an den Reichsangelegenheiten.*

phe. Cependant le duc, attaqué de tous les côtés à la fois, s'était porté vers Halberstadt et s'était emparé de la ville, que les siens mirent à sac. Au milieu du pillage s'alluma l'incendie, on ne sait comment. Églises et cloîtres, pleins de prêtres et de mo nes, flambèrent en même temps. Devant les ruines, voyant les siens mettre en tas les ornements d'église et les saints reliquaires, le duc Henri fondit en larmes, disant que ces malheurs étaient arrivés contre sa volonté. On racontait en effet que Satan était cause de tout le désastre ; au moment où les Saxons s'approchaient de Halberstadt, il avait rempli l'air de vacarme et de chansons pour leur faire croire qu'ils étaient nargués et les mettre en fureur. Ainsi fut ouverte la guerre qui devait finir par la ruine du duché de Saxe (1179)[1].

Les fils d'Albert l'Ours y jouèrent un rôle, mais sans éclat; pourtant ils eurent une belle part dans la dépouille. En 1180, après avoir longtemps temporisé, Frédéric avait cité pour la quatrième fois le duc de Saxe et de Bavière à comparaître devant une diète à Wurzbourg. Là, Henri fut convaincu d'avoir offensé la majesté impériale, troublé la paix de l'Église de Dieu et de la noblesse de l'empire, et il fut déclaré déchu de ses fiefs[2]. Quand le condamné eut laissé s'écouler les délais qui lui étaient accordés pour rentrer en grâce, et que la sentence eut été confirmée à Gelnhausen, le duché de Saxe fut partagé entre Philippe, archevêque de Cologne, et Bernard d'Anhalt, frère du margrave Otton de Brandebourg : Bernard prit le titre de duc de Westphalie et d'Engrie. En même temps un autre frère du margrave, Siegfried,

---

1. Idem., p. 14.
2. Raumer, *Reg.*, p. 244, nᵒˢ 1470-73.

qui avait été élu en 1168 archevêque de Brême, reçut l'investiture de l'archevêché [1]. La lutte se prolongea une année encore ; Henri remporta de grands succès ; mais l'un après l'autre ses alliés, les ducs de Mecklembourg et de Poméranie, le roi de Danemark, se détachèrent de lui ; l'une après l'autre ses forteresses succombèrent. Quand Lübeck, sa ville de prédilection et qu'il avait soigneusement mise en état de défense pour s'y assurer un dernier refuge, eut ouvert ses portes à Frédéric, assisté de Bogislaw, duc de Poméranie, et de Waldemar, roi de Danemark, Henri entama enfin des négociations avec son vainqueur. Frédéric aurait peut-être fait grâce ; mais les coalisés auxquels il avait promis de ne pas traiter sans eux, furent impitoyables. A la diète d'Erfurt (1181), Henri dut renoncer à tous ses alleux et fiefs [2] ; la Bavière avait été donnée aux Wittelsbach ; on lui laissa seulement Brunswick et Lünebourg, à la condition qu'il s'exilerait et ne rentrerait en Allemagne qu'avec l'agrément de l'empereur. A ce jugement suprême assistaient tous les princes ascaniens [3].

Le Lion fit, quelques années après, une tentative pour reconquérir son duché. Il profita de l'absence de Frédéric pendant la croisade, pour débarquer sur la côte de Saxe ; mais vaincu par une coalition où figurait le margrave Otton II, successeur d'Otton I, il se retira dans ses biens patrimoniaux de Brunswick, où il acheva tranquillement, en se faisant lire des récits héroïques, sa turbulente existence (1195).

1. Bernardus comes de Anehalt suscepit ducatum Saxoniæ, et Philippus Coloniæ ducatum Westphaliæ. Media quadragesima imperator in Geilehusen electionem Sifridi Bremensis confirmavit. (*Annales Stadenses*, ad ann. 1180, Pertz XVI, p. 349.)
2. Voyez Hahn, p. 39, et note 2.
3. Raumer, *Reg.*, p. 248, n°s 1498-9.

En apparence le margrave ascanien n'avait point profité de la ruine du Lion. Pendant qu'un de ses frères recevait la crosse archiépiscopale, un autre la dignité ducale, il ne gagnait ni honneurs ni territoire : il avait pourtant le meilleur lot. Bernard d'Anhalt en effet n'avait hérité que d'un titre : le duché de Saxe ne fut pas seulement partagé en deux; il s'émietta en fiefs laïques et ecclésiastiques et en villes libres. Un annaliste contemporain reproche à Bernard sa paresse, comme nos historiens ont reproché à nos rois fainéants leur inaction [1]; mais le fils d'Albert n'est pas plus coupable que les derniers Mérovingiens : il est par les mêmes causes réduit à la même impuissance. Cependant le vieux duché de Saxe, incapable désormais d'une action commune, laissait vide une grande place. Les comtes allemands de la Nordalbingie ne pouvaient prétendre à continuer seuls la guerre contre les Slaves. Frédéric Ier avait érigé le Mecklembourg et la Poméranie en principautés relevant directement de l'empire; il avait fait de Lübeck une ville libre; mais le temps approchait où l'empire ne saurait plus faire respecter sa suzeraineté. Ces vassaux chercheront à ressaisir leur indépendance; puis le Danemark interviendra pour imposer sa loi. C'est au margrave de Brandebourg qu'il appartient désormais plus qu'à aucun autre prince de défendre et de reculer vers l'est la frontière de l'empire. C'est à la marche qui avait porté autrefois le nom de marche de Saxe que revient le devoir de remplacer le duché de Saxe.

---

1. Bernhardus dux.... ad ducatum promotus, non ut verus princeps proficiebat, sed ut superpositus degenerabat, et quasi pacificum se exhibens, in omnibus tardus et discinctus erat... Arn. Lüb. III. I. (*ap.* Leibniz, II, p. 653).

RELATIONS AVEC L'ARCHEVÊCHÉ DE MAGDEBOURG.

Un moment on put croire que l'archevêque de Magdebourg disputerait à la marche la succession du duché de Saxe. Institué par Otton-le-Grand, richement doté par lui, métropole des évêchés fondés ou qui pouvaient être fondés en pays slave, cet archevêché était une sorte de margraviat ecclésiastique. L'archevêque Wichmann, contemporain d'Albert l'Ours, fut un des plus importants personnages du règne de Frédéric Ier Barberousse [1]. Il descendait par son père des ducs de Saxe, par sa mère des margraves de Lusace et de Misnie. Après avoir étudié la théologie à l'université de Paris, il fut successivement prieur du chapitre de Halberstadt, évêque de Naumbourg (1148), et grâce à l'intervention très-active de l'empereur en sa faveur archevêque de Magdebourg (1152). Autant et plus qu'Albert l'Ours et ses successeurs, il fut mêlé à toutes les grandes affaires du règne. Allié fidèle de Frédéric, il combat à côté de lui, pendant sa longue lutte contre le pape Alexandre III, et quand l'empereur s'avoue vaincu, il est un des principaux négociateurs de la paix de Venise (1183). Il compte au rang des adversaires les plus décidés d'Henri-le-Lion ; déjà, lors de la première coalition (1166), il conduit en personne la guerre contre le duc de Saxe. Il se signale encore dans la lutte suprême contre Henri. En 1181 il assiège Haldensleben avec l'aide de l'évêque de Halberstadt ; mais le comte de Lippe, qui défend la ville, a détourné dans l'Ohre, au bord de laquelle elle est

---

[1]. Voyez Fechner, *Leben des Erzbischofs Wichmann von Magdeburg* (*Forschungen zur deutschen Geschichte*, t. V, p. 417-562).

située, un petit ruisseau du voisinage, de façon qu'elle soit entourée d'eau de tous côtés : l'archevêque investit la place par des digues. L'eau, qui ne trouve plus d'écoulement, monte, dépasse les murs, envahit la ville, et les habitants sont obligés de se réfugier dans les greniers et de construire des barques pour circuler entre les toits. Les digues crèvent, mais l'archevêque les fait relever. A la fin, les assiégés ne parlant pas de se rendre, Wichmann fait monter les siens en bateau, et la flotille pénètre dans la ville. Haldensleben lui resta pour prix de sa victoire [1].

Dans la lutte contre le duc de Saxe, l'archevêque de Magdebourg avait été l'allié d'Albert l'Ours et de ses fils. Il combattit aussi les Wendes, d'accord avec les margraves. C'est grâce à son aide qu'Albert put reprendre (1157) Brandebourg reconquise par les Slaves [2] ; mais l'archevêque avait mis le pied en même temps que le margrave sur la rive droite de l'Elbe en conquérant le pays de Jüterbogk, et des actes importants montrèrent bientôt qu'il entendait accroître de ce côté les possessions de Magdebourg. En 1166, en effet, il cède à l'empereur [3] Oberwesel, Schönbourg, Ingelheim sur le Rhin, contre l'abbaye de Nienbourg située au confluent de la Bode et de la Saale. Or l'abbaye possédait en Lusace d'importants domaines, des églises, des marchés, sans cesse menacés par les Polonais, et trop éloignés de Magdebourg pour être efficacement défendus : Wichmann les cède à l'empe-

---

1. *Chronicon Montis sereni*, ad ann. 1182. (Mencken, *Scriptores rerum germanicarum, præcipue saxonicarum*, t. II). — Raumer, *Reg.*, p 262, n° 1558.
2. Voyez page 71, note 2.
3. Voyez Raumer, *Reg.* p. 283, n°s 1317-8. Ces possessions sur le Rhin étaient un don d'Otton-le-Grand.

reur contre le pays de Dahme. Le nouveau territoire, confinant au sud à Jüterbogk, arrondissait la principauté que l'archevêque constituait sur la rive droite de l'Elbe [1]. Wichmann administrait avec un véritable génie l'état naissant : établissement de colonies hollandaises et flamandes pour défricher ou dessécher le sol, expulsion des Slaves partout où ils étaient rebelles, concession de priviléges commerciaux, octroi fait aux villes de chartes municipales, qui étaient des modèles et qui furent copiées dans tout le reste de l'Allemagne : tous ces procédés de la conquête germanique en pays wende ne furent appliqués par personne mieux que par l'archevêque de Magdebourg [2]. Aussi sa renommée s'étendait-elle au loin : de son vivant les artistes qui ciselèrent les portes de bronze de la cathédrale de Novogorod y mirent la figure de ce prélat qui fut à la fois le meilleur conseiller de Frédéric Barberousse, un administrateur habile, un vaillant soldat.

Or, au XIIᵉ siècle, les feudataires ecclésiastiques de l'empire tendent à s'élever partout sur les ruines de la grande féodalité laïque, et s'annoncent, surtout à la fin du règne de Frédéric Iᵉʳ, comme les héritiers principaux de la puissance impériale. Les archevêques de Mayence et de Cologne jouent dans l'histoire de Barberousse un rôle plus bruyant, sinon plus important que celui de Wichmann. On a vu que l'archevêque Philippe de Cologne a pris une part prépondérante aux guerres contre Henri de Saxe :

---

[1]. Ce territoire correspond à peu près au cercle actuel de Jüterbogk-Luckenwalde, dans la province de Brandebourg, gouvernement de Potsdam

[2]. Voyez Fechner, *loc. cit.* à la fin de la biographie, les *Regesten des Erzbischofs Wichmann*, aux nᵒˢ 30-33, 37, 45.

après la défaite de celui-ci, il a reçu la moitié de la Saxe, du Weser au Rhin, où il a fait reconnaître son autorité ducale, et mis fin à toutes les résistances. Ce puissant archevêque de l'ouest étendait sa juridiction sur des territoires hollandais et français, au temps même où l'archevêque de l'est reculait vers l'Oder les limites de son diocèse et de l'Allemagne. Tous les deux, mais le dernier surtout, étaient fidèles à la vieille idée sur laquelle reposait le saint empire : la politique de Charlemagne ne semble-t-elle pas se personnifier dans l'archevêque Wichmann, ce missionnaire armé ? Tôt ou tard l'archevêché de Magdebourg devait se considérer comme l'héritier du duché de Saxe dans l'est, aussi bien que l'archevêché de Cologne s'en était constitué l'héritier dans l'ouest. Alors devait éclater le conflit entre les successeurs d'Albert et de Wichmann, ces deux fidèles alliés [1]. L'événement arriva seize ans après la mort d'Albert, quatre ans après la mort de Wichmann.

En 1196, le margrave Otton et son frère Albert se rendent, le 24 septembre, dans l'église cathédrale de Magdebourg, et là, devant l'autel, en présence d'un cardinal, légat du saint-siége, de l'archevêque de Magdebourg, du chapitre, d'un grand nombre de nobles, hommes libres, gens du commun, les deux princes font à saint Maurice, patron de l'archevêché, donation de tous leurs biens, situés soit « dans le duché transalbin, soit dans la marche, et dans tous les comtés appartenant à la marche » [2]. Cet acte solennel

---

1. Les témoignages de la bonne intelligence qui régnait entre le margrave et l'archevêque abondent. Voir les *Regesten* cités plus haut, aux nᵒˢ 2-4, 7, 17, 25, 27-9, 32, 38, 43-6, 48, 50-1.

2. Prædia quæcumque in ducatu transalbino seu marchià, et...... in omnibus comitatibus ad Marchiam pertinentibus... Voyez Raumer, *Reg.*, p. 265-6, nº 1623.

reçoit ensuite la consécration juridique. Le 25 novembre, l'archevêque, le margrave et son frère, accompagnés d'une suite nombreuse, se transportent sur la rive droite de l'Elbe dans le « duché », et là, devant un tribunal dont le président est nommé par l'archevêque, en vertu de son pouvoir ducal, la donation est répétée. Enfin, deux jours après, pareille cérémonie réunit les mêmes personnes sur la rive gauche de l'Elbe, dans la marche, devant un tribunal dont le président est nommé cette fois par le margrave. Sollicité par les deux parties, l'empereur Henri VI, qui était en Sicile, ratifia la convention par deux chartes écrites, l'une à la requête du margrave, l'autre à la requête de l'archevêque. Dans la seconde, il rappelait l'obligation contractée par le prélat de rendre en fief, au bout d'un an et six semaines, au margrave et à son frère, les biens dont il avait reçu donation, et qui pourraient être transmis aux héritiers des deux princes, non seulement en ligne masculine mais encore en ligne féminine [1].

L'histoire ne dit rien des causes de l'événement qu'on vient de raconter, et l'on est réduit à commenter la charte d'Otton II et les deux chartes impériales. Le margrave parle « de regagner la clémence du Rédempteur [2] »; l'empereur dit qu'Otton et son frère ont agi dans l'intérêt du salut de leurs âmes, « afin d'obtenir leur part du céleste patrimoine... [3] » Ces dernières ex-

---

1. Voir Heinemann, *Cod. dip. anh.* 1ᵣₑ partie, p. 523, n° 710 ; Riedel, *Cod. dipl. brand.* IIIᵉ partie, t. I, p. 2, n° 2; Raumer, *Reg.* p. 265-6, n° 1623 ; et p. 269-270, n°ˢ 1639-1640; Wohlbrück, *Gesch. der Altmark*, p. 131 aux notes 392, 393.
2. « Ad reconciliandam nobis nostri clementiam redemptoris.... »
3. « Ad profectus salutis animarum suarum.... ut celestis patrimonii participes redderentur.... »

pressions se retrouvent dans tous les actes semblables : s'agit-il donc ici d'une simple donation pieuse suivant la coutume du moyen âge ? Dans une charte de la même année, le margrave Otton fait un singulier aveu : « C'est, dit-il, par de larges aumônes, par la dévotion des prières perpétuelles, par la macération des jeûnes, par les veilles constantes supportées sans ennui..... que l'on obtient la vie éternelle ; mais puisque la faiblesse de notre nature nous rend tout cela difficile, et que la pétulance, habituelle à l'âge bouillant de la jeunesse, nous pousse toujours dans la voie contraire, nous avons résolu de pourvoir à notre salut, en demandant aux efforts d'autrui ce que les nôtres ne peuvent nous assurer..... [1] » C'est-à-dire que le margrave charge autrui de prier, de veiller et de se macérer pour lui. L'acte du 16 novembre 1196 a-t-il été inspiré par la même pensée ? L'énormité de la donation et les mots « afin de regagner la clémence du Rédempteur », ont donné à supposer que les deux Ascaniens avaient quelque chose à se faire pardonner par l'Église, peut-être une excommunication. Un compilateur du XVIe siècle raconte en effet, qu'après un long différend avec l'archevêque de Magdebourg, Otton II de Brandebourg fut excommunié, en ajoutant, il est vrai, que l'effet de la sentence fut terrible, et que le propre chien du margrave se laissa mourir de faim plutôt que d'accepter sa nourriture de la main d'un réprouvé [2].

S'il est difficile de dire la cause véritable de cet acte extraordinaire, il ne l'est pas moins d'en déterminer

---

1. Voyez Wohlbrück, *Gesch. der Altm.*, p. 129, note 387.
2. Brotuffius, *Genealogiæ und chronica des Durchleuchten hochgebohrnen Königlichen und Fürstlichen Hauses der Fürsten zu Anhalt.*

le vrai caractère. On a soutenu que la donation avait pour objet et qu'elle eut pour conséquence de placer la marche et les margraves sous la suzeraineté de l'archevêché, de les médiatiser, pour ainsi dire, au profit du siége de saint Maurice [1]; mais la marche était un fief d'empire et ne pouvait descendre à ce rang inférieur sans l'agrément de l'empereur, dont il n'y a point trace. La donation qui a été faite par le margrave et confirmée par Henri VI, est celle de biens patrimoniaux ; seulement comme elle comprenait tout le patrimoine de la famille margraviale, il est permis de croire que l'archevêque de Magdebourg a eu la pensée de réduire les margraves à une sorte de vassalité. Il ne faut pas laisser passer inaperçu ce mot de « duché transalbin », qui ne pouvait être entré dans l'usage que depuis la destruction du duché de Saxe, et qui annonçait des prétentions auxquelles ne pouvaient se plier les margraves de Brandebourg.

Entre les deux voisins, la lutte est presque perpétuelle. On a vu déjà que le margrave Albert II avait été combattu par l'archevêché pour être resté fidèle à Otton de Brunswick [2]. A la mort d'Albert, sa femme Mathilde prend la tutelle de ses deux fils mineurs, Jean et Otton; mais l'archevêque, évidemment en vertu de l'acte de 1196, demande cette tutelle à l'empereur qui la lui donne : il faut que la margrave la rachète au prix de dix-neuf cents marcs d'argent [3]. A peine

---

1. Voyez Raumer, *Reg.*, p. 265, n° 1623, surtout la note où l'auteur s'efforce de prouver que les archevêques ont obtenu en 1196 non une suzeraineté sur des lieux isolés, mais une suzeraineté politique. Voyez aussi Wohlbrück, *Geschichte der Altm.*, p. 130-7, qui ne voit dans l'acte de 1196 qu'une donation plus considérable que les autres.
2. Voyez page 90.
3. Riedel, *Cod. dipl.* II, t. I, p. 8, n° XV.

arrivés à leur majorité, Jean et Otton ont une contestation violente avec l'évêque de Halberstadt pour une cause demeurée obscure. Otton est même fait prisonnier et paye sa liberté au prix de 1600 marcs d'argent et de la cession d'Alvensleben [1]. La querelle se prolongeant, l'archevêque de Magdebourg et le margrave de Misnie et de Lusace, Henri l'Illustre, s'en mêlent. L'archevêque et les Brandebourgeois s'étaient récemment brouillés dans une entreprise faite en commun contre la ville de Lebus [2]. Quant au margrave de Misnie et de Lusace, ses domaines touchaient au nord aux possessions transalbines du Brandebourg, et il était en contestation avec les Ascaniens à propos des châteaux-frontières de Köpenick et de Mittenwalde. La guerre fut acharnée. Pendant qu'Henri de Misnie, qui venait de ravager le territoire transalbin, tenait le pays entre Mittenwalde et Köpenick, l'archevêque et l'évêque envahirent et saccagèrent la Vieille-Marche. Contre cette coalition, le Brandebourg était réduit à ses propres forces. Jean et Otton s'étaient réunis d'abord contre le margrave de Misnie : ils se séparèrent. Otton demeura pour surveiller Henri l'illustre ; Jean chevaucha nuit et jour au-devant des deux prélats, ramassant sur sa route le commun peuple armé de bâtons et d'arcs. La rencontre eut lieu au bord de la Biese près d'Osterbourg, et Jean remporta une victoire complète : l'évêque était parmi ses prisonniers ; l'archevêque s'était enfui, grièvement blessé, du champ de bataille [3]. Cette victoire eut du retentissement. Au dire d'une chronique, beaucoup de gens, qui au-

1. Voyez Wohlbrück, *Gesch. der Altmark*, p. 147.
2. Voyez au chapitre suivant.
3. *Chronicon archiepiscopatus magdeburgensis* (ap. Meibomium *Rerum germanicarum tomi tres*, t. II, p. 330 et suiv.)

paravant n'auraient pas voulu servir les margraves, même pour un salaire, leur vinrent offrir gratuitement leurs services : ils comptaient évidemment sur le pillage pour se dédommager. Cependant l'évêque de Halberstadt, après avoir payé aux Ascaniens la rançon qu'il avait jadis exigée du margrave Albert, se tint à l'écart; l'archevêque, aidé par des renforts venus de Misnie, recommença la lutte. Elle fut suspendue en 1245 et les deux adversaires firent même en commun la conquête du territoire de Lebus [1]; mais un singulier différend les vint armer de nouveau l'un contre l'autre.

L'évêque Louis de Halberstadt était un prodigue et un brouillon, qui trafiquait sans pudeur des biens de l'Église. Un jour, sans consulter son chapitre, il vendit à Jean et à Otton le comté de Seehausen. Le territoire confinait au sud à la marche : c'est dire qu'il convenait fort aux margraves. Ceux-ci comptèrent 3,400 marcs à l'évêque; mais le pape déposa le prélat et du même coup annula tous les marchés qu'il avait conclus [2]. Les margraves refusèrent de rendre le comté. Le nouvel évêque, Vollrad, ne se sentant pas de force à le leur reprendre, imagina de le revendre au prix de 4,500 marcs à l'archevêque de Magdebourg, qui s'engageait à compter aux Brandebourgeois, « s'ils voulaient le ravoir », l'argent qu'ils avaient déboursé [3]. Les deux prélats se promirent

---

1. Les dates indiquées ici ne sont pas rigoureusement certaines Voyez Tittmann, *Geschichte Heinrichs der Erlauchten, markgrafen zu Meissen und in Osterlande*, t. II, 2ᵐᵉ partie : *Jahrbuch der Geschichte markgraf Heinrichs des Erlauchten*, aux années 1240-41.

2. Riedel, *Cod. dipl.* II, t. I, p. 57-8, n° LXXXI.

3. Si eam rehabere voluerint.... Ried. *Cod. dipl.* II, t. I, p. 49, n° LXXIII.

un mutuel appui pour la bonne conduite de toute cette affaire [1]. Sollicité d'approuver le nouveau marché, le pape consentit en considération des misères de l'église de Halberstadt « rongée par la rouille de l'usure [2] ». Cependant les margraves persistaient à ne point se dessaisir du comté. Le pape alors chargea les doyens de Mersebourg et d'Erfurt de les menacer d'excommunication et d'interdit [3]. Avant d'en venir à cette conclusion, Alexandre IV parlait de l'affection toute spéciale qu'il portait aux deux princes, et les engageait à « doubler par leur vertu l'éclat de leur race », mais il ne disait pas un mot de l'indemnité que les margraves estimaient leur être due. Aussi les Ascaniens ne cédèrent point ; il est probable qu'ils remportèrent des avantages signalés, car lorsqu'ils rendirent le comté de Seehausen, ils reçurent, outre une indemnité de 3,000 marcs d'argent, Alvensleben et le territoire de Jerichow [4].

Les deux margraves qui s'étaient montrés de si constants adversaires pour l'archevêché entreprirent de faire parvenir un des leurs au siége archiépiscopal. Erich, fils de Jean, était chanoine au chapitre de Halberstadt ; il brigua la même dignité à Magdebourg. On comprend tous les avantages que les margraves pouvaient se promettre du succès de cette politique, mais aussi les soucis qu'elle devait causer au chapitre. C'est sans doute pour vaincre les résistances soulevées par cette candidature que le pape Urbain IV, évidem-

---

1. Id., *ibid.*, p. 50, n° LXXIV; p. 52, n° LXXV; p. 53, n° LXXVI; p. 55, n° LXXVII et n° LXXVIII ; p. 56, n° LXXIX ; p. 57, n° LXXX, LXXI.
2. Id., *ibid.*, p. 58, n° LXXXI.
3. Id., *ibid.*, p. 58, n° LXXXII.
4. Id., *ibid.*, p. 62, n° LXXXVII.

ment sollicité par les margraves, la recommanda au chapitre et à l'archevêque, en faisant valoir cette raison que « la puissance des parents d'un tel chanoine ajouterait à l'honneur de leur église, et défendrait ses droits et ses possessions contre les attaques des méchants 1 ». Erich fut élu chanoine de Magdebourg. En 1278, le siége étant devenu vacant à la mort de Conrad de Sternberg, il se présenta aux suffrages du chapitre, qui hésitait entre lui et un autre candidat. Pour éviter un schisme, les chanoines imaginèrent de dédommager avec de l'argent les deux rivaux et d'élire Günther de Schwalenberg. Aussitôt Otton IV, le chef de la branche johannienne, prit parti pour son frère Erich. Il se mit à la tête d'une coalition, marcha sur Magdebourg, et comme il était arrêté près de Frose, parlant déjà de faire manger ses chevaux dans le palais archiépiscopal, l'archevêque déploya l'étendard de Saint-Maurice, courut au-devant de l'envahisseur, le battit et le fit prisonnier avec 300 chevaliers. Otton fut, comme un criminel, enfermé dans une cage pendant que ses frères continuaient la guerre. Sa femme, Heilwich de Holstein, se ménagea des intelligences dans le chapitre et elle obtint de l'archevêque que le prisonnier fût admis à payer une rançon de 4,000 marcs d'or. Comme Otton cherchait le moyen de réunir cette somme, un vieux serviteur de son père lui révéla l'existence d'un trésor que le margrave Jean avait caché dans l'église de Neu-Angermünde en prévision des temps difficiles. On montre encore aujourd'hui le tilleul plusieurs fois frappé par la foudre que le margrave fit planter, pour

---

1. Riedel, *Cod. dipl.* II, t. I, p. 85, n° CXII.

marquer en quel endroit de l'édifice était placé le précieux coffret : on a même conservé ce coffret, qui a renfermé le premier trésor de guerre du Brandebourg [1]. Otton en tira sa rançon, et quand il l'eut comptée à l'archevêque : « Suis-je libre, dit-il ? — Oui, répondit Günther ! — Eh bien, tu ne sais pas le prix d'un margrave. Tu aurais dû me faire monter sur mon cheval et commander qu'on me couvrît d'or et d'argent jusqu'à la pointe de ma lance ? » Aussitôt il recommença la guerre, et comme il assiégeait Stassfurt sur la Bode, il reçut à la tête une flèche, dont il porta la pointe jusqu'à ce qu'elle tombât : de là vint son nom d'Otton à la Flèche (1279) [1]. Enfin il atteignit le but de tant d'efforts ; Erich ne fut point encore élu après la mort de Günther (1279), mais il fut le successeur de Bernard de Wolpe (1283) [2].

Des relations amicales s'établissent aussitôt entre le margraviat et l'archevêché. Erich est soutenu contre ses vassaux révoltés par ses frères, et, pour prix des secours qu'il reçoit d'eux, il leur cède la part de l'archevêché dans la province de Lebus qui avait été conquise en commun. Après Erich, qui meurt en 1295, aucune mésintelligence grave n'éclate plus entre les deux voisins, dont les relations avaient si longtemps présenté un caractère de violence acharnée. Pourtant la lutte n'était pas finie. Établi sur les deux rives de l'Elbe, l'archevêché barrait le chemin aux margraves vers les régions fortunées du Harz et de la Thuringe. Pénétrant comme un coin dans l'angle formé par l'Elbe et la Havel, il séparait la Vieille-Marche du Ha-

---

1. Voyez *Märkische Forschungen*, t. I, p. 291-3.
2. Klöden, *Diplomatische Geschichte des Markgrafen Waldemar von Brandenburg*, t. I, p. 161-3.

velland, les anciennes possessions margraviales des nouvelles. Il était donc un obstacle au développement du Brandebourg, et un obstacle si gênant qu'il ne dut sa longue existence qu'à sa qualité de principauté ecclésiastique. Il disparaîtra quand la réforme et les guerres qui la suivront auront fait cesser l'inviolabilité de ces sortes d'états. On ne peut s'empêcher de remarquer que les Hohenzollern prépareront l'annexion du duché de Magdebourg par une politique analogue à celle des Ascaniens, c'est-à-dire en portant au siége archiépiscopal des membres de la famille électorale.

RELATIONS AVEC LES MARCHES DE LUSACE ET DE MISNIE.

Au temps d'Albert l'Ours, les marches de Lusace et de Misnie étaient réunies sous le sceptre de Conrad de Wettin, un des plus puissants princes de l'Allemagne, qui, s'avisant un jour « que le monde passe et qu'il y faut renoncer, si l'on ne veut périr sous ses ruines », alla prendre la robe monacale au monastère du Mont-Tranquille (1156)[1]. Le morcellement de son héritage, les discordes qui éclatèrent entre les diverses branches de sa famille annulèrent pour un moment la puissance des Wettin; mais elle fut reconstituée et même agrandie au XIIe siècle par Henri l'Illustre (1221-1288), contemporain des margraves Jean et Otton, arrivé en même temps qu'eux, et mineu comme eux, à la dignité margraviale.

Au domaine de sa famille qui comprenait les marches de Lusace et de Misnie et l'Osterland, Henri ajouta par héritage en 1247 le landgraviat de Thuringe et le palatinat de Saxe. Sa principauté s'étendait donc du

---

1. *Chronicon Montis sereni*, ad annum 1156 (*ap* Mencken, t. I).

Wéser jusqu'auprès de l'Oder[1]. Il passait pour être extrêmement riche ; on disait de lui « qu'il avait des tours pleines d'argent, et que si le royaume de Bohême eût été mis en vente, il l'aurait aisément acheté. » Ses états comprenaient un grand nombre de villes : Leipzig, Halle, dans l'Osterland ; Gotha, Eisenach, Mülhausen, Erfurt, en Thuringe ; Querfurt, dans le Palatinat ; Dresde, Meissen, Freiberg et ses mines d'argent dans la Misnie, etc. Combien était pauvre, en comparaison, la marche de Brandebourg ! Il y avait pourtant plus d'avenir dans cette pauvreté que dans l'opulence des Wettin, et déjà au temps dont nous écrivons l'histoire, les margraves brandebourgeois soutiennent avec avantage la lutte contre leurs puissants voisins.

On sait déjà qu'une querelle où furent impliqués l'archevêque de Magdebourg et l'évêque de Halberstadt éclata entre les Ascaniens et les Wettin au sujet des châteaux de Köpenick et de Mittenwalde, situés sur les frontières de la Lusace et du territoire transalbin de Brandebourg[2]. Une acquisition du margrave Otton prépara de nouveaux conflits. Otton avait épousé Béatrix, fille de Wenceslaw Ier, roi de Bohême, et reçu, en gage du paiement de la dot, des domaines dans la Haute-Lusace ; mais la dot ne fut pas payée, et des

---

1. La marche de Lusace ne comprenait que la basse Lusace : la haute Lusace appartenait à la Bohême. La Bohême avait entamé la Misnie, et poussé sa frontière vers Dresde. L'Osterland était situé au N. O. de la Misnie, entre la Mulde et la Saale. La Thuringe s'étendait de la Saale à la Werra, du Frankenwald au Harz. Le palatinat de Saxe était situé au N. de la Thuringe et à l'E. de l'Osterland, entre la Saale et la Helme. — Voyez Tittmann, *Geschichte Heinrichs des Erlauchten*, t. I, p. 85-90.

2. Voyez p. 110. Cette lutte ou tout au moins la mésintelligence a duré jusqu'en 1255. A cette date le pape autorise, malgré la parenté, un mariage entre une fille de Jean de Brandebourg et un fils d'Henri de Misnie, «.... pro pace inter parentes reformanda. » Voyez Riedel, *Cod. dipl.*, II, t. I, p. 44, n° LXIII.

services rendus par Otton à Wenceslaw puis à Ottokar, son successeur, accrurent la dette de la Bohème. Ottokar s'acquitta en cédant la Haute-Lusace au margrave [1]. Désormais les Ascaniens pouvaient prendre à revers la marche de Lusace à laquelle ils confinaient déjà au nord. Bientôt les querelles de famille, qui mirent l'anarchie dans la maison de Wettin, excitèrent leur ambition : ils voulurent avoir leur part des dépouilles d'une maison qui se livrait elle-même à ses ennemis [2].

En l'année 1265, Henri l'Illustre fait entre ses deux fils un partage anticipé de sa succession. Se réservant la Misnie et la Lusace, il donne à l'aîné Albert le landgraviat de Thuringe et le palatinat de Saxe, à Thierry, le second, l'Osterland et la marche de Landsberg, territoire situé au nord-ouest de la Misnie, et qui, après avoir porté au début du XIIe siècle le nom de marche d'Ilbourg, un peu plus tard celui de marche de Landsberg, s'était confondu avec la Lusace sous le nom de marche orientale [3]. Albert le Dégénéré, palatin de Saxe et landgrave de Thuringe, était un mauvais

---

1. Vers 1255. Les margraves Jean et Otton font plusieurs fois acte de souveraineté dans le pays. Voyez Riedel, *loc. cit.*, p. 88, n° CIX; p. 84, CX; surtout p. 89, n° CXIX; p. 96, n° CXXIX; p. 97, n° CXXX : les trois derniers documents, déjà cités p. 86, note 1, sont des traités de partage entre les deux branches, de domaines situés dans la haute Lusace.

2.
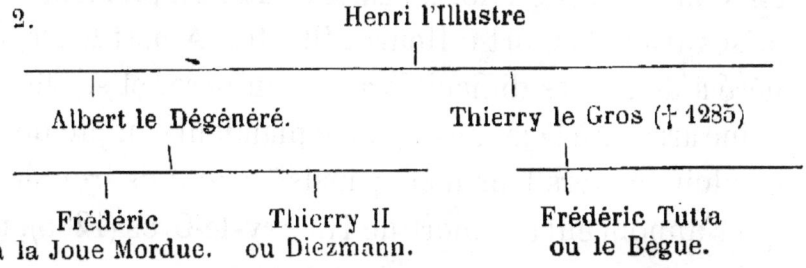

3. Voyez von Posern-Klett, *Zur Geschichte der Verfassung der Markgrafschaft Meissen*, p. 5-12.

prince, dont la conduite attira sur lui et sur les siens les plus grands malheurs. Il avait épousé Marguerite de Staufen, fille de Frédéric II; mais épris des charmes de l'ambitieuse Cunégonde d'Eisenberg, il résolut d'assassiner sa femme. A prix d'argent, il décida un valet de cuisine à faire le coup au château de la Wartbourg. La nuit fixée pour l'exécution, ce malheureux que troublaient les remords, et qui tremblait à la pensée de se déguiser en diable, car le landgrave avait imaginé ce grossier subterfuge, alla se jeter aux pieds de Marguerite pour lui tout avouer et la presser de fuir. Les issues pouvaient être gardées : les gens de la princesse attachèrent aux fenêtres de la tour des cordes et des draps noués. Avant de s'aventurer dans la nuit, elle voulut embrasser ses fils Frédéric et Diezmann qui dormaient. Elle prit Frédéric dans ses bras, et, en ce moment de suprême angoisse, imprima si fortement ses lèvres sur le visage de l'enfant, que toute sa vie il porta sur la joue la trace du dernier baiser maternel : on l'appela Frédéric à la Joue Mordue. Marguerite réussit bien à s'enfuir, mais peu de temps après elle mourut de douleur (1270)[1]. Albert épousa Cunégonde, et les enfants de Marguerite furent élevés par leur oncle Thierry. Ce tragique épisode explique les discordes qui remplissent l'histoire de cette famille. Elles éclatent à plusieurs reprises avant la mort d'Henri l'Illustre. Albert le Dégénéré a de graves difficultés avec son père, et ses fils, à peine arrivés à la jeunesse, lui demandent compte de sa conduite envers leur mère ; mais les grands troubles, qui s'annoncent à la mort de Thierry-le-Gros (1285), ne

---

1. Voyez Klöden, *loc. cit.*, p. 357 ; Tittmann, *Geschichte Heinrichs des Erlauchten*, II, p. 249-52.

datent véritablement que de la mort d'Henri (1288) [1].

Les héritiers du riche margrave étaient Albert le Dégénéré, son fils, et Frédéric Tutta ou le Bègue, fils de Thierry-le-Gros [2]. Tutta avait hérité de son père en 1285 la marche de Landsberg et l'Osterland ; il se mettait en devoir de partager la succession de son grand-père avec le Dégénéré, quand les fils de celui-ci, Frédéric à la Joue Mordue et Diezmann, intervinrent à main armée pour réclamer leur part d'un héritage auquel ils n'avaient aucun droit. Il s'en suivit une guerre qui donna au roi d'Allemagne, Rodolphe, un prétexte pour intervenir. Ces petits princes qui, après l'interrègne, succèdent aux grands empereurs, se montrent jaloux des droits de l'empire, mais pour les faire servir aux intérêts de leur maison. Rodolphe arrangea le différend [3], et il usa de l'occasion qui lui était offerte pour obtenir des princes de la maison de Wettin la reconnaissance de son droit à disposer des fiefs de l'empire, chaque fois qu'ils deviendraient vacants (1290) [4]. Il comptait assurément mettre à profit pour lui-même la première vacance, mais il n'en eut pas le temps, car il mourut l'année suivante. Ses successeurs n'oublieront ni l'exemple ni les droits qu'il leur léguait.

Une nouvelle querelle amena une intervention aussi redoutable que celle du roi. Tutta mourut un

---

1. Voyez Tittmann, t. II, le « Jahrbuch der Geschichte Markgraf Heinrichs des Erlauchten, aux années 1270, 1281, 1286, 1287.
2. Henri l'Illustre avait eu d'un autre mariage un fils qu'on appelle Frédéric-le-Jeune, qui ne fut jamais l'égal des autres parce que sa mère était de condition *ministérielle*. Il n'eut qu'une moindre part, un territoire autour de Dresde, et il ne joua qu'un rôle effacé.
3. Voyez Posern-Klett, p. 73 et suiv.
4. Id., *ibid.*, p. 76-9.

mois après Rodolphe, ne laissant qu'une fille en bas âge (1291). Son oncle, le Dégénéré, était son héritier, mais les deux fils de celui-ci vinrent encore contester cette succession à leur père. Diezmann avait déjà reçu la Lusace des mains de Rodolphe, lors de l'accommodement de l'année précédente. Il laissa son frère prendre la Misnie et partagea l'Osterland avec lui. Ainsi frustré de ses droits, Albert le Dégénéré revendiqua sa part de la succession et sollicita contre ses fils l'appui d'Otton IV à la Flèche, auquel il céda la marche de Landsberg. Aussitôt Otton envahit la Misnie, qu'il ravagea [1] ; il accompagna Albert en Osterland, et fit office de margrave de Landsberg [2]. Dès lors l'ambition des Brandebourgeois dispute à celle des rois d'Allemagne l'héritage d'une maison dont la ruine semble inévitable.

Les rois d'Allemagne prennent les devants. La paix semble avoir été rétablie au commencement de 1292 entre Albert et ses enfants qui restent en possession, Frédéric de la Misnie, Diezmann de la Lusace. Cependant Adolphe de Nassau, qui avait succédé à Rodolphe de Habsbourg, évitait soigneusement de donner à Frédéric dans les actes de la chancellerie impériale le titre de margrave : il considérait la marche de Misnie comme ayant fait retour à l'empire à la mort de Tutta, en vertu de la convention conclue avec Rodolphe de Habsbourg, et Frédéric, auquel il n'en avait pas donné l'investiture, comme un usurpateur. De nouvelles

---

[1]. Pater proprium filium diffidavit et in sui auxilium marchionem Brandeburgensem... advocans, terram Misnensem, Orientalem et Plisnensem plurimum devastarunt. (*Annales Vetero Cellenses*, ad ann. 1292 (*ap.* Mencke, t. II).

[2]. En 1291 Otton porte le titre de margrave de Brandebourg et de Landsberg. Voyez Riedel, *Cod. dipl.*, II, t. I, p. 198, n° CCLIV.

discordes lui donnent prétexte à intervenir. Frédéric se brouille avec Diezmann ; ils possédaient à deux les mines d'argent de Freiberg et l'on pense bien que des contestations devaient naître de la communauté d'un tel bien. Diczmann se rapproche de son père, et lui achète à prix d'argent sa succession entière, au détriment et à l'exclusion de son frère Frédéric. Or, la même année, Albert le Dégénéré vend cette même succession au roi Adolphe de Nassau (1294). On ne sait point lequel des deux marchés fut antérieur à l'autre, mais il est certain qu'Albert prit des deux mains et trompa le roi et son fils, se souciant peu des désordres qui en pourraient résulter à sa mort [1].

Menacé dans ses droits, Frédéric est bientôt attaqué dans ses possessions par Adolphe. Après une lutte de deux années où le roi montre la plus grande cruauté, le margrave est réduit à s'exiler. Notons que les Brandebourgeois suivaient de près les événements. Otton à la Flèche et Otton le Long assistaient à la réunion que présida dans Leipzig le roi Adolphe, peu de temps après son entrée en campagne (1294) [2]. Un bizarre concours de circonstances allait mettre pour un temps en leurs mains la plus grande partie de l'héritage des Wettin.

Ceux-ci purent espérer un moment le repos et la réparation de leurs désastres, quand Adolphe de Nassau eut été vaincu et tué par Albert d'Autriche (1298); mais Albert considéra comme acquis à l'empire le pays conquis par son prédécesseur, et il en donna l'administration au roi Wenceslaw de Bohême, son beau-père. Wenceslaw avait essayé plusieurs fois de s'immiscer dans les affaires de la Misnie. Il convoitait la

---

[1]. Voyez Posern-Klett, p. 85.
[2]. Riedel, *Cod. dipl.*, II, t. I, p. 208, n° CCLXVI...

possession de cet ancien territoire slave. Une fois vicaire général de l'empire dans cette contrée, il y acheta successivement quantité de fiefs, et finit par se faire donner la marche elle-même, en gage du paiement de 40,000 marcs qu'il avait prêtés au besoigneux roi d'Allemagne. Albert le Dégénéré paraît s'être accommodé de ces singuliers arrangements; mais ses fils, Frédéric et Diezmann, n'entendaient pas se laisser dépouiller [1]. Quelques villes et quelques princes leur étaient restés fidèles, et les secours qu'ils en recevaient leur permettaient de tenir la campagne. Pour gagner l'alliance de l'archevêque de Magdebourg, Diezmann lui vend en 1301 une partie de la marche de Lusace en stipulant toutefois qu'il la garderait jusqu'à sa mort. L'archevêque paye la somme convenue; mais Diezmann s'avise qu'une clause de l'acte de vente n'a point été exécutée : l'archevêque n'a point demandé l'approbation royale. Diezmann entre alors en négociations avec les margraves de Brandebourg auxquels il vend une seconde fois la Lusace. Voilà comment les Ascaniens portent au commencement du xive siècle les titres de margraves de Landsberg et de Lusace [2]. Ce fut bientôt le tour de la Misnie : Wenceslaw, roi de Bohême et de Pologne, ayant voulu assurer à son fils la couronne de Hongrie, son ambition inquiéta l'empereur d'Allemagne qui lui déclara la guerre, après l'avoir sommé de restituer la Misnie; mais Wenceslaw engagea la marche pour 50,000 marcs aux margraves de Brandebourg Otton, Hermann et Waldemar. La plus grande partie de la principauté

---

1. Voyez Posern-Klett, p. 91.
2. Riedel *Cod. dipl.*, II, t. I, p. 252, n° CCCXI; p. 266, n^{os} CCCXXXVII, CCCXXXVIII; p. 268, n° CCCXL.

des Wettin se trouva donc pour un moment en la possession des descendants d'Albert l'Ours.

Toutefois les margraves avaient à conquérir la Misnie, car ni les fils d'Albert le Dégénéré, ni le roi Albert ne reconnurent la validité de la cession faite par Wenceslaw II de Bohême. Celui-ci mourut pendant la guerre qu'il soutenait contre le roi d'Allemagne (1305), et que son fils, Wenceslaw III, termina par un traité, quelques semaines après son avénement. Wenceslaw III renonçait à toute prétention sur la Misnie, et, pour la dégager des mains des margraves brandebourgeois, il offrait à ceux-ci de leur céder toutes ses possessions de Pomérellie [1]. Les Ascaniens rejetèrent cette transaction, et Albert d'Autriche se mit en devoir de conquérir la marche à la fois sur les Brandebourgeois et sur Frédéric et Diezmann. Il échoua, parce qu'à deux reprises différentes la vacance du trône de Bohême appela son attention et détourna ses forces de la Misnie. Frédéric lui opposa d'ailleurs une résistance héroïque ; son frère Diezmann ayant été assassiné, et son père Albert le Dégénéré s'étant confiné dans la retraite, le margrave à la Joue Mordue porta sans plier tout le poids de la lutte [2]. A la mort d'Albert d'Autriche

1. L'acte de la cession faite par Wenceslaw II n'est pas conservé ; mais il est rappelé dans le projet de transaction proposé par Wenceslaw III aux margraves : « Nos Wenceslaus... promittimus.... quod, quam primum illustres domini Otto, Hermannus et Woldemarus, marchiones de Brandenburg nobis terram misnensem et castra et civitates infrà scriptas.... que et quas in terra ipsa eis.... dominus Wenceslaus... pater noster karissimus, obligaverat, presentabunt, statim eis.... etc. Voyez Riedel, *loc. cit.*, p. 283-4, n° CCCXXXV.

2. Depuis 1308 Albert le Dégénéré disparaît de l'histoire, Frédéric est depuis cette date régent de Thuringe. Son père est retiré à Erfurt où il meurt en 1312.

(1308) il acheva presque la conquête de la marche en même temps que la soumission de la Thuringe. Henri VII de Luxembourg, successeur d'Albert, voulut d'abord continuer sa politique en Thuringe et en Misnie, mais il était si faible et son ambition l'appelait de tant de côtés à la fois qu'il dut renoncer à ce projet. Avant de partir pour l'Italie, il reconnut les droits de Frédéric sur le margraviat de Misnie, et sur toutes les seigneuries « dont il était le vrai et légitime héritier » (1310)[1]. Frédéric avait donc refait la fortune de la maison de Wettin, compromise par l'indigne conduite de son père, mais il avait encore à compter avec les margraves d Brandebourg.

En 1309, Waldemar de Brandebourg et Frédéric se rencontrèrent à Mühlberg, et remirent à des arbitres le soin de terminer leurs différends[2]. La décision de ce tribunal, qui ne nous est point parvenue, ne fit que retarder la guerre, Waldemar ne voulant point renoncer à toute compensation pour les 50,000 marcs au prix desquels il avait acheté la Misnie, et Frédéric ne reconnaissant point la validité du marché. Les hostilités éclatèrent en 1312 ; mais Frédéric et son fils furent faits prisonniers par Waldemar. Conduits à Tangermünde[3], les deux princes durent souscrire à toutes les conditions du vainqueur, renoncer aux prétentions qu'avait gardées Frédéric sur le palatinat de Saxe, les marches de Landsberg et de Lusace, le pays situé entre l'Elbe et l'Elster, céder les châteaux et les villes de Grossenhain et de Torgau, avec leurs dépendances, payer pour indemnité de guerre 32,000 marcs,

---

1. Voyez Posern-Klett, p. 101.
2. Riedel, *loc. cit.*, p. 281-2, n° CCCLVI, CCCLVII, CCCLVIII.
3. Klöden, *Diplom. Gesch.*, t. II, p. 109.

et jusqu'au paiement de cette somme livrer aux margraves, comme gages, plusieurs villes importantes. Dans les différents documents relatifs à ces négociations, Frédéric est qualifié de landgrave de Thuringe, margrave de Misnie, ce qui implique la reconnaissance de ce dernier titre par Waldemar de Brandebourg. Les concessions obtenues par celui-ci étaient plus que suffisantes pour compenser sa renonciation à cette qualité [1].

Frédéric de Misnie se promit bien de n'observer un pareil traité que jusqu'au jour où il serait de force à le déchirer. Ce jour sembla venu, quand, en l'année 1315, s'organisa contre les margraves de Brandebourg la formidable coalition de tous ceux que leur ambition avait lésés [2]. Nous ne savons presque rien de la part qui fut prise par Frédéric à la guerre générale, ni des conditions de la paix qui intervint en 1317, si ce n'est qu'une alliance de famille rapprocha les deux maisons ennemies [3], et qu'il ne fut presque rien changé à la situation créée par le traité de 1312 [4]. C'est seulement après l'extinction de la dynastie margraviale des Anhalt que Frédéric à la Joue Mordue fera valoir avec succès ses droits sur la partie de son héritage détenue par le Brandebourg.

Les rapports des maisons margraviales de Brandebourg et de Wettin sont un triste épisode de la triste histoire d'Allemagne après la chute de l'empire. On y voit agir tout ensemble l'avide ambition des rois et

1. Riedel, *loc. cit.*, p. 319, n° CCCCI.
2. Voyez au chapitre suivant, à la fin.
3. Riedel, *loc. cit.*, p. 396, n° CCCCLXXXI.
4 En 1317, après la pacification générale, Henri de Brandebourg porte le titre de margrave de Landsberg, Waldemar porte le titre de margrave de Brandebourg et de Lusace. Voyez Riedel, *loc. cit.*, p. 410, n° XDIX.

les convoitises de la féodalité allemande. N'est-ce pas un signe caractéristique de ces temps malheureux que les margraves de Brandebourg se soient un moment trouvés en possession du margraviat de Landsberg et du palatinat de Saxe, vendus par un père au détriment de ses fils, du margraviat de Lusace vendu par Diezmann quand il appartenait, en vertu d'une première vente faite par le même personnage, à l'archevêché de Magdebourg; enfin du margraviat de Misnie, vendu par le roi de Bohême, qui le tenait en gage et n'avait pas le droit d'en disposer?

Remarquons encore que la décadence de la principauté des Wettin servait la fortune du Brandebourg. Cette décadence n'est que momentanée : elle va cesser au moment où fondront sur la marche des malheurs de toutes sortes. Les Wettin, après avoir recouvré les domaines d'Henri l'Illustre, hériteront au xv° siècle des ducs de Saxe-Wittenberg, descendants de l'Ascanien Bernard, fils d'Albert l'Ours; les margraves de Misnie, landgraves de Thuringe, deviendront ducs de Saxe, électeurs et grands-maréchaux de l'empire. Des partages morcelleront leurs états, mais ils n'en joueront pas moins un grand rôle au xvi° siècle : alors les yeux du monde entier seront tournés vers Wittenberg, d'où partira le premier cri de la révolte luthérienne, vers la Wartbourg où le réformateur menacé s'abritera derrière les murs du manoir historique, vers l'électeur Frédéric, qui dédaignera l'empire au profit de Charles-Quint! Plus lente et plus pénible, mais aussi plus solide sera la fortune du Brandebourg. Déjà, au temps dont nous racontons l'histoire, de grands avantages étaient assurés à la marche. La principauté de Wettin est formée de pièces rapportées par des mains différentes : la marche de Brandebourg a cette forte homogénéité que donne l'unité d'origine. Celle-ci a devant elle le vaste champ que lui offrent les petits états slaves de l'est et du nord : celle-là est contenue au sud par la Bohême, à l'est par la Pologne, au nord par le Brandebourg. Les Sorabes ayant été plus facilement soumis que les Wiltzes, la Misnie et la Lusace ont perdu le caractère primitif de la marche, c'est-à-dire de l'état militaire : le Brandebourg l'a conservé. Grands seigneurs en Allemagne, les futurs électeurs de Saxe sont trop mêlés aux affaires de l'empire ; heureux et riches, ils ne sont pas assez stimulés par l'ambition : au contraire le souci égoïste de leurs propres affaires, l'ambition de se fortifier et de grandir sont des qualités politiques qui s'imposent aux margraves brandebourgeois. Des monts de Bohême à la mer du Nord, de toutes les marches fondées par Charlemagne et par Otton, une seule a gardé vivant, si l'on peut dire, l'esprit de la fondation, c'est la marche de Brandebourg.

CHAPITRE IV

CONQUÊTES DE LA MAISON ASCANIENNE EN PAYS SLAVES.

La fondation du monastère de Lehnin. — Conquêtes en pays de suzeraineté polonaise. — Conquêtes en pays de suzeraineté danoise. — Tentatives des margraves sur la Pomérellie, et rapports avec l'ordre teutonique. — Relations avec le Mecklembourg et nouvelles luttes avec le Danemark. — Fin de la dynastie ascanienne.

LA FONDATION DU MONASTÈRE DE LEHNIN.

Les premières conquêtes des Ascaniens sur la rive droite de l'Elbe se firent peu à peu, par un effort de tous les jours et non par de grandes actions d'éclat. Les chroniques spéciales de la marche étant presque entièrement perdues, et les chroniques allemandes s'intéressant peu à de petits faits qui s'accomplissaient sur un terrain mal connu, on est réduit à des conjectures touchant la date de plusieurs acquisitions faites par les successeurs d'Albert.

Otton I (1170-1180) paraît avoir conquis les territoires de Glin et de Lövenberg au nord du Havelland. Le territoire de Glin était situé sur la rive droite de la

Havel : Kremmen et Bötzow, aujourd'hui Oranienbourg, en étaient les endroits principaux ; celui de Löwenberg situé au nord du premier, en remontant le cours de la Havel, comprenait la partie orientale du cercle actuel de Ruppin. Mais l'acte le plus important d'Otton I en pays slave fut sans contredit la fondation du monastère cistercien de Lehnin [1].

Pendant la lutte contre Henri-le-Lion, Otton eut à repousser une invasion des Slaves coalisés avec le duc de Saxe. C'est à cet événement que se rattache la fondation du monastère. Comme le margrave, raconte une légende recueillie par la chronique de Pulcawa [2], s'était endormi dans une forêt de la Zauche, il vit en songe se précipiter sur lui un élan [3] qu'il abattit d'une flèche. A son réveil, il conta le rêve à ses compagnons. Quelques-uns furent d'avis que la vision était un ordre de Dieu de bâtir à cette place une forteresse : « J'élèverai, dit le margrave, une forteresse, où je mettrai des hommes pieux dont la prière chassera de ce pays l'infernal ennemi, et m'assistera au dernier jour de ma vie [4]. »

L'histoire de Lehnin, quelque peu merveilleuse, il est vrai, ferait croire que le christianisme était encore mal affermi, dix ans après la mort d'Albert l'Ours, à deux milles de la ville épiscopale de Brandebourg. Le premier abbé de Lehnin, Siebold (1180-1190) fut, au dire d'une inscription qui paraît être du début du xve siècle, assassiné par les Slaves. La légende ajoute

---

1. Riedel, *die Mark Br.*, t. I, p. 258, note 2.
2. Voyez les fragments de cette chronique publiés dans Riedel, *Cod. dipl.* ive partie, t. I, p. 5.
3. Élan se dit en langue slave *lehnije*, d'où Lehnin.
4. On parlera au dernier chapitre des services rendus par les monastères à la conquête germanique.

que les pauvres moines étaient au milieu de la marécageuse forêt comme prisonniers, n'osant s'aventurer jusqu'au village voisin de Nahmitz, quand les hommes s'y trouvaient. Un jour, ceux-ci étant tous occupés à la pêche, Siebold vint avec ses frères prêcher les femmes ; aussitôt les enfants allèrent prévenir leurs pères, qui accoururent du lac, les rames à la main. Les moines s'enfuirent ; mais l'abbé n'allait pas vite. Au moment d'être atteint, il monta dans un arbre et s'y cacha ; malheureusement son trousseau de clés, qu'il avait laissé tomber le trahit. Les païens coupèrent l'arbre, et il eut beau, pour les adoucir, promettre de les exempter de la dîme : il fut mis à mort. Les moines épouvantés voulurent s'enfuir ; mais la sainte Vierge leur apparut et leur ordonna de rester : le margrave Otton vint bientôt à leur aide et fit terrible justice. On voit encore dans l'église de Lehnin un tableau qui représente la scène du martyre et l'apparition de la Vierge, de la bouche de laquelle sortent ces paroles : *Redeatis, nil deerit vobis*. Il ne leur manqua rien en effet. Leur monastère devint un des plus riches d'Allemagne : autour de son église se groupèrent les bâtiments habités par les moines, les hôtelleries, les écoles, les hospices, les fermes et les ateliers. Il en reste aujourd'hui une église, des murs et une tour ; ces ruines sont vénérées, et le vieux monastère a retrouvé un regain de popularité, depuis que s'est accomplie la prophétie du pieux Hermann, moine du XIVe siècle, qui a prédit l'avénement des Hohenzollern au margraviat de Brandebourg, puis au trône impérial d'Allemagne [1].

---

1. Voyez Grässe, *Sagenbuch des Preussischen Staates*, t. I, p. 1-6 ; Fontane, *Wanderungen durch die Mark Brandenburg*, 3e partie, p. 73-85.

Au commencement du xiiie siècle, Lehnin était encore un avant-poste de l'église d'Allemagne; mais après les conquêtes qui vont se succéder, il s'en faudra de beaucoup que le monastère soit situé au centre de la marche de Brandebourg, dont les limites vont être reculées vers la Baltique et vers la Vistule. Dès que les margraves dépassèrent dans ces deux directions les limites du pays conquis par Albert l'Ours et par Otton Ier, ils rencontrèrent, au lieu de tribus païennes, des états slaves chrétiens; à l'est, de petites principautés sans force et sans avenir et la Poméranie; au nord, le Mecklembourg : derrière les premières, la Pologne et le Danemark; derrière le second, le Danemark encore. Le théâtre de l'histoire brandebourgeoise s'élargit alors, et tout aussitôt commença le combat pour la Baltique, qui devait, plusieurs siècles après, finir par la destruction de la Pologne et par la mutilation du Danemark.

CONQUÊTES EN PAYS DE SUZERAINETÉ POLONAISE.

La Pologne du moyen âge est un pays de grandeur fragile. Sur le sol qu'elle occupe entre l'Oder et la Vistule, il est impossible de trouver l'indication d'une frontière; car les collines qui marquent la séparation des versants de la Baltique et de la mer Noire, n'empêchent même pas les eaux du bassin de la Vistule de se mêler à celles du bassin du Dniéper. Mettez sur ce terrain vague un peuple brave, toujours en guerre, pour attaquer ou pour se défendre, au sein duquel s'est formée une aristocratie nombreuse, impatiente de toute hiérarchie et dont l'anarchie, dans le sens habituel du mot, est l'état nécessaire. Dans ce pays où l'on entre aussi aisément qu'on en sort, ouvert à tous les vents, si l'on peut dire, ce peuple ne pourra se recueillir un instant, prendre sa consistance et s'organiser. Il sera grand à ses heures, et la noble cavalerie polonaise aux cuirasses ailées galopera de l'Elbe au Dniéper et à la Duna, souvent victorieuse, mais incapable de conquérir solidement. C'est toujours la faiblesse de ses voisins qui fait la force de la Pologne : leur force un jour fera sa ruine.

A peine la Pologne est-elle entrée dans la communauté chrétienne sous Mieczyslaw († 992), qui réunit en une nation les différentes tribus polonaises menacées par la conquête germanique, et déjà Boleslaw Chrobry (992-1025) conquiert le pays entre l'Elbe et l'Oder, bat les margraves allemands, soumet la Lusace et la Misnie, entame Magdebourg et le Brandebourg, puis au delà de la Vistule atteint pour les soumettre au tribut, les Prussiens et les Russes ; mais cet empire ne survit pas à son fondateur. La Pologne est occupée aux xie et xiie siècles par des guerres contre la Bohême, la Hongrie, la Russie, et par des dissensions intérieures, que les règles incertaines de la transmission du pouvoir renouvellent à chaque règne. Toute la rive gauche de l'Oder échappe à sa suzeraineté, pour passer, au nord, sous celle de la Saxe d'abord, du Danemark et du Brandebourg ensuite, au sud, sous celle de la Lusace. Au centre, le terrain était acquis d'avance à la marche de Brandebourg.

La première conquête des Ascaniens fut celle des territoires de Barnim et de Teltow. Poursuivie sans éclat sous les premiers successeurs d'Albert l'Ours, elle est achevée par une transaction, sous les margraves Jean et Otton, qui font en 1232 acte de suzeraineté dans le pays [1]. C'était, au temps d'Albert l'Ours, une principauté slave, semblable à celle de Pribislaw dans le Havelland. Sa capitale était Köpenic sur la Sprée, et on l'appelait Sprewa ou Zpriavani. On ne sait comment elle fut dans la suite partagée en deux territoires : le Barnim au nord, le Teltow au sud de la Sprée. Prise dans son ensemble, elle était limitée à l'ouest par la Havel, au nord par l'Uckermark, au sud par la Lusace. A l'est, elle touchait à l'Oder, dans sa partie septentrionale; elle en était ensuite séparée par les territoires de Küstrin et de Lebus [2].

Sur la Sprée, aux confins du Teltow et du Barnim, étaient situés deux villages qui devaient être successivement élevés au rang de ville, et par leur réunion former la capitale de l'état prussien : Cölln dans une île de la Sprée, Berlin sur la rive droite [3]. Les deux noms sont d'origine slave [4], mais des colons allemands vinrent bientôt renforcer et renouveler la population primitive. Cölln paraît avoir été habitée surtout par des

1. Les margraves traitent avec un prince slave du nom de Barwin : a domino Barwin terras Baruonem et Telthawe et plures alias sunt adepti.... (Chronique de Pulcawa, *loc. cit.*, p. 9.) — Voyez Riedel, *die Mark Brand.*, t. I, p. 390, note 4.... Insuper civitati Spandow ex plenitudine nostræ gratiæ indulgemus, ut omnis de terra Teltow et omnis de terra Schelin (Glin), nec non omnis de nova terra nostra Barnem jura sua ibidem accipiant...
2. Voyez Riedel, *die Mark Br.*, t. I, p. 384 et suiv... : *Die lande Barnim und Teltow...*
3. Le marché aux poissons et la rue des pêcheurs, dans l'île ; la rue de Stralau sur la rive droite marquent aujourd'hui l'emplacement des deux villages, qu'un pont de bois réunissait l'un à l'autre.
4. C'est au moins l'opinion la plus générale. Les diverses formes du nom de Berlin sont : *Berlin, Berlyn, Berllin, Berlynn, Berlein, Barlin, Borlin, Perlin, Perlyn, Werlin, Perlein;* le mot aurait plusieurs significations entre lesquelles notre incompétence ne nous permet pas de choisir. L'opinion qui fait venir le nom de la capitale prussienne de deux mots celtiques : *ber*, petit, et *lyn*, lac, a peu de défenseurs, celle qui le fait dériver de *Bär* (prononcer bère) l'ours, et qui rattache l'origine de la ville au premier margrave ascanien n'en a plus du tout.

pêcheurs, car la première église qu'on y bâtit, fut dédiée à saint Pierre, le pêcheur de Galilée, tandis que les Berlinois consacrèrent la leur à saint Nicolas, patron des marchands. Les deux villages reçurent une charte municipale distincte [1], et ils grandirent l'un à côté de l'autre, jusqu'à ce qu'ils fussent réunis, au début du xive siècle, en une seule cité [2]. Berlin-Cölln se fit alors admettre dans la Hanse, et prit un rang parmi les villes de la marche, mais sans s'élever au-dessus d'une condition médiocre. Certes on ne pouvait prévoir que cette ville, située au plus triste endroit du Brandebourg, fût réservée à de grandes destinées ! Mais quand les margraves eurent achevé la conquête du pays entre l'Elbe et l'Oder, Berlin marqua le centre de leur principauté ; plus tard, quand les électeurs et les rois Hohenzollern eurent fondé ce singulier royaume dont les morceaux étaient éparpillés à travers le nord de l'Allemagne, le château bâti par le premier roi de Prusse dans l'île de la Sprée, se trouva encore à égale distance de l'une et de l'autre frontière, de Clèves et de Königsberg. La politique a donc fait la fortune de Berlin, au lieu que son rôle politique ait été le résultat de sa fortune même, comme il est arrivé pour d'autres cités, nées en meilleur lieu. Il faut remarquer pourtant qu'il n'était point impossible qu'une ville se développât entre l'Elbe et l'Oder, en un point où se rencontrent presque les sources de plusieurs de leurs affluents,

---

1. Ces documents sont perdus ; mais ils sont certainement de la première moitié du xiiie siècle. En 1253 le margrave Jean octroie à la ville de Francfort sur l'Oder « le droit de Berlin » : ipsam civitatem eodem jure quo civitatem Berlin gavisam esse volumus. (Riedel, *Cod. dipl.* I, t. XXIII, p. 1, n° 1). Voir encore au même volume, p. 2, le n° II ; p. 3, le n° III ; p. 7, le n° VIII, et, au volume supplémentaire, p. 221 et suiv., un recueil de chartes relatives à Berlin.

2. Voyez Klöden, *Dipl. Gesch.*, t. I, p. 375.

au croisement des routes commerciales de la Posnanie, de la Silésie et de la Bohême vers la mer du Nord, de la Saxe et de la Thuringe vers la Baltique. Mais il est superflu de parler plus longtemps d'un si lointain avenir. Il faudra bien des combats encore et le triomphe d'une politique tenace, habile et heureuse, pour assurer une grande place dans le monde à cette ville bâtie au désert, et qu'on pourrait à bon droit comparer à Palmyre, si le désert avait plus de grandeur et la ville des monuments capables et dignes de braver l'injure du temps.

Les margraves Jean Ier et Otton III ne tardèrent pas à compléter leur conquête du Teltow et du Barnim par l'acquisition des territoires qui les séparaient encore de l'Oder. A l'ouest du Barnim, était situé le territoire de Lebus, que ce fleuve partage en deux parties à peu près égales. Après avoir appartenu à la Pologne, il avait été rattaché à la Silésie. Un moment Louis de Thuringe, tuteur d'Henri l'Illustre, l'avait conquis à la marche de Misnie. Cependant Magdebourg avait sur le pays des prétentions qui remontaient à une donation faite au siége archiépiscopal par l'empereur Henri V, lors d'une expédition victorieuse dirigée par ce prince contre Boleslaw de Pologne (1110). L'archevêque fit renouveler cette donation par le roi des Romains Philippe de Hohenstaufen, puis par l'empereur Frédéric II (1226)[1], et douze ans après, avec l'aide du margrave de Brandebourg, il tenta, sans aucun succès d'ailleurs, de la faire valoir (1238). Ce fut seulement en 1250, à la suite d'obscures négociations, et à

---

1. Voyez la charte de donation de Frédéric, dans Wohlbrück, *Geschichte des ehemaligen Bisthum Lebus und des Landes dieses Nahmens*, t. I, p. 22, en note.

la faveur des discordes qui troublèrent la Silésie, après la mort du duc Henri le Pieux, que les margraves Jean et Otton d'une part, l'archevêque Willibrand d'autre part, se firent céder le pays [1]. Enfin on a vu que les Ascaniens s'en trouvèrent seuls maîtres, après que l'archevêque Erich leur eut abandonné la part de Magdebourg [2].

Le territoire de Lebus était assez considérable : la frontière partait, à l'est, de la rive gauche de la Warta, au-dessous du lieu où devait s'élever Landsberg, et elle allait rejoindre presque directement la Pleiske; elle quittait la Pleiske environ aux deux tiers de son cours pour incliner au sud-ouest vers l'Oder qu'elle atteignait à Rampitz; de là elle courait en touchant à Guben vers la Sprée qu'elle quittait près de la forêt de Hangelsberg, pour rejoindre l'Oder au-dessus de Küstrin.

Deux ans après la prise de possession du pays par les margraves, Francfort sur l'Oder recevait de Jean I sa charte municipale [3]. Vers la même date Otton III fondait Müllrose [4]; Selow, Sternberg [5], Sonnenbourg, Göritz, Fürstenwalde, naquirent ou se développèrent au temps des margraves ascaniens, qui fondèrent aussi de nombreux villages [6].

---

1. Voyez Riedel, *die Mark Br.*, t. I, p. 479-82. — Wohlbrück, *loc. cit.*, t. I, p. 1-33.
2. Voyez p. 114. Archiepiscopus marchiam Lusicie alienavit ab ecclesia vel obligavit, tradens eam marchioni fratri suo.... que usque hodie non est recuperata ab ecclesia. *Chronicon archiepiscopatûs magdeburgensis* (*ap.* Meibom. *Scriptor. rerum Germ.*, t. II, p. 333).
3. Riedel, *Cod. dipl.* I, t. XXIII, p. 1, n° I; p. 2, n° II; p. 7, n° VIII.
4. En 1275 les margraves Jean II et Otton IV confirment à Müllrose les priviléges qui lui ont été donnés par leur père Otton *in ipsius fundatione*. Riedel, *ibid.*, t. XX, p. 187, n° XVI.
5 Sternberg a donné son nom à la partie du territoire de Lebus située sur la rive droite de l'Oder.
6. Voyez Wohlbrück, *loc. cit.*, t. I, p. 393 et suiv.

La limite de l'Oder était donc dépassée ; les margraves continuèrent à s'avancer d'une façon continue. Les vallées de la Warta et de la Netze étaient disputées entre la Poméranie et la Pologne, et les deux pays pour s'assurer cette frontière, faisaient à l'envi donation aux ordres religieux des marécages et des bois qui la couvrent. Les margraves mirent à profit cette situation favorable à leur ambition. Vers 1260 les pays de Küstrin au confluent de la Warta et de l'Oder, de Landsberg sur la Warta, de Kœnigsberg [1] et de Soldin entre la Warta et l'Oder étaient acquis à la marche [2]. Trente ans plus tard ce fut le tour de Friedeberg et d'Arnswalde [3]. La frontière s'avançait donc vers la Pomérellie, et l'on verra bientôt les margraves attaquer cette principauté ; mais il faut maintenant revenir en arrière, et montrer comment le Brandebourg, en même temps qu'il faisait ces progrès vers l'est, gagnait du terrain au nord, au détriment de la

1. Le *Kœnigsberg* dont il est ici question est une petite ville, chef-lieu d'un cercle (province de Brandebourg, gouvernement de Francfort sur l'Oder), qui porte son nom. Dans le même cercle est situé Küstrin, qui fut longtemps une place de guerre de premier ordre, grâce à sa situation au confluent de l'Oder et de la Warta, dans un pays coupé de marais. Landsberg et Soldin sont des chefs-lieux de cercles dans le même gouvernement.

2. Des donations dans le pays de Küstrin, dont quelques-uns comprennent la ville même de Küstrin, sont faites aux Templiers successivement par l'évêque de Lebus en 1232, par Wladislaw de Pologne la même année, par Barnim de Poméranie en 1234 et 1235, par Boleslaw de Pologne, en 1259 (Riedel, *Cod. dipl.* I, t XIX, p. 1-5, n°s I-IV et VII.) On voit comme il était facile à une maison princière, qui avait une politique suivie, de s'agrandir en un pays où les frontières étaient si incertaines. — En 1257, Jean Ier donne à Neu-Landsberg sa charte municipale (Riedel, *ibid.*, p. 369, n° I). — En 1271, les margraves dispensent la ville de Kœnigsberg de l'arpentage de son territoire. (Riedel, *ibid.* p. 173, n° I). — Soldin devient une ville importante sous les Ascaniens (Riedel I, t. XVIII, p. 440, n° I, et p. 442, n° III).

3. Friedeberg et Arnswalde sont des chefs-lieux de cercles dans le même gouvernement. Arnswalde était encore au XVIIe siècle ville frontière de la marche du côté de la Poméranie.

Poméranie. Ici les Ascaniens se heurtèrent au Danemark, et l'histoire de la marche se trouva mêlée à l'histoire générale de l'Europe.

CONQUÊTES EN PAYS DE SUZERAINETÉ DANOISE.

L'histoire de la Scandinavie au moyen âge est, comme celle de la Pologne, grande à de certains moments, à d'autres, misérable [1]. Pendant la période païenne, les Danois, les Suédois, les Norvégiens, souvent séparés et parfois réunis, pirates par pauvreté et par amour de l'aventure, épouvantent l'Europe par leurs brigandages, avant de la couvrir de leurs colonies. Aucun lieu ne semble à l'abri de leur atteinte : l'Islande est visitée par eux au même temps que la Russie ; ils menacent à la fois Michel l'Ivrogne dans Constantinople et le duc de France dans Paris. Plus près d'eux, les Allemands sont en butte à leurs attaques perpétuelles. Charlemagne élève contre eux la marche de Schleswig, mais ils profitent des troubles qui suivent sa mort pour ravager la marche, la Saxe et les Pays-Bas. Les empereurs saxons, qui rétablissent en Allemagne l'empire et l'unité, imposent leur suzeraineté au Danemark, mais le Danemark, impatient du joug, ressaisit son indépendance chaque fois que l'Allemagne retourne à ses discordes. Il devient redoutable, lorsque Canut-le-Grand (1014-1036) a fait entrer dans la communauté chrétienne le Danemark et la Norwége unis sous son sceptre. L'alliance intime conclue par Canut avec la

---

1. Geffroy, *Histoire des états scandinaves*. — Usinger, *Deutschdänische Geschichte*. — Sybel, *kleine historische Schriften*, t. II, à l'article *Deutschland und Dänemark im dreizehnten Jahrhundert*, p. 105-35.

papauté devient une tradition de la politique danoise et fait faire grande figure à ce petit pays. Canut traite d'égal à égal avec l'empereur Conrad II, et lui vend son alliance au prix de la marche de Schleswig.

De sanglants désordres suivent, il est vrai, le glorieux règne de Canut : les trois pays scandinaves guerroient les uns contre les autres ; la famille royale est divisée par des haines et par des crimes ; le Danemark, partagé en plusieurs provinces, est réduit à une complète impuissance, et quand le roi Niels est sommé par Lothaire de se reconnaître vassal de l'empire, il se soumet sans résistance (1125). Mais le Danemark commence une ère nouvelle avec le roi Waldemar Ier, le Sauveur ou le Victorieux (1157). Après avoir rétabli l'unité dans l'état, Waldemar fortifie son pays contre les attaques des pirates de la Baltique, Mecklembourgeois, Poméraniens, Prussiens, Finlandais et Esthoniens ; puis il prend l'offensive contre eux avec de grands succès. Il a pour auxiliaire son chancelier, l'évêque de Roeskilde, Absalon. Descendant du fameux pirate Palnatoke, Absalon était le plus terrible adversaire des pirates ; au plus fort de l'hiver, il croisait sur la Baltique, et l'on rapporte que les Wendes ayant cru le surprendre, un jour qu'il célébrait une messe solennelle, il déposa la crosse pour saisir la massue, puis, tombant sur les païens avec ses clercs, ses chantres et ses ouailles, rejeta les agresseurs à la mer. Dans l'île de Rügen, où il accompagna son roi, il brûla le temple fameux de Swantowit : sur les ruines fumantes des sanctuaires païens, le prélat baptisait de force ses néophytes.

Tant que dura le duché de Saxe, le Danemark, allié fidèle d'Henri-le-Lion, ne joua dans ces guerres contre les païens de l'est qu'un rôle secondaire et subordonné, et l'on sait déjà que la suzeraineté de la Saxe fut imposée au Mecklembourg, à la Poméranie, et même à la moitié de Rügen, bien que cette île eût été conquise par les seules armes du roi. Mais Waldemar vit tomber Henri-le-Lion, et Canut VI (1182-1202) recueillit sur la rive droite de l'Elbe la succession du Guelfe. Un chroniqueur contemporain a bien vu cette conséquence de la destruction du duché. « Le roi Canut, dit Arnold de Lübeck [1], jouissait d'une paix profonde dans son royaume : il se souvint des calamités que les Slaves, au temps de ses pères, avaient infligées à son pays, et, les voyant privés des secours du duc Henri, qui les avait muselés par le frein de sa domination, il jugea le moment opportun pour les attaquer. »

Canut avait grandi au milieu du combat contre les Slaves. Invité par Frédéric à se reconnaître vassal de l'empire, il temporise, jusqu'à ce qu'il soit solidement assis sur le trône. L'empereur le presse, en le menaçant de faire un autre roi : « Qu'il trouve d'abord ce roi-là, répond Canut. » — « Ton empereur, dit le chancelier Absalon à l'ambassadeur de Frédéric, n'aura pas du roi de Danemark le plus petit hommage : entends-tu bien ? » Frédéric, qui ne se trouve pas alors en état de mener à bien une guerre contre le Danemark, ordonne à Bogislaw de Poméranie, qu'il a fait, après la chute d'Henri-le-Lion, duc et prince du Saint-Empire, d'attaquer Canut : Bogislaw est vaincu et forcé de venir en grand appareil, à bord de la flotte danoise, remettre entre les mains du roi son duché, pour le recevoir de lui en fief. Au même moment, interve-

---

1. Voyez Arn. de Lub., III, 5 (*ap.* Leibniz, t. II, p. 657).
2. Usinger, *loc. cit.*, p. 53-5.

nant dans le Mecklembourg entre deux prétendants, Niclot et Borwin, Canut établit le premier à Rostock, le second à Mecklembourg, après avoir reçu leur hommage [1]. Cela fait il ajoute à son titre celui de roi des Slaves, et il attaque la Nordalbingie.

Adolphe de Schaumbourg, comte de Holstein, était un ambitieux, ami du faste, dépensier, dur à ses vassaux et à ses sujets. Il eut l'imprudence de provoquer Canut en appuyant un prétendant à la couronne danoise : il fut vaincu et forcé de racheter son comté des mains du vainqueur. Ainsi le pays allemand était entamé. C'est une grande époque dans l'histoire du Danemark. Canut voyait l'alliance de sa maison recherchée par Philippe-Auguste : le roi de France avait été fort exigeant pour la dot, et Canut avait un moment hésité à donner les dix mille marcs qu'on lui demandait ; mais l'abbé Guillaume d'Eschilsoe avait vaincu ses résistances : « Songez, lui avait-il dit, que ce n'est point un petit honneur qui vous est offert, et que si vous acquérez l'amitié des rois de France, vous n'aurez plus à craindre dans l'avenir, les convoitises et l'avidité de l'empire [2]. »

Beaucoup plus que l'alliance des rois de France, les dissensions de l'empire protégèrent Canut contre l'Allemagne. Il ne se prononça pas tout de suite entre Otton de Brunswick et Philippe de Hohenstaufen ; mais sa famille était amie de celle des Welfs ; au contraire les alliés du gibelin Philippe, c'est-à-dire Bernard de Saxe, Otton de Brandebourg, les archevêques

---

1. Arn. de Lub , III, 4 (*loc. cit.* p. 656)... Rege (Kanuto) sic disponente, qui jam terram Slavorum sibi subjicere cogitabat et adjicere regno suo...
2. Usinger, p. 68. — *Epistolæ Wilhelmi*, II, 23, (*ap.* Langebeck, *Scriptores rerum danicarum medii ævi*, t. VI, p. 43).

de Brême et de Magdebourg, le comte de Holstein, en un mot les princes allemands du nord-est étaient les ennemis naturels du Danois, depuis qu'il avait fait en Slavie et en Nordalbingie de si grands progrès. Le margrave de Brandebourg surtout ne pouvait souffrir que le roi de Danemark s'arrogeât en Slavie une suzeraineté à laquelle il croyait avoir des droits. En 1197 [1] il fit en Poméranie une expédition suivie de conquêtes; mais l'année suivante la flotte danoise remonta l'Oder et débarqua une armée que les contingents des Mecklembourgeois et des Rugiens vinrent rejoindre. A sa tête était le chancelier du royaume, Pierre, évêque de Roeskilde, successeur d'Absalon. Otton marcha contre les coalisés; il paraît avoir eu l'avantage dans la sanglante bataille qu'il leur livra; le chancelier de Danemark fut blessé et pris, mais le margrave fut obligé de faire une retraite, qu'une chronique danoise appelle une fuite [2] (1198).

Otton fait un nouvel effort avec l'aide d'Adolphe de Holstein : en 1199, ils ravagent en commun la Slavie. Pour se protéger contre les représailles qu'il prévoit, Adolphe demande des secours partout. Il en reçoit des deux partis; Guelfes et Gibelins, sans se réconcilier, se portent à la frontière pour la défendre contre les Danois. On s'observe longtemps d'une rive de l'Eyder à l'autre, et l'on se sépare sans combattre. Au printemps, Adolphe veut reprendre et fortifier Rendsbourg dans une île de l'Eyder; mais les Danois accourent. Le comte de Holstein est forcé de demander

---

1. Otho, margravius de Brandeburg, infestabat Canutum regem, subjiciens sibi quosdam Slavos, quos rex suæ ditionis esse dicebat... Arnold, VI, 9 (*loc. cit.*, p. 715).
2. Id., *ibid.*, et *Chronicon Danorum* (ap. *Scriptores rerum danicarum*, t. III, ad ann. 1198).

la paix. Cette fois, les Dithmarses passent sous la domination danoise (1300). Une dernière tentative d'Adolphe à laquelle s'associe le comte de Ratzebourg est plus malheureuse encore (1301); les deux alliés perdent successivement toutes leurs villes ; à la fin Adolphe est surpris dans Hambourg et fait prisonnier. Après deux ans de captivité, il est dépouillé de son comté et retourne à Schaumbourg sur le Wéser, dans son domaine patrimonial[1]. Waldemar II, qui succède à son frère Canut (1202-1241), prend le titre de roi des Danois et des Slaves, seigneur de la Nordalbingie.

Waldemar s'était illustré déjà sous le règne de son frère. C'était un marin aussi bien qu'un soldat accompli, un politique que son amour des combats et de la gloire ne put jamais entraîner à une imprudence, un administrateur avisé, qui mit de l'ordre dans les finances royales, et qui eut le droit de s'appeler l'ami des marchands, car il accorda au commerce une protection intelligente. Il inaugura son règne par un voyage dans la Nordalbingie et la Slavie, et donna le comté de Holstein et une partie de celui de Ratzebourg à son neveu, Albert d'Orlamünde, qu'il tint dans une étroite dépendance. Tout semblait concourir à la fortune croissante du Danemark. Ses ennemis lui offrirent l'occasion d'intervenir dans les affaires de l'archevêché de Brême. L'archevêque Hartwig étant mort, le chapitre élut Waldemar de Schleswig, de la famille royale de Danemark, et qui n'était autre que le prétendant au trône auquel Adolphe de Holstein avait prêté son appui contre Canut. Un semblable choix était une provocation à l'adresse du roi de

---

1. Usinger, *loc. cit.*, p. 92 et suiv.

Danemark ; Waldemar la releva. Hambourg avait eu avant Brême le siége archiépiscopal et gardait encore une partie du chapitre diocésain : les chanoines de Hambourg, n'ayant pas été consultés pour l'élection, nommèrent un anti-archevêque. Les deux rivaux se disputèrent à main armée le comté de Stade. Le roi Waldemar soutint naturellement les droits de ses sujets, les chanoines de Hambourg. Il fit construire sur l'Elbe un pont permanent, dont la tête était défendue par la forteresse de Harbourg, construite sur le territoire brêmois. Ainsi le roi de Danemark prenait pied sur la rive gauche de l'Elbe [1]. La même année, sur la rive droite, il attaquait le comté de Schwérin, resté seul indépendant parmi les anciens fiefs d'Henri-le-Lion, et dont le territoire séparait maintenant les domaines de Waldemar de ceux du margrave de Brandebourg, son ennemi.

Ces événements passaient presque inaperçus en Allemagne, où l'on ne se souciait guère des frères allemands de la Nordalbingie. Pendant que Waldemar ravageait le comté de Schwérin, l'empereur Otton lui vint demander des secours sur les ruines de Boizenbourg, détruite par lui ; mais quand il se trouva seul dans l'empire par la mort de son rival, Otton changea de politique. Pour gagner les princes de l'est, en particulier les margraves de Brandebourg, demeurés jusque-là les fidèles alliés des Gibelins, il fallait qu'il rompît avec « le roi des Slaves, seigneur de la Nordalbingie ». Il sembla qu'un grand effort fût sur le point d'être fait contre le Danemark. Au printemps de 1209,

---

1. Rex Waldemarus pontem ultra Albiam sterni fecit.... et.... castrum Horneburg firmissime ædificavit. Arnold, VII, 13 (*loc. cit.*, p. 737).

aux diètes d'Altenbourg et de Brunswick, se trouvèrent réunis l'archevêque de Magdebourg, le duc Bernard de Saxe, le margrave Albert de Brandebourg, les ci-devant comtes de Holstein et de Ratzebourg, le comte de Schwérin, tous ennemis de Waldemar. On rapporte qu'à Brunswick, apercevant le lion de bronze qu'Henri-le-Lion, au temps de sa grandeur, y avait fait placer, et dont la gueule ouverte, tournée vers l'est, semblait menacer la marche de Brandebourg, le fils d'Albert l'Ours, Bernard de Saxe, l'interpella en ces termes : « Il y a trop longtemps que tu regardes à l'est ; tu as ce qu'il te fallait ; tourne-toi maintenant vers le nord », c'est-à-dire vers le Danemark [1]. A ces mots on éclata de rire, ajoute Arnold de Lübeck ; mais plusieurs admirèrent cette parole dont ils comprirent le sens profond.

Les hostilités éclatent bientôt. A peine sont-elles commencées qu'Otton s'attire la réprobation pontificale, pour avoir repris les prétentions gibelines en Italie. Frédéric de Hohenstaufen, le protégé du pape, passe les Alpes. Le jeune prétendant et Waldemar avaient des ennemis communs : ils ne pouvaient point ne pas s'entendre. A la fin de 1214, ils concluent un traité que Frédéric publie solennellement à la diète de Metz.

Sous prétexte que c'était « le devoir de la majesté impériale [2] d'assurer la paix de l'Église », Frédéric déclarait « nouer une amitié constante et inviolable avec le bien aimé seigneur Waldemar, le très-chrétien roi des Danois. » En conséquence, « sur le conseil et

1. Arn. Lub., VII, 18 (*loc. cit.*, p. 741).
2. Voyez Huillard-Bréholles, *Historia diplomatica Friderici secundi*, t. I, pars I, p. 346-8, et la note de la page 348.

avec le consentement des princes de l'empire romain,
pour assurer la paix du royaume de Danemark et tenir
en bride les ennemis de l'empire, » il confirmait à
Waldemar la possession de « tous les pays frontières
au delà de l'Elde et de l'Elbe, qui appartenaient autrefois à l'empire romain, mais que le roi Canut et son
frère Waldemar, provoqués par beaucoup d'insultes,
avaient conquis par l'épée et détenaient en leur pouvoir ». Il lui cédait en outre toute la partie de la Slavie
conquise par le roi Canut et par son père [1]. Pour qu'il ne
restât aucun doute sur le caractère de cette cession des
droits de l'empire à un étranger, l'acte se terminait
ainsi : « Qu'aucun de nos successeurs ou des princes
de l'empire romain ne trouble par les armes ou par
ses plaintes le dit bien aimé roi de Danemark dans la
possession de ses territoires, sous le prétexte qu'ils ont
appartenu autrefois à l'empire romain [2]. C'est notre
résolution de soutenir le roi Waldemar envers et contre tous, réserve faite du respect que nous devons au
Saint-Siége, comme il fera sans aucun doute pour nous
en tout ce qui nous concerne! »

Frédéric II payait d'un prix énorme l'alliance de
Waldemar. Non seulement il fermait aux princes de
l'Allemagne orientale les routes de la Slavie ; mais
les évêchés de Lubeck et de Ratzebourg, les comtés
de Holstein, Ratzebourg, Schwérin, la ville libre
de Lübeck passaient sous la domination danoise. Il
ne faut point s'étonner que ni le sceau du margrave

---

[1]. Omnes terminos ultra Eldanam et Albiam Romano attinentes imperio, quos rex Kanutus, multis provocatus injuriis, cum fratre suo jamdicto Waldemaro armis optinuit et possedit, et quicquid in Slaviâ rex Kanutus comparatum paterno suoque labore tenuit....

[2]. Eo quod aliquando imperio subjecti fuerint....

de Brandebourg, ni celui d'aucun prince ou comte de l'est, n'ait été apposé au bas de ce traité. Dès longtemps, ceux-ci étaient entrés en lutte contre le Danemark ; le margrave Albert II, successeur d'Otton I, depuis 1205, combattait pour faire valoir ses droits sur la Slavie, et l'ascanien Bernard, duc de Saxe, pour récupérer la Nordalbingie (1211).

En 1214 la lutte devient très-vive. Waldemar attaque le comté de Schwérin, où il prend et rase le château de Wotmunde. Le margrave Albert fait en Poméranie une incursion d'abord heureuse, car il prend Pasewalk et même Stettin ; mais Waldemar, arrivé au secours de son vassal Bogislaw II, fait reculer Albert jusqu'au delà de l'Elbe et lui reprend ses conquêtes [1] ; la même année il triomphe enfin de la résistance des comtes de Schwérin, les force à reconnaître sa suzeraineté, et fait une expédition victorieuse dans la marche.

Cependant son cousin, l'archevêque Waldemar, se maintenant toujours à Brême, le roi attaque le territoire de l'archevêché (1215) ; mais il ne peut prendre Stade. Otton IV, de retour de Bouvines, se rend dans l'est, pour faire une campagne décisive contre les Danois : le margrave Albert est à ses côtés. La guerre réussit d'abord aux coalisés auxquels Hambourg ouvre ses portes ; mais quand Waldemar arrive avec des forces supérieures, ils s'enfuient sur la rive gauche de l'Elbe. Encore une fois le comté de Stade est ravagé (1215). C'est le dernier effort que font en Nordalbingie les partisans d'Otton.

---

1. Marchio de Brandeburgh cum exercitu Albiam transivit, volens contrà regem pugnare. Sed cum percepit exercitum regis vale magnum, in fugam ultrà Albiam est conversus.... Castra vidalicet Posewald et Stetin, quæ marchio occupaverat sunt reacquisita.... (*Chron. Danor.*, ad ann. 1214, *loc. cit.*, p. 363.)

Les uns après les autres les ennemis de Waldemar traitèrent avec lui. Il n'y eut point de paix positive, mais un armistice entre le Danemark et le Brandebourg, depuis le jour où le margrave quitta le parti d'Otton. En 1218 il y eut réconciliation véritable. Pour la sceller, Albert négocia le mariage de sa fille Mathilde avec le neveu du roi, Otton de Lünebourg; mais les deux fiancés étaient parents au quatrième degré : il fallait donc solliciter l'autorisation de l'Église. Le margrave chargea de cette mission le zélé missionnaire Christian, évêque de Prusse, lui promettant son appui dans l'œuvre sainte de la conversion des infidèles, s'il obtenait du pape cette faveur qui mettrait un terme à de longs différends. Le pape accorda l'autorisation demandée, en déplorant que « l'ennemi du genre humain eût semé la zizanie entre son très-cher fils en Christ, l'illustre roi des Danois, et le noble margrave de Brandebourg ». Il flétrissait « ces massacres lamentables, ces incendies, ces barbaries impossibles à raconter par le détail », et l'acharnement de ces haines qui donnent à l'ennemi « soif du sang et faim de la chair de son ennemi ». Par là, s'écriait le pontife, « vient à manquer le secours que le roi et le margrave pouvaient apporter à la conversion des Prussiens, car ils sont voisins de cette terre, riches en sujets et en argent... C'est par leur faute que périssent misérablement les âmes d'un grand nombre[1]! » Encore une fois le pape montrait qu'au milieu des querelles des princes chrétiens, il gardait intacte l'idée de la divine mission de l'Église (1219).

Il est probable qu'à l'occasion de ce mariage le

1. Et pereunt miserabiliter animœ plurimorum... Riedel, *Cod. dipl.*, II, t. I, p. 7, n° XIII.

margrave de Brandebourg dut renoncer à ses prétentions sur la Poméranie.

Les intérêts germaniques semblaient donc définitivement sacrifiés en Nordalbingie et en Slavie. Or au même moment, Allemands et Danois se trouvaient en présence sur la rive orientale de la Baltique. Appelé par les évêques allemands de Riga, d'Esthonie et de Sémigalle, pour combattre les Esthoniens païens et les Russes, qui voyaient de mauvais œil ces étrangers de confession latine s'implanter dans leur pays, Waldemar fit « en l'honneur de la Vierge et pour la rémission de ses péchés » une croisade en Esthonie. Mais les Allemands et les Danois ne tardèrent pas à se disputer « la nouvelle vigne du Seigneur ». Fortement établis en Esthonie, où ils fondèrent Revel, les Danois menacèrent l'indépendance de la colonie germanique de Livonie [1].

Ainsi, au début du xiiie siècle, est engagé entre le Danemark et l'Allemagne ce combat pour la Nordalbingie, dont le dernier épisode s'est passé sous nos yeux, et le combat pour la Baltique, où les Suédois et les Russes succèderont aux Danois, pour perpétuer une lutte qui n'est pas près de finir. Il fallait exposer ces faits, afin de montrer d'une part comment l'avenir de la marche de Brandebourg était menacé par le Danemark, d'autre part comment les margraves en luttant contre Waldemar, défendaient les intérêts de l'Allemagne abandonnés par Frédéric II. La marche ne prit pourtant point une part directe à la lutte décisive, qui s'engagea pendant la minorité de Jean et d'Otton.

1. Voyez **Ewald**, *Die Eroberung Preussens durch die Deutschen*, t. I, p. 23-6.

Un pieux chevalier allemand, le comte Henri de Schwérin, avait à se plaindre du roi de Danemark. Au retour d'un voyage en Égypte, d'où il avait rapporté une jaspe contenant une goutte du sang de Notre-Seigneur, il se rend auprès du roi Waldemar, qui, en compagnie de son fils, chassait, dans l'île de Lyö, l'ours, le cerf et le cheval sauvage. Bien reçu par son suzerain, qui lui fait des présents, l'invite à sa table et le fait joyeusement souper, il attend la nuit pour se saisir de la personne des deux princes qui dormaient, blesse le vieux roi qui veut se défendre, lui met un bâillon sur la bouche, et va l'enfermer d'abord à Lenzin, puis à Dannenberg, dans un château tout entouré de marais. On montre encore « le trou du roi », c'est-à-dire le triste réduit où fut enfermé celui qui naguère encore était un des plus puissants rois de l'Europe.

L'événement (1223) fit du bruit dans le monde entier. Un poëte danois flétrit l'infâme action du nouveau Judas, et somma les chevaliers du Danemark, ces vaillants, ces héros, ces « fils des géants » de secourir leur seigneur ; mais le Danemark n'avait pas de chefs, et l'Allemagne entière entendait bien garder la riche proie du comte de Schwérin. Des lointains rivages de la Livonie jusqu'au Rhin, on se réjouit du malheur de Waldemar. Le prisonnier acheta très-cher sa liberté : il y eut pendant deux ans, une suite de marchés, durant laquelle crûrent sans cesse les exigences de l'avidité germanique. Libre enfin en 1225, et aussitôt relevé par le pape d'un serment arraché par la félonie et par la force, Waldemar fut victorieux d'abord sur les rives de l'Eyder (1226); il recommença la conquête de la Nordalbingie, mais, le

22 juillet 1227, après avoir vaillamment combattu contre l'armée allemande commandée par l'archevêque de Brême, attaqué en arrière par une troupe de Dithmarses, ayant perdu un œil dans le combat, le vieux roi s'enfuit du champ de bataille de Bornhövet. La puissance du Danemark était brisée.

Comme après la chute du duché de Saxe, les margraves de Brandebourg eurent bonne part aux dépouilles. En l'année 1231, au moment où Frédéric II donne l'investiture de la marche de Brandebourg à Jean et à Otton devenus majeurs, il y ajoute « par surabondance de grâce » le duché de Poméranie « que l'on sait avoir été possédé par leur père et ses prédécesseurs ». Les margraves avaient tenu à faire inscrire la reconnaissance d'un droit, qu'aucun document historique ne justifie, mais qu'ils croyaient implicitement contenu dans l'acte par lequel Albert l'Ours fut investi de la marche du Nord [1].

Or en Poméranie, à Bogislaw I, le vassal du Danemark, avaient succédé Casimir et Bogislaw II, ses fils, Wratislaw et Barnim, ses petits-fils. Le duché avait été partagé : Wratislaw régnait à Demmin et Barnim à Stettin [2]. Le second reconnut la suzeraineté des margraves, et le premier qui n'y voulut point

---

1. De superhabundaciori graciâ nostrâ confirmantes eisdem ducatum Pomeraniæ, prouit dictus quondam pater et predecessores eorum noscuntur a nostris predecessoribus tenuisse... (Riedel, *Cod. dipl. br.*, II, t. I, p. 2, nº XX, et

2.

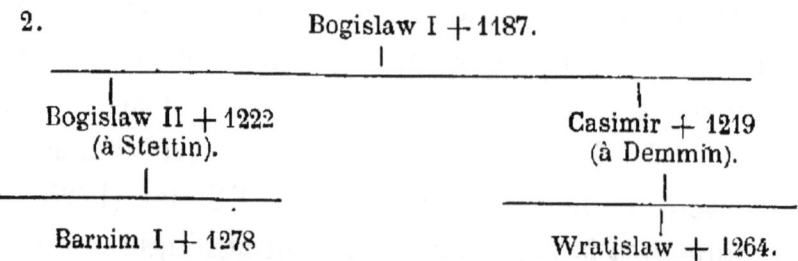

d'abord consentir, y fut sans doute contraint par la guerre, car le dur traité qui lui fut imposé ne peut être autrement expliqué : Wratislaw dut se reconnaître vassal des margraves, leur céder les terres de Stargard, de Bezeritz, Wustrow, et les déclarer ses héritiers, au cas où il mourrait sans enfants [1] (1236). Cette convention où n'est pas mentionné le nom de Barnim, dont le consentement était nécessaire, puisque la dernière clause lésait ses intérêts, paraît avoir été la cause d'une guerre entre Barnim et les margraves, où Wratislaw se rangea du côté de son cousin; car les deux princes poméraniens font encore acte de souveraineté pendant plusieurs années dans les territoires cédés. C'est en 1244 seulement que les margraves sont entrés en possession, comme l'atteste l'acte de fondation de la ville de Friedland dans le pays de Stargard [2].

Six ans après, le duc Barnim cède au Brandebourg l'Uckermark en échange de la terre de Wolgast qu'il reconnaît « avoir détenue contre toute justice, attendu qu'elle était dévolue par droit héréditaire aux fils de son seigneur, le margrave Jean [3]. » On ne sait point si ces droits avaient été apportés dans la maison de Brandebourg par Sophie, fille du roi de Danemark Waldemar II, ou par Hedwig, fille de Barnim de Poméranie, qui toutes deux furent femmes de Jean de

---

1. Hæc est forma compositionis.... scilicet quod dominus Werslaus recepit de manibus dominorum marchionum omnia bona que habet.... et resignavit dominis marchionibus terram Stargard, et terram Beseritz... et terram Wostrowe.... (Riedel, *Cod. dipl.*, II, t. I, p. 17, n° XXV).

2. Civitati nostræ novellæ quæ Vredelandt vocatur.... (Riedel, *ibid.*, p. 23, n° XXXV).

3. Dominis nostris marchionibus, pro recompensatione castri et terre Wolgast, terram quæ Ukera dicitur... liberaliter dimisimus,... (Riedel, *ibid.*, p. 31, n° XLIV...)

Brandebourg. Quoi qu'il en soit, les margraves se trouvent en 1250 en possession des territoires de Stargard, Beseritz, Wustrow et de l'Uckermark. Par le même acte, Barnim se reconnaissait, comme son cousin, le vassal des margraves [1] (1250).

Le Stargard et les petits territoires de Bezeritz et de Wustrow forment aujourd'hui presque tout le grand-duché de Mecklembourg-Strélitz. Le Wustrow, situé entre Penzlin et le lac Tollen, déborde un peu dans le grand-duché de Mecklembourg-Schwérin. L'Uckermark ou marche de l'Ucker, située à l'est du Stargard, dont elle était séparée par la frontière actuelle du Mecklembourg et de la Prusse, dépassait au nord le territoire de la province de Brandebourg, qui porte aujourd'hui ce nom; car Pasewalk et Torgelow, villes de Poméranie, y étaient comprises : l'Uckermark atteignait donc presque jusqu'au golfe de Poméranie [2].

Ainsi les margraves avaient fait plus qu'hériter de la suzeraineté du Danemark sur la Poméranie : ils avaient démembré le duché. La politique acheva ce que les armes avaient si bien commencé. Barnim I, à la mort de Wratislaw (1264), demeura seul maître de la Poméranie. Il était veuf et n'avait qu'un fils, Bogislaw : les margraves de la ligne ottonienne lui donnèrent en mariage leur sœur Mathilde, de laquelle il eut deux fils, Barnim II et Otton. A la mort de Barnim I (1278) Bogislaw voulut dépouiller ses deux demi-frères; mais les margraves, oncles des jeunes ducs, intervinrent en leur faveur, et leur assurèrent leur part

---

1. Nos autem recognoscentes nos omnia bona nostra à dictis marchionibus tenere... ipsis marchionibus contrà quos libet servitii præstabimus auxilium.... Id. *Ibid.*
2. Riedel, *die Mark Br.*, t. I, p. 434-454.

de succession (1284)[1]. Quand Barnim II eut péri assassiné (1295), Bogislaw et Otton se partagèrent le duché : le premier eut la Poméranie-Wolgast, le second, la Poméranie-Stettin : la Peene séparait les deux provinces. Les margraves, en leur qualité de suzerains, avaient autorisé cet arrangement.

TENTATIVES DES MARGRAVES SUR LA POMÉRELLIE. — RAPPORTS AVEC L'ORDRE TEUTONIQUE.

Depuis la mort de Swantibor (1107), la Pomérellie [2] avait eu son histoire distincte de celle de la Poméranie. Trop éloignée pour être mêlée aux luttes qui se poursuivaient sur la frontière germano-slave, elle avait eu d'autres combats à subir. Obligée de reconnaître la suzeraineté des ducs de Pologne, elle avait reconquis son indépendance, après des guerres où s'était surtout illustré Swantepolk, le plus vaillant des successeurs de Swantibor (1220-1266). Cependant les margraves ascaniens prétendaient à la suzeraineté de la Pomérellie aussi bien qu'à celle de la Poméranie, en vertu des droits qui leur avaient été assurés par Frédéric II [3] ; mais il fallait, pour qu'ils atteignissent la Pomérellie, que la conquête les eût conduits dans la vallée de la Warta. Aussi fut-ce seulement dans le dernier tiers du XIIIe siècle qu'ils commencèrent leurs entreprises sur ce nouveau terrain, où ils devaient rencontrer comme auxiliaires, mais en même temps

---

1. Riedel, *Cod. dipl.*, II, t. I, p. 176, n° CCXXX.
2. Voyez page 52.
3. La preuve c'est qu'au moment où ils s'engagent dans leur entreprise contre la Pomérellie, ils se font confirmer par Adolphe de Nassau, en 1295, la charte de Frédéric II. — Voyez Riedel, (*Cod. dipl.*, II, t. I, p. 210, n° CCLXXI.)

comme rivaux, les chevaliers de l'ordre teutonique.

Un hôpital élevé à Jérusalem (1128), mais qu'il fallut abandonner après la prise de la ville sainte par Saladin (1187); une ambulance fondée sous une tente par des marchands allemands au siège de Saint-Jean-d'Acre (1190) : telles sont les origines de l'ordre hospitalier et militaire « des Frères teutoniques de sainte Marie de Jérusalem ». Né trop tard pour faire fortune en Terre-Sainte, où chaque croisade était marquée par de nouveaux échecs, il eut la bonne fortune de trouver un établissement au nord-est de l'Europe. Hermann de Salza, son quatrième grand-maître (1210-1239), l'envoya sur la requête du duc polonais de Mazovie, contre les Prussiens, tribu païenne habitant la rive droite de la Vistule, et qu'avait rendue fameuse le martyre de saint Adalbert. La résistance des barbares fut longue et acharnée. Chaque succès des chevaliers, qui coûtait des flots de sang, exaspérait la résistance de ce qui restait à soumettre, et plusieurs fois des révoltes générales appuyées par des secours étrangers vinrent remettre en question toute l'œuvre de la conquête. C'est ainsi qu'à plusieurs reprises, le duc de Pomérellie, Swantepolk, inquiété par les Allemands sur sa frontière orientale, dirigea contre les chevaliers des soulèvements formidables (1241-9), et que les Lithuaniens, pressés entre les colons allemands de Livonie et ceux de Prusse, appuyèrent avec une sauvage énergie l'effort national des Prussiens contre les envahisseurs.

Cependant le flot de la colonisation ne tarissait pas. Les villes maritimes comme Lübeck envoyaient des marchands pour peupler les cités nouvelles; la noblesse d'Allemagne comblait les vides faits par la **mort** dans les rangs de l'ordre. De temps à autre, aux moments les plus difficiles, le pape faisait prêcher une croisade. La plus célèbre fut conduite par Ottocar de Bohême et par Otton III, margrave de Brandebourg (1255). Les deux princes pénétrèrent jusqu'au fond de la forêt de Romowe où ils mirent la cognée au chêne sacré qu'adoraient les Prussiens. Kœnigsberg, ainsi nommé en l'honneur du roi [1] de Bohême, fut fondé pendant cette expédition. Il fallut pourtant cinquante-trois années d'une guerre sans pitié, où l'incendie des villages, la déportation et le massacre de tribus entières, étaient devenus les moyens habituels de la stratégie des chevaliers, pour faire cesser la dernière résistance de ce malheureux pays contre la civilisation allemande et chrétienne (1283).

Quand la conquête fut achevée, la Pomérellie se trouva resserrée entre le Brandebourg, dont la frontière atteignait alors la Kuddow, et l'ordre teutonique dont elle n'était séparée que par la largeur de la Vistule. Ses ducs eurent l'imprudence d'offrir en même temps aux margraves et aux chevaliers l'occasion d'intrevenir dans leurs affaires.

Mestwin II (1266-1295), successeur de Swantepolk, étant en guerre avec son frère Wratislaw, « renonce à la propriété de tous ses domaines en faveur de ses seigneurs les margraves », et les reçoit d'eux en fiefs, à

---

[1]. De *König*, roi, et *Berg*, montagne. On éleva d'abord sur une colline boisée un château, autour duquel se groupèrent les maisons d'une ville, qui fut détruite ainsi que le château en 1264. Ce qui resta des habitants refit la ville dans la vallée entre le château qu'on reconstruisit et la Pregel. Deux villages voisins, Löbenicht et Kneiphof, ce dernier situé dans une île de la Pregel, reçurent au commencement du XIVe siècle des chartes municipales. La ville actuelle de Kœnigsberg est la réunion de ces trois villes.

l'exception du château et de la terre de Belgard qu'ils « garderont pour leur libre usage (1269) [1] ». Deux ans après, il leur « offre en propriété » la ville de Danzig [2]. L'espèce de traité qu'il signe à cette occasion montre que la population de Danzig était très-mélangée, et qu'il y avait déjà dans ces parages un grand nombre de colons allemands, car Mestwin assure aux margraves qu'ils seront bien accueillis par sainte Catherine, patronne du lieu, par la sainte mère de Dieu, par saint Nicolas et par tous les saints, par Notre-Seigneur Jésus-Christ, surtout par lui Mestwin, encore mieux par les fidèles bourgeois allemands et prussiens de la dite ville, et par ses spéciaux sujets, les Poméraniens.

Avec l'aide des Ascaniens, Mestwin n'a pas de peine à triompher de Wratislaw, qui s'enfuit sur les terres de l'ordre où il ne tarde pas ; mourir. Une fois débarrassé de son rival, Mestwin se brouille avec ses protecteurs, et il appelle contre eux son cousin Boleslaw, roi de Pologne. Les Brandebourgeois sont forcés d'abandonner Danzig, et sortent, après avoir été complétement battus, de la Pomérellie (1272) [3]. Pour se garder à la fois contre le Brandebourg et contre l'ordre avec lequel il a maille à partir, Mestwin resserre son alliance avec la Pologne : au mépris des droits de ses cousins, les ducs de Poméranie, et de ses suzerains les margraves, il choisit pour son héritier Przemislaw, neveu de Boleslaw. A la mort de Mestwin, Przemislaw qui, sur ces entrefaites, est devenu roi de

---

1. Riedel, *Cod. dipl.*, II, t. I, p. 101. n° CXXXVI.
2. Dominationi vestræ Gedanensem civitatem et castrum ejusdem loci vobis in proprietatem offerimus... etc. Riedel, *Ibid...*, II, t. I, p. 112, n° CXLIV.
3. *Die ältere Chronik von Oliva* (ap. *Scriptores rerum prussicarum*, I, p. 688-9, et la note 43).

Pologne, prend le titre de duc de Pomérellie [1] (1295). Aussitôt les margraves de Brandebourg réclament et la guerre éclate. Elle est à peine commencée que le Polonais est assassiné, peut-être par ordre des margraves [2], mais Wladislaw Loktiek, qui lui succède, revendique la Pomérellie (1296). Les ducs poméraniens se déclarent pour lui; puis, quand il a été déposé, pour le roi de Bohême, Wenceslaw II, qui est élu à sa place (1300). Pendant plusieurs années se renouvellent les invasions des Polonais et des Poméraniens dans la marche, des margraves en Pologne et en Poméranie. Wenceslaw II a pour successeur sur les trônes de Bohême et de Pologne son fils Wenceslaw III (1305) : c'est lui qui offre inutilement aux margraves de leur céder la Pomérellie, s'ils veulent lui rendre la Misnie [3]. Quand il a péri assassiné (1306), Loktiek, l'adversaire des Brandebourgeois, remonte sur le trône : la querelle menaçait donc de ne jamais finir; mais les margraves usèrent habilement d'une trahison qui vint s'offrir à eux.

Une des plus importantes familles de la Pomérellie était celle des Swenza. Le comte Swenza, nommé gouverneur de Pomérellie par Loktiek, s'était fait confirmer dans cette dignité par Wenceslaw II, qui avait aussi comblé sa famille de faveurs. C'est de Wenceslaw que le fils aîné de Swenza, Pierre, avait reçu Neuenbourg, des villages et un vaste domaine aux bords de la Vistule. Les Swenza avaient tout à craindre de la restauration de Loktiek, auquel ils n'étaient point demeurés fidèles; aussi vendirent-ils

---

1. Id., *ibid.*, p. 691-94.
2. Id., *ibid.*, p. 695 et note 62.
3. Voyez page 123.

à l'ordre teutonique une partie de leurs biens, en même temps qu'ils négociaient avec les margraves de Brandebourg. Ceux-ci agissaient en souverains dans le pays, où ils avaient fondé (1303) les villes d'Arnskrone et de Kalies [1]. Les Swenza leur promirent de les aider dans la conquête de la Pomérellie (1307) [2]. Loktick, informé du complot, fit arrêter Pierre de Neuenbourg et son père, mais il n'osa point pousser la vengeance jusqu'au bout, et il échangea ses prisonniers contre des otages qui s'enfuirent de leur prison. La lutte commença aussitôt.

L'armée margraviale, guidée par les Swenza, parcourut le pays sans résistance, entra dans la ville de Danzig, et se mit en devoir d'assiéger le château, gardé par une garnison polonaise. Après avoir soutenu vaillamment des assauts presque quotidiens, Bogussa, commandant de la place, s'échappa de nuit et courut jusqu'à Sandomir pour exposer au roi Loktick la détresse où se trouvait la garnison ; il lui proposa de demander immédiatement du secours aux chevaliers de l'ordre teutonique. Le roi ayant approuvé la proposition, Bogussa se rendit en Prusse. Les chevaliers acceptèrent avec empressement l'occasion qui leur était offerte de s'immiscer dans les affaires de leurs voisins. Ils promirent, moyennant indemnité, de fournir pendant un an la moitié de la garnison de Danzig. Quand ce renfort arriva dans la place, les Brandebourgeois levèrent le siège, après avoir laissé dans la ville une garnison qui fut mas-

---

1. Riedel, *Cod dipl. br.*, II, t. I, p. 248, n° CCCXVIII.
2. Dominus Swenza et filii ejus... cum plurimis militibus marchionem de Brandeburg, dominum Woldemarum, vocaverunt ad suscipiendum ducatum Pomeraniæ. (*Die ältere chron...*, *loc. cit.*, p. 704.)

sacrée par les Polonais ; mais ceux-ci surent bientôt ce que coûtait l'assistance de l'ordre teutonique.

Sommé de se retirer après le départ des Brandebourgeois, Günther de Schwarzbourg, commandant des chevaliers, répond que le traité l'oblige à rester une année dans la forteresse et que d'ailleurs il ne partira pas avant d'avoir reçu l'indemnité stipulée. De là des contestations, des disputes, des insultes. Or, un beau jour, les chevaliers tombent sur les Polonais de la garnison qu'ils tuent ou chassent. Renforcés par des secours, ils surprennent, à la faveur d'une nuit de novembre, la ville où ils font un épouvantable massacre : l'ordre teutonique a pris pied en Pomérellie (1308). Il y fit de rapides progrès, le long de la rive gauche de la Vistule. Sous prétexte que l'indemnité promise n'avait point été payée, les chevaliers s'emparèrent de Dirschau. Loktiek voulut traiter, mais on lui présenta un mémoire dont le total était si élevé que le malheureux prince, alors en guerre avec plusieurs de ses voisins, ne put songer à s'acquitter. L'ordre se paya de ses propres mains : après quatre semaines de siège, Schwetz tomba au pouvoir des chevaliers, qui dès lors se trouvèrent complètement maîtres de la ligne de la Vistule [1].

Cependant les margraves de Brandebourg conservaient leurs droits sur la Pomérellie ; il fallut que les chevaliers, pour être tranquilles dans leurs conquêtes, leur offrissent un dédommagement. Par un traité signé en 1309, Waldemar de Brandebourg céda ses droits sur Danzig, Dirschau et Schwetz, pour la somme de dix mille marcs. Le traité devait être exécutoire quand

---

[1]. Voyez Voigt, *Geschichte Preussens*, IV, p. 210-223.

Waldemar aurait obtenu le désistement des autres compétiteurs, et se serait procuré l'approbation impériale ; l'ordre se chargeait d'obtenir la sanction pontificale [1] (1309). Les conditions étant remplies en 1311, le marché reçut sa pleine exécution [2].

Les margraves gardaient pourtant quelques possessions en Pomérellie. Ils y firent encore acte de souveraineté en 1310 par la fondation de Stolp [3], en 1312 par un arrangement conclu avec l'évêque de Posen, au sujet de la levée de la dîme dans les pays entre la Netze et la Kuddow. Qu'on nous permette de citer à ce propos un bien petit fait, qui montrera que dans l'histoire de la Prusse l'étude des origines a son intérêt spécial. La convention dont il vient d'être parlé est un acte de médiocre importance ; mais la mémoire prussienne est tenace : l'acte figure dans l'*Exposé des Droits de Sa Majesté le roi de Prusse sur le duché de Pomérellie,* publié en 1772, à Berlin, par le ministre d'état, comte de Hertzberg [4].

L'année même où les margraves de Brandebourg cédaient à l'ordre teutonique Danzig, Schwetz et Dirschau, c'est-à-dire les clefs de la Pomérellie, l'ordre qui depuis la chute du royaume de Jérusalem avait été chassé de ville en ville hors de la Terre sainte avait choisi pour capitale Marienbourg en Prusse,

---

1. Nos Woldemarus...... fratri Siffrido de Feuchtwang, hospitalis sanctæ Mariæ Jerosolomytanæ Teuton. magistro generali... partem terræ Pomeraniæ, videlicet castra Gdantzk Dirsaviam, atque Swetzam..,. pro marcis decem millibus.... rite ac rationabiliter vendidimus... (Riedel, *Cod. dipl.*, II, t. I, p. 290, n° CCCLXX.)

2. Id., p. 292, n° CCCLXXI ; p. 296, n° CCCLXXIX.

3. Id., ibid., p. 296, n° CCCLXXX ; p. 338, n° CCCCXXV.

4. A la page 45. La même pièce figure dans le *Recueil des déductions, manifestes, déclarations, traités et autres actes et écrits publics, qui ont été rédigés et publiés pour la cour de Prusse par le ministre d'État, Hertzberg, depuis l'année 1756 jusqu'à l'année 1778.* (Berlin, 1790-5.)

fondée en 1276 et où l'on avait élevé des monuments qui témoignent encore aujourd'hui de la richesse des chevaliers. L'ordre, il est vrai, ne relevait point de l'empire : il avait pour suzerain le souverain pontife, qui lui avait donné l'investiture de la Prusse (1234) ; mais il était tout allemand, car c'est en Allemagne qu'il puisait sans cesse pour réparer ses pertes. Son domaine s'étendait au loin sur les bords de la Baltique. A l'est, depuis que s'était fondu dans son sein l'ordre des chevaliers Porte-Glaive (1239), il atteignait jusqu'au lac Peipus : à l'ouest, on vient de voir que sa frontière dépassait la Vistule. De ce côté les grands maîtres et les margraves allaient au-devant les uns des autres. Plus tard la marche de Brandebourg et l'ordre teutonique, ces deux formes les plus parfaites de la colonisation germanique en pays slave, se fondront pour former le royaume de Prusse, état militaire par excellence, puisqu'il est bâti sur terre conquise, après une double guerre d'extermination livrée à une race ennemie.

RELATIONS AVEC LE MECKLEMBOURG ET NOUVELLES LUTTES AVEC LE DANEMARK

Après la chute de la domination danoise, le Mecklembourg vécut assez paisible, partagé en quatre duchés, qui furent ensuite réduits à trois, ceux de Mecklembourg, Werle, Rostock, et il s'écoula d'assez longues années avant que des relations de quelque importance s'établissent entre ces principautés et le Brandebourg. Les rapports commencèrent à la fin du XIIIe siècle, quand Albert III, de la ligne ottonienne, eut reçu, contrairement aux coutumes de la marche, un domaine spécial, dont la partie la plus importante était le Stargard (1283 ou 1284) [1]. Voisin du Mecklembourg, Albert rechercha l'alliance de la maison ducale, au grand détriment de sa propre famille. Il maria Béatrix, une de ses filles, à Henri-le-Lion de Mecklembourg, et il fit avec lui une convention en vertu de laquelle son gendre devait lui payer 3,000 marcs, mais hériter à sa mort du Stargard. Or Albert mourut vers l'an 1300, et son gendre prit possession de ce territoire. A la vérité le margrave ascanien Hermann-le-Long, héritier du reste des domaines de son oncle, voulut disputer à l'étranger cette part de succession ; mais après quatre ans de contestations, il fut obligé de se contenter d'une indemnité et de la promesse faite par le Mecklembourgeois de restituer le Stargard aux Ascaniens, si Béatrix n'avait pas d'héritier [2]. Le Stargard était à jamais perdu pour la marche : aujourd'hui encore il appartient au Mecklembourg.

On a parlé plus haut d'une autre fille du margrave Albert III, Marguerite, qui avait épousé Przemislaw de Pologne. Cette méchante femme, que l'on a soupçonnée de complicité dans le meurtre de son mari, fut ensuite fiancée à Nicolas, duc de Rostock. Mais ce prince était le plus inconstant des amoureux : il avait déjà célébré ses fiançailles avec Euphémie de Lindow, avant de porter ses hommages aux pieds de Marguerite de Brandebourg, qu'il oublia bientôt pour une autre Marguerite, fille de Bogislaw, duc de Poméranie-

---

1. On ne connaît pas la cause de cette singularité ; Albert avait gouverné les domaines ottoniens de la marche avec ses frères avant de se séparer d'eux. — Voyez les extraits de la Chronique de Pulcava, dans Riedel, *Cod. dipl.*, IV, t. I, p. 15 et 16.

2. Voir le traité dans Riedel, *Cod. dipl.* I, t. I, p. 253, n° CCCXXII. — Henri fait aussitôt acte souverain dans le Stargard. Voir *ibid.*, p. 256, n° CCCXXIV...

Wolgast. Les margraves se mirent en devoir de venger l'honneur de la maison ascanienne ; ils envahirent et ravagèrent la principauté de l'infidèle. Nicolas, effrayé, se tourna vers le roi Erich de Danemark, et, pour obtenir sa protection, se reconnut son vassal [1]. Il semblait que le conflit entre le Brandebourg et le Danemark allait recommencer (1299), et les petits princes du nord, Henri de Mecklembourg, Nicolas de Werle, le comte de Schwérin, le duc de Poméranie-Stettin s'inquiétèrent en voyant le successeur des Waldemar et des Canut débarquer en Mecklembourg, recevoir l'hommage de son vassal, bâtir près de Rostock, dont les bourgeois avaient tenu les portes fermées devant lui, le château de Danskeberg, et fortifier le port de Warnemünde où il laissa garnison. Pourtant il n'y eut pas de lutte sérieuse : on s'accommoda l'année suivante (1301) [2]. Erich garda la suzeraineté sur Nicolas de Rostock auquel il prit par surcroît la moitié de sa principauté.

Une série d'événements singuliers devait, quelques années après, rappeler l'attention des margraves de Brandebourg sur le Danemark. En 1310 Henri-le-Lion de Mecklembourg voulut célébrer à Wismar, la ville principale de son duché, les noces de sa fille Mathilde avec Otton de Lünebourg; mais Wismar était à peu près devenue une ville libre. Elle avait racheté tous les droits régaliens à son seigneur, qui avait, plus qu'il ne convenait à sa médiocre fortune, le goût de la magnificence. Henri avait vendu jusqu'à son château ducal de Wismar, que la ville s'était empressée de jeter par terre. Quand il s'adressa au conseil

---

1. Riedel, *ibid.*, p. 230, n° CCXCVIII.
2. Id., *ibid.*, p. 236, n° CCCVI.

afin d'obtenir l'entrée pour lui et pour ses hôtes, les bourgeois s'excusèrent sur le tapage et les rixes qu'occasionnerait la présence de la suite des princes. La ligue que Wismar avait deux ans auparavant conclue avec Rostock, Stralsund et Greifswald donnait à ses magistrats l'assurance de parler ainsi. Henri ne pouvait laisser un tel affront impuni ; il s'adressa au roi de Danemark, qui avait à se venger de Rostock, et au margrave de Brandebourg, Waldemar : Erich devait prendre la tête de la coalition. Pour avoir un prétexte à commencer les hostilités contre Rostock, il donna rendez-vous dans cette ville à un grand nombre de princes et de chevaliers pour le mois de juin 1311, sûr qu'elle refuserait encore une fois de lui ouvrir ses portes [1].

Longtemps à l'avance les nobles invités du roi Erich s'étaient préparés à la fête qui leur était promise et dont on disait merveille. Quelques jours avant la Pentecôte de l'an 1311, le roi de Danemark, amenant avec lui une suite nombreuse, remontait la Warnow sur ses vaisseaux jusqu'à Rostock, et demandait l'entrée de la ville. On la lui accorda ; mais quand les étrangers affluèrent, le conseil représenta au roi que toute cette foule troublait la tranquillité des bourgeois, et pria son gracieux seigneur de vouloir bien limiter sa suite à un certain nombre de nobles danois : le reste des étrangers serait invité à se retirer. Erich ne voulut rien entendre : les bourgeois commencèrent à murmurer, tinrent des conciliabules le soir, fermèrent leurs portes aux nouveaux arrivants ou bien les emprisonnèrent, comme ils firent d'un cavalier qui

---

1. Voyez Klöden, *Diplomat. Gesch.*, t. II, p. 67-9.

convoyait par les rues le bagage du margrave de Brandebourg. Erich jugea prudent de sortir de la place. Une foule de tentes furent déployées au bord de la rivière, et les fêtes commencèrent dans le camp des chevaliers. On y était venu de tous les points de l'Allemagne, de la Scandinavie, de la Pologne; les évêques, abbés, chanoines, chapelains et aumôniers de cour s'y pressaient en grand nombre. Les fêtes durèrent quatre semaines et furent très-brillantes.

Le jeune margrave de Brandebourg y amena son neveu Jean, dont il était le tuteur, et sa femme Agnès de Brandebourg. Dans sa suite on remarquait 99 nobles, ses vassaux, que le roi Erich avait promis d'armer chevaliers après qu'il aurait donné l'accolade au margrave. Waldemar voulut représenter dignement la marche dont il était le seul souverain, et c'est à pleines mains qu'il dépensa l'argent que l'ordre teutonique venait de lui compter pour la cession de Danzig. Entre tous il se distingua par sa magnificence. Il donna l'une des deux fontaines, qui, tout le jour, versaient de la bière et du vin aux vilains accourus au spectacle de ces splendeurs, et l'une des deux collines d'avoine où chaque palefrenier prenait à sa guise la nourriture de ses chevaux... Il était l'un des mieux montés et des plus richement armés et vêtus, parmi les centaines de chevaliers allemands qui, sous ses ordres, se mesurèrent dans un tournoi contre autant de Danois, commandés par Erich en personne. Il avait une place d'honneur à ce gigantesque festin où les nobles princes furent servis par les officiers de leur maison; couverts de vêtements splendides et montés sur des chevaux richement caparaçonnés, ceux-ci apportaient des plats que les valets prenaient de leurs mains pour les déposer sur la table royale. Cependant, au milieu de ces fêtes égayées encore par la présence de baladins de toutes sortes, sauteurs de corde, coureurs, lutteurs, chanteurs et joueurs de trompettes, on n'avait point oublié le principal objet de la réunion : un plan de campagne contre les villes maritimes fut arrêté avant la séparation de l'assemblée (1311)[1].

Les villes se défendent vaillamment : Wismar, attaquée la première par Henri le Lion, capitule, à la fin de l'année 1311, mais en obtenant une paix honorable. Rostock fut plus malaisée à réduire ; Erich renouvela contre elle la coalition, et Waldemar promit de lui amener devant la ville ennemie, quatre cents cavaliers, à la condition qu'il aurait la moitié du butin[2]. Au mois de juin 1312, Erich et Waldemar attaquèrent Rostock et Warnemünde, son port ; Warnemünde fut prise après avoir souffert les horreurs de la famine, Rostock après que la plèbe eut massacré les bourgeois qu'elle accusait de trahison. La capitulation fut signée en décembre 1312[3].

Restait à poursuivre les hostilités contre Greifswald et Stralsund ; mais un des plus puissants confédérés fit tout à coup défaut, et l'on apprit avec étonnement dans toute l'Allemagne septentrionale que Waldemar de Brandebourg avait signé avec Stralsund une alliance offensive et défensive, et qu'il se proclamait le défenseur de cette ville envers et contre tous[4]. L'ambitieux margrave avait évidemment voulu s'arroger le protectorat de ces villes maritimes, qui venaient de donner

---

1. Voyez Klöden, *loc. cit.*, p. 89-95.
2. Riedel. *Cod. dipl.* II. t. I. p. 315, CCCXCIX.
3. Id. ibid. p. 336, n° CCCCXXIII.
4. Voyez Klöden, t. II. p, 144.

la mesure de leur puissance ; car outre qu'elles avaient fait une résistance énergique, leur flotte avait vaillamment tenu la mer et infligé des désastres aux vaisseaux et aux côtes de Danemark ; mais il se forma aussitôt contre le Brandebourg une coalition des princes dont la richesse des villes de la Baltique avait ameuté les convoitises. Elle se grossit de tous ceux qu'avait lésés ou que menaçait la fortune croissante du Brandebourg (1314-1315).

Du côté du roi de Danemark se trouvaient les rois Byrger de Suède, Wladislaw Loktick de Pologne ; les princes Witzlaw de Rügen, Canut Pors de Halland, Henri de Mecklembourg, Pribislaw de Werle ; les ducs de Sönder-Jütland, de Schleswig, de Lünebourg, de Brunswick-Lünebourg, de Saxe-Lauenbourg, le margrave de Misnie, Frédéric à la Joue Mordue ; des comtes, parmi lesquels celui de Schwérin, des évêques, bon nombre des vassaux de la marche. Waldemar avait pour lui son neveu Jean, les ducs Otton de Poméranie-Stettin et Wratislaw de Poméranie-Wolgast, quelques comtes : l'infériorité de ses forces était donc très-grande [1]. Il n'en fut pas effrayé.

Au moment même où l'orage s'amoncelle contre lui, Waldemar revendique pour le Brandebourg le pays de Stargard, en vertu du traité de 1304 [2], qui était devenu exécutoire, depuis que Béatrix, femme d'Henri le Lion, était morte sans héritier mâle (1314). Il attaque au cœur de l'hiver (1315), aux frontières de Stargard et de l'Uckermark, le château de Fürstenhagen, qu'il emporte ; il assiège tout près de là Woldeck : la petite ville

---

1. Voyez Riedel, ibid., p. 371-2, nos CCCCLV, CCCCLVII ; p. 377, no CCCCLX ; p. 379, nos CCCCLXIV et CCCCLXV ; p. 382, no CCCCLXIX ; p. 386, no CCCCLXXI ; p. 394, no CCCCLXXVII.
2. Voyez page 164.

résiste à ses assauts, aux machines construites par le moine défroqué Gerhardus; elle noie les galeries de mines poussées par les assiégeants au cœur de la place. Forcé de lever le siège, le margrave marche contre Neu-Brandebourg, où se trouve Henri le Lion; il veut l'y enfermer; mais le duc va s'établir entre le Vieux-Strelitz et le village de Fürstensee, sur la colline de Mühlberg, protégée de tous côtés par les lacs. De cette position, il barre le chemin au margrave, repousse son attaque en lui infligeant de grandes pertes, le poursuit et jette le désordre parmi les siens, dont un grand nombre est fait prisonnier ou périt dans les lacs (1316). Cependant les coalisés ne s'étaient pas encore mis en mouvement. Le roi de Danemark sembla même disposé à nouer des négociations, et l'on parla de paix à la diète de Rendsbourg, mais sans faire de sérieux efforts pour l'obtenir. Le roi de Danemark reçut à Rendsbourg une satisfaction précieuse : les princes mecklembourgeois se reconnurent ses vassaux, et le comte allemand de Schwérin imita leur exemple. Il semblait qu'Erich fût sur le point de prendre la revanche de Waldemar, et que, le Brandebourg étant menacé, les intérêts allemands fussent déjà compromis au nord de l'Elbe [1].

Un mois après, le roi de **Danemark** convoquait ses confédérés et leur donnait rendez-vous devant Stralsund, qu'il voulait faire assiéger par terre et par mer : la ville avait une garnison de Poméraniens et de Brandebourgeois, et une flotte qui croisait devant son port. Le duc de Saxe-Lauenbourg arriva le premier au rendez-vous, et plaçant son camp à l'endroit même

---

[1]. Klöden, t. II, p. 211 et suiv.

que Wallenstein choisit trois siècles après pour établir le sien, il eut l'imprudence de commencer les hostilités : une nuit il fut attaqué par les assiégés, surpris, fait prisonnier. Pendant que les siens s'enfuyaient dans toutes les directions, il fut ramené dans la ville, aux cris de joie des habitants, les mains liés par la chaîne d'or qu'il portait au cou, puis envoyé à Waldemar qui était alors en marche pour secourir Stralsund. Cependant les différents contingents des coalisés étaient prêts. Pour retenir chez lui le margrave, on décida qu'Henri-le-Lion envahirait la marche, pendant que le roi de Danemark assiégerait Stralsund. Waldemar se porta rapidement au devant d'Henri qui, après avoir pris et détruit Meienbourg, près de Pritzwalk, marchait par le comté de Ruppin vers le cœur du Brandebourg : il le rencontra près de Gransee. Le margrave attaqua, malgré l'infériorité de ses forces [1]. Ce fut une des plus furieuses batailles des temps chevaleresques. Waldemar et Henri-le-Lion se jetèrent dans la mêlée ; le premier fut précipité de son cheval, entouré, désarmé, emmené par un groupe d'ennemis, mais délivré par les siens qui se firent prendre et tuer pour le sauver; l'autre, recherché et atteint par une sorte de géant brandebourgeois, reçut sur son casque un si furieux coup qu'il tomba sans connaissance, et, comme Waldemar, ne dut son salut qu'au dévouement des siens. Quand la nuit tomba sur ce champ de carnage, où tant de braves s'étaient pris corps à corps, les Mecklembourgeois étaient maîtres du champ de bataille ; mais ils avaient subi de telles pertes qu'ils ne poursuivirent pas le vaincu et

---

1. Voyez Riedel, *Cod. dipl.* IV, t. I, les fragments de la Chronique de Pulcava, p. 22.

qu'un armistice fut bientôt après négocié, puis conclu (août 1316)[1]. Cet échec du margrave se trouva d'ailleurs compensé par la résistance victorieuse que Stralsund opposa sur terre et sur mer aux attaques du roi de Danemark et de ses alliés.

En somme le grand effort fait contre le margrave de Brandebourg n'aboutit qu'à de médiocres résultats. Waldemar traita successivement avec tous ses ennemis. On a vu les conditions de la paix qu'il conclut avec le margrave de Misnie[2]. Il s'accorda vers la fin de 1317 avec le roi de Danemark, le duc Henri de Mecklembourg et leurs alliés. Les plus importantes stipulations de ce long traité sont celles qui concernent la cession définitive du pays de Stargard au Mecklembourg, et l'alliance offensive et défensive conclue entre le margrave de Brandebourg et le roi de Danemark. La paix fut confirmée à Wordingborg en Danemark, où Waldemar se rendit auprès d'Erich. Celui-ci et Witzlaw de Rügen garantirent à la ville de Stralsund, cause de toute cette guerre, la jouissance paisible de ses droits antérieurs[3].

FIN DE LA DYNASTIE ASCANIENNE.

Ni en Pomérellie, ni en Mecklembourg, les efforts des Ascaniens n'avaient donc été couronnés de succès. Comme aux premiers jours de la dynastie, les margraves avaient rencontré la résistance, ici du Danemark, là de la Pologne; mais on vient de voir quelle coalition

---

1. Klöden, *ibid.*, p., 224-5.
2. Voyez page 125.
3. Voyez sur les négociations, Riedel, *Cod. dipl.*, II, t. I, p. 402, n° XDI; p. 404, n° XDII; p. 406, n°ˢ XDIII et XDIV; p. 408, n°ˢ XDV et XDVI; p. 411, n° D; p. 416 n° DI; p. 407, n° DIII.

ils avaient combattue et quels revers ils avaient supportés sans être ébranlés. Qu'ils aient provoqué et puis soutenu cette lutte, c'est la preuve de leur ambition, mais aussi de leur puissance. Considérons en effet les progrès qui ont été faits par la marche depuis l'avénement des Ascaniens.

Les frontières ont été reculées dans toutes les directions. La conquête du Havelland, des territoires de Priegnitz, Zauche, Teltow, Barnim, Lebus, les ont portées de l'Elbe à l'Oder; l'Oder a été dépassé, la rive droite de la Netze conquise; le territoire margravial s'allonge comme une pointe dans la direction de la Vistule et de la mer. Un moment les successeurs d'Albert l'Ours ont commandé dans Danzig. En même temps la conquête de Stargard, qui fut ensuite perdue, il est vrai, celle de l'Uckermark, qui dura, étaient de victorieuses étapes sur le chemin de la Baltique. Si le Mecklembourg échappait à la suzeraineté brandebourgeoise, la Poméranie était forcée de la subir. Au sud, les progrès étaient plus considérables : sur la rive gauche de l'Elbe, les acquisitions faites aux dépens des margraves de Misnie dans les pays qui appartiennent aujourd'hui à la province prussienne de Saxe et à la Saxe royale portaient vers l'Erzgebirge la frontière, qui, sur la rive droite du fleuve, atteignait en haute Lusace le quadrilatère de Bohême. On pouvait maintenant voyager du nord de l'Uckermark, c'est-à-dire presque de l'embouchure de l'Oder, jusqu'au défilé par lequel l'Elbe entre en Allemagne, sans quitter le territoire brandebourgeois.

Un accident imprévu interrompit, au début du xive siècle, le cours de ces prospérités. La nombreuse famille ascanienne s'éteignit tout d'un coup. Le chevaleresque Waldemar mourut dans la force de l'âge sans laisser d'héritier direct (1319), et comme personne n'avait de droits incontestés à sa succession, la marche sembla tout près de se dissoudre. Il restait un rejeton mâle de la famille, Henri le jeune, mais il était encore enfant, et son père Henri, qui s'était fait donner, comme Albert III, un domaine à part, avait probablement renoncé à tout droit sur la succession de la marche[1]. Cependant les villes du pays au delà de l'Oder le reconnurent comme légitime margrave, mais en lui désignant pour tuteur Wratislaw, duc de Poméranie-Wolgast[2]. Au même moment la Priegnitz et l'Uckermark se déclaraient neutres et se mettaient sous la protection d'Henri-le-Lion de Mecklembourg: Cependant Agnès, veuve de Waldemar, se portait à la fois comme héritière de son mari et de son père Hermann-le-Long; elle prétendait ainsi réunir entre ses mains les domaines des deux branches ottonienne et johannienne. A l'appui de sa revendication, elle citait l'acte par lequel l'empereur Henri VI avait garanti à la famille ascanienne la transmission en ligne féminine, aussi bien qu'en ligne masculine, de tous les biens cédés par les margraves Otton II et Albert II à Magdebourg, et repris par eux à titre de fiefs du siège archiépiscopal[3]. Malheureusement un autre prétendant se targua des mêmes droits : c'était le duc silésien Henri de Jauer, dont la mère était Béatrix de Brandebourg, fille d'Otton V[4]. Pour obtenir l'appui du roi Jean de Bohême, Henri lui céda ses droits sur la

---

1. Voyez page 84, note 2.
2. Riedel, II, t. I. 447, n° DXXXVII.
3. Voyez page 107.
4. Voyez le tableau généalogique, à la fin du volume.

Lusace, Lebus, Bautzen et Francfort sur l'Oder [1].

Ce n'est pas tout encore. Agnès, qui avait pour tuteur, depuis son veuvage, Rodolphe de Saxe, épouse en secondes noces Otton de Brunswick : déchu de sa tutelle, Rodolphe dispute à Wratislaw de Poméranie celle du jeune Henri. Le roi d'Allemagne, Louis de Bavière, essaie de mettre un terme à ce conflit, en émancipant le dernier ascanien [2]; mais celui-ci meurt le mois d'après. Alors, prétendants et tuteurs, chacun cherche à faire sa main. Le Silésien Henri et le Poméranien Wratislaw signent un traité d'alliance et de partage [3]; mais Henri-le-Lion se maintient dans l'Uckermark, et Rodolphe de Saxe dans le pays entre l'Elbe et l'Oder, en Lusace et dans l'évêché de Lebus. Le désordre qui troublait en ce moment l'empire, disputé entre Louis de Bavière et Frédéric d'Autriche, perpétuait l'anarchie dans la marche. A la fin, quand Louis, vainqueur après une longue lutte, n'eut plus à craindre d'opposition, il termina la guerre civile dans la marche d'une façon assez inattendue, en donnant à son fils aîné l'investiture de la principauté ascanienne (mars 1323.)

Une dynastie nouvelle commence donc dans la marche, celle des Bavarois, à laquelle succèdent en 1373 les Luxembourgeois, prédécesseurs des Hohenzollern. Ceux-ci seulement relèveront la fortune du Brandebourg, en reprenant toutes les routes suivies par Albert l'Ours et par ses successeurs ; mais dans

---

1. Riedel, II, t. I, p. 443, n° DXXXIII ; p. 444, n° DXXXIV ; p. 445, n° DXXXV.
2. Id., ibid., p. 454, n° DXLVI. Nos... eumdem defectum (annorum) supplemus de plenitudine et largitate munificâ regiæ potestatis...
3. Id. ibid., p. 457, n° DL.

leur patrie nouvelle, les Hohenzollern trouveront d'autres traditions que celles des conquêtes. En effet sur la terre du Brandebourg avaient été semés les germes d'institutions exceptionnelles, qui se développèrent peu à peu, se transmirent de dynastie en dynastie, et qu'il est facile de retrouver aujourd'hui encore dans la monarchie prussienne. Il nous reste à parler de ces institutions. Ce n'est pas la partie la moins difficile de notre tâche ; mais c'en est la plus importante.

CHAPITRE V

LES INSTITUTIONS DE LA MARCHE DE BRANDEBOURG.

Du pouvoir margravial. — Formation de la population brandebourgeoise. — Les Ordres dans la marche : les grands et les petits vassaux. — Les paysans et les bourgeois. — Le clergé. — Administration de la marche; les avoués. — Des altérations de l'institution primitive dans la marche; de l'autorité margraviale après ces altérations [1].

DU POUVOIR MARGRAVIAL.

L'histoire militaire des Ascaniens montre que les margraves de Brandebourg avaient des intérêts spéciaux, des alliés et des ennemis particuliers, par conséquent une politique de maison souveraine : l'histoire de leur gouvernement fera voir que la marche était dans l'empire un état d'une nature exceptionnelle.

Il n'est point facile de tracer le tableau des institutions d'un pays au moyen âge, sans faire quelque violence à la parfaite exactitude historique; car en

---

1. Voyez Kühns, *Geschichte der Gerichtsverfassung und des Prozesses in der Mark Brandenburg, vom X bis zum Ablauf des XV Jahrhunderts.*

aucun temps, au moyen âge moins que jamais, on ne rencontre une date précise où les institutions politiques et sociales offrent cet état de perfection que l'historien est obligé de leur prêter pour en montrer l'ensemble. Elles naissent et se développent par la force des choses, et non sur un plan préconçu : de là cette confusion qui, au premier abord, déconcerte le regard. Pourtant il est aisé de reconnaître dans ce chaos quelques idées générales, là même où la féodalité semble avoir épuisé sa fécondité en multipliant ses formes les plus variées, à plus forte raison dans les pays où les circonstances lui ont imposé de la discipline, comme en Terre-Sainte après la conquête de Godefroy de Bouillon, en Angleterre sous Guillaume le Conquérant, et l'on peut ajouter en Brandebourg sous les Ascaniens.

Sur les bords du Jourdain et au delà de la Manche, la féodalité se trouvait en pays ennemi ; elle s'est organisée : les *Assises* de Jérusalem et le *Grand Terrier* d'Angleterre en font foi. Or le margrave en franchissant l'Elbe pour entrer chez les Slaves, sortait de l'empire pour entrer chez l'ennemi : les institutions de la marche ne pouvaient donc ressembler à celles qui régissaient le reste de l'empire. A la vérité, la conquête s'est faite, non tout d'un coup, mais successivement, et la marche tenait à l'Allemagne, dont elle semblait n'être que le prolongement : on n'y a donc point senti la nécessité d'une organisation complète, comme ont fait les barons français en Palestine et en Angleterre. Mais les margraves ont conçu plus ou moins distinctement l'idée d'un état organisé pour l'offensive et la défensive, dont le chef fût à la fois plus indépendant de son suzerain et plus maître de ses vassaux qu'aucun autre prince de l'empire. Cette idée, conforme à la nature des choses, a été acceptée par le suzerain, l'empereur d'Allemagne, et par les vassaux et sujets du margrave. Elle n'est écrite nulle part, mais on la reconnaît partout.

Margrave, au sens rigoureux du mot, veut dire simplement *comte de la frontière;* mais la différence est grande entre l'autorité du margrave et celle du comte[1]. Le comte est le délégué du roi dans une circonscription déterminée : le margrave n'a point de frontières fixes, et même il n'est occupé qu'à reculer les limites de son territoire. Le comte juge dans les affaires civiles et criminelles les hommes libres qui ont le privilége de n'être jugés que par le roi; mais il ne peut transmettre la délégation qu'il a reçue, car le *Sachsenspiegel*[2] dit que le *ban royal,* ou le droit de juger au

---

1. On a vu, au premier chapitre de ce livre, p. 25, note 1, que l'empereur Otton donne le titre de duc au margrave du Nord, Thierry, aussi bien qu'au duc de Saxe Hermann. Le margrave Gero avait également porté, tantôt le titre de duc, tantôt celui de margrave (Voyez Raumer, *Reg.*, p. 35, n° 151, et p. 37, n° 160). Il y avait en effet de l'analogie entre les deux pouvoirs. Comme le duc avait au-dessous de lui les comtes, le margrave avait les *avoués*, dont les fonctions étaient en tout point semblables à celles des comtes. Le titre de *Markherzog* ou *duc de la frontière* eût mieux convenu que celui de *Markgraf* pour désigner la fonction de ces gardiens de la frontière.

2. *Sachsenspiegel,* ou *Miroir de la Saxe,* écrit au début du XIII° siècle, à la prière du comte Hojer von Valkenstein, par Ecko von Repchow. Hojer von Valkenstein était vassal des margraves de Brandebourg, pour la partie nord du comté de Billingshöhe qu'il administrait. Ecko von Repchow était d'une famille de chevaliers, originaire du village de Reppichau, entre Dessau et Köthen. Il était en 1233 échevin dans la partie méridionale du comté de Billingshöhe et par conséquent vassal des margraves de Brandebourg, Jean I et Otton III, auprès desquels on le trouve une fois à Salpke près de l'Elbe (Voyez Riedel, *Cod. dipl.*, II, t. I, p. 14, n° XXI). La marche peut donc le revendiquer comme un des siens. C'est une des rares gloires intellectuelles d'un pays où il n'y avait guère, au moyen âge, de loisirs pour l'intelligence.

nom du roi, ne peut aller jusqu'à « la quatrième main¹. » La main du roi étant la première, la main du duc la seconde, le pouvoir de juger les hommes libres s'arrête dans la main du comte, qui est la troisième. Le margrave est exempt de cette loi instituée pour prévenir l'abus des aliénations du pouvoir juridique : comment connaîtrait-il personnellement de toutes les affaires criminelles dans un domaine aussi étendu que le sien, aussi exposé aux violences qui naissent de la guerre perpétuelle et de la cohabitation de deux races ennemies ? Il transmet donc le droit de juger « sur la tête et les membres, » à des vassaux, qui souvent à leur tour le transmettent à d'autres. Il faut en conclure ou qu'il est spécialement affranchi de la règle signalée par le *Sachsenspiegel*, ou que « sa main » est réputée la première. Le margrave en effet se distingue par un privilége essentiel des ducs, landgraves, palatins et comtes : aux termes d'un texte très-important du *Sachsenspiegel*, tandis que ceux-ci jugent au nom du roi, lui seul juge en son propre nom ².

On a proposé plusieurs explications de ce privilége. Les uns veulent que le margrave n'ait été qu'un chef de guerre, et qu'il n'ait point reçu, comme le comte, le pouvoir de juger. Sa juridiction, s'exerçant à l'ori-

---

1. Sachsenspiegel, III, 52, § 3.
2. Sachsenspiegel, III, 64, § 7; 65, § 1. — Les ducs, landgraves, etc., jugeaient *unter Kœnigsbann*, littéralement *sous le ban du roi*, ce qui est la même chose que *bei des Reiches huld*, en vertu de l'hommage fait à l'empire. — Le margrave juge en vertu de l'hommage fait à lui-même : *Die marcgreve dinget di sines selves hulden.* — Voyez Kühns, *op. cit.*, t. I, p. 43, des textes où le margrave commande en vertu de l'hommage qui lui a été fait : « Wir gebieten und entbieten *bei unseren Hulden*,.... allen unseren Hauptleuten, Vögten, und Amtleuten... *Richtern und Schöften*, » etc., etc.

gine sur des soldats, aurait gardé un caractère exceptionnel, quand elle s'étendit sur les colons venus à la suite des soldats. Cette opinion ne peut guère se soutenir, car l'idée d'un pouvoir militaire spécial n'est pas du moyen âge, où régnait la coutume de la confusion des pouvoirs. D'autres pensent que le margrave, vassal du royaume sur la rive gauche de l'Elbe, était, sur la rive droite, un souverain régnant par la grâce de Dieu sur le sol conquis ; mais des documents en grand nombre montrent l'empereur faisant acte de suzeraineté dans toute la marche[1]. Il y a pourtant ici une part de vérité. Sur la rive gauche de l'Elbe, le margrave jugeait au nom du roi : c'est sur la rive droite seulement qu'il jugeait en son propre nom. Le fleuve servait de ligne de démarcation entre deux parties du Brandebourg, qui étaient régies par des institutions différentes : par celles de la vieille Allemagne sur la rive gauche, par celles de la marche sur la rive droite. Le margrave n'était pas souverain sur la rive droite, mais il s'y était formé en sa faveur, sous l'empire de circonstances particulières, un droit exceptionnel. Sans être affranchi du lien qui le rattachait au royaume d'Allemagne, il était devenu, par la force des choses, le justicier suprême dans le pays transalbin.

En cette qualité le margrave nomme les délégués auxquels il transmet son pouvoir juridique, il reçoit leurs serments ou les fait recevoir en son nom. Les juges et les échevins s'appellent juges ou échevins du « gracieux seigneur le margrave[2]. » Le droit régalien

---

[1]. Voyez ces documents réunis dans Kühns, t. I, p. 59, 60, 61.
[2]. Voyez par exemple Riedel, *Cod. dipl.*, I, t. IX, p 252, n° CCCXXX.

de fixer les circonscriptions judiciaires lui est attribué; car il faut souvent ou bien qu'il remanie une circonscription, dont le chef-lieu est tombé aux mains des Wendes, ou bien qu'il en crée une nouvelle sur un territoire récemment conquis par ses armes. Enfin il procède à des réformes importantes : il substitue par exemple, comme on verra plus loin, à la juridiction des burgraves celle des *avoués*, sans jamais requérir la confirmation royale. Or au moyen âge on mesurait la puissance à l'extension du pouvoir juridique. En France la qualité de juge suprême a fait la fortune des Capétiens, au début si faibles contre la féodalité : c'est par elle que Philippe-Auguste a conquis la Normandie; c'est par des réformes judiciaires que saint Louis a mis la royauté « hors de pair ». En Allemagne, le roi était avant tout le juge[1]. Même après la chute du Saint-Empire, le souvenir de ce juge survécut; car c'est en son nom que les tribunaux vémiques de Westphalie rendirent leurs arrêts. Aucun privilège n'était donc plus important que celui qui échut aux margraves, juges non « sous le ban du roi », mais en leur propre nom[2].

A la vérité les comtes allemands arrivent peu à peu par une série d'usurpations à conquérir la même indépendance que les margraves. Dans la première

---

1. Den Kœnig Küset man to richtere over egen unde len und over yewelkes mannes lif... Sachsenspiegel, III, 52, § 2.
2. M. Kühns, dont le livre fait justement autorité en la matière, explique très-bien comment le margrave était en quelque sorte souverain, tout en restant vassal de l'empire. En droit, l'empereur faisait participer le margrave de sa souveraineté, sans s'en dessaisir. (Voyez t. I. p. 47.) Par le fait de l'établissement d'un margrave, il renonçait à exercer directement sa juridiction sur les vassaux de la marche, mais en qualité de chef de l'empire, il représentait une juridiction plus haute que celle du margrave. (P. 75, 79.)

moitié du XIIIᵉ siècle, ils deviennent autant de petits souverains ; mais il a fallu qu'ils rompissent pour ainsi dire le pacte conclu entre eux et la royauté et qu'ils dénaturassent le caractère primitif de l'institution des comtés. Au contraire les priviléges du margrave sont nés du caractère même du pouvoir margravial. D'ailleurs, quand fut accomplie la révolution longuement préparée qui étouffa la royauté germanique sous la foule des petits états féodaux, la marche ne perdit point son originalité. Les comtes, landgraves, palatins, ducs étaient devenus souverains comme les margraves ; mais dans leur domaine plus étendu, ceux-ci avaient une autorité moins limitée que ceux-là. Pour en bien comprendre la raison, il faut exposer, si l'on peut ainsi parler, la genèse de la marche. Comment la population du Brandebourg s'est-elle formée ? Quels étaient les rapports du margrave avec les différents ordres qui la composaient, ou bien, pour employer le vieux mot français qui traduit exactement le mot allemand *Stände*, avec les différents *états* de la marche ?

FORMATION DE LA POPULATION BRANDEBOURGEOISE.

La conquête du pays slave par les margraves ressemble peu à celle des provinces de l'empire romain par les rois germains, aux IVᵉ et Vᵉ siècles. Ceux-ci étaient les élus de leurs compagnons, et la conquête était l'œuvre commune de la tribu et de son chef ; le peuple entier, en y comprenant les femmes et les enfants, y prenait part, et après la victoire on s'organisait comme pour un établissement définitif dans une nouvelle patrie. C'est alors que les nouveaux arrivés prenaient aux vaincus un ou deux tiers de leur territoire, qu'ils se partageaient entre eux. Revêtus d'un titre moins éclatant et moins honorés par l'attention de l'histoire, les margraves étaient plus élevés au-dessus de ceux qu'ils commandaient, que les rois barbares au-dessus de leurs compagnons. Ils étaient suivis non par un peuple d'hommes libres, mais par une armée de vassaux dont le devoir était de leur obéir, ou même par des soldats qu'ils payaient de leurs deniers. La conquête était leur entreprise personnelle, non celle de la nation : ils avaient des services à récompenser, non des droits à reconnaître ; ils étaient, sous la réserve de la suzeraineté du roi, seuls propriétaires du sol qu'ils avaient conquis.

Les circonstances historiques permirent aux margraves de disposer en toute liberté de ce sol; ils y établirent presque partout leurs vassaux et leurs sujets. Même sur la rive gauche de l'Elbe, le plat pays était à peu près inhabité au temps d'Albert l'Ours; la plupart des villages nommés par les documents du xe siècle, comme appartenant aux églises de Havelberg ou de Magdebourg, ont disparu au xiie, détruits soit par les Slaves dans la guerre d'extermination qui sévissait sur les deux rives du fleuve, soit par les Saxons d'Henri-le-Lion, le rival du margrave Albert : il fallait donc repeupler cette terre abandonnée. Sur la rive droite du fleuve, la guerre avait aussi fait beaucoup de vides; car dès que les armes allemandes eurent repris possession du territoire de Havelberg, l'évêque appela « de quelque pays que ce fût » des colons dans cette province « si souvent dévastée et dépeuplée par les invasions païennes qu'on n'y rencontrait plus que de très-rares habitants ». Pourtant si l'on s'éloignait un peu de l'Elbe, on rencontrait sans aucun doute une population assez dense [1] et de nombreux villages : autrement les Wendes n'eussent pas été en état de fournir une résistance si acharnée, ni de prendre tant de fois une offensive vigoureuse ; mais ici la tâche était d'une autre nature : il fallait établir les institutions germaniques sur le territoire de ces irréconciliables ennemis. Tout était donc à créer ou à transformer dans la marche, et les créations comme les transformations se firent par l'autorité du margrave.

Les colons arrivèrent ou furent mandés en grande partie de la Saxe, du Rhin ou des Pays-Bas. Il y avait déjà des Allemands dans le Havelland, du temps de Pribislaw. La race, dit la chronique de Pulcava [2], y était mêlée de Saxons et de Slaves. Au moment où le margrave prit possession de l'héritage du Wende, il amena certainement avec lui des colons qu'il établit dans le plat pays. D'autres vinrent en foule; car des villages allemands s'élevèrent partout, et au XIIe siècle déjà le Havelland, Priegnitz et la Zauche étaient germanisés. Dans les autres parties de la Marche, Stargard, Uckermark, Lebus, etc., des colons allemands, appelés peut-être par les princes de Mecklembourg, de Poméranie et de Silésie pour combler les vides faits par la guerre dans leurs campagnes, s'étaient établis avant l'acquisition de ces pays par les margraves, qui ne firent

---

1. Charte de l'empereur Conrad confirmant à l'église de Havelberg ses possessions et ses priviléges : « …. Et quoniam prænominatæ civitates et villæ sæpe irruentibus paganis vastatæ sunt ac depopulatæ, *adeo ut vel nullo, vel raro habitatore incolantur,* volumus atque præcipimus ut idem episcopus liberam absque contradictione habeat facultatem ibidem ponendi et locandi colonos, de quacumque gente voluerit vel habere potuerit… » Riedel, *Die Mark Br.*, t. II, p. 40.

2. Gens illa saxonica et slavica, *Pulcavæ Chronic.* (*ap.* Riedel, *Cod. dipl.*, IVe partie, p. 2).

qu'achever l'œuvre commencée. L'usage, répandu parmi les colons, de donner au village qu'ils fondaient le nom de celui qu'ils quittaient permet de reconnaître que la plupart venaient de la Vieille-Marche, des territoires de Magdebourg et d'Anhalt, en un mot de l'inépuisable terre saxonne [1].

Après les Saxons, les Hollandais et les Flamands donnèrent à l'immigration le contingent le plus considérable. Helmold raconte qu'Albert, après avoir soumis un grand nombre de tribus et refréné leurs rébellions, s'aperçut « que les Slaves allaient manquer [2] » : il envoya donc vers Utrecht, sur les rives du Rhin et chez les nations éprouvées par la violence de la mer, à savoir les Hollandais, les Zélandais, les Flamands, et il fit venir une grande quantité de peuple pour l'établir dans les villes et les forteresses des Slaves. » Le chroniqueur ajoute que les évêchés de Brandebourg et de Havelberg furent grandement fortifiés par cette immigration, parce que les églises se multipliaient et que les dîmes s'accroissaient [3]. « Au même temps, dit-il encore, les Hollandais commencèrent à coloniser, sur la rive gauche de l'Elbe, depuis la ville de Salzwedel, jusqu'à la forêt de Bohême. » Ce témoignage du vieil historien donne aux Néerlandais un rôle important dans la colonisation de la marche. Plusieurs documents attestent en effet leur présence sur les deux rives de l'Elbe, à Stendal, Seehausen, Werben [4], puis

1. Riedel, *Die Mark*, t. II, p. 46, note 1.
2. Deficientibus sensim Slavis... Helmold, I, 88 (Leibniz, II, p. 612).
3. Et confortatus est vehementer ad introitum advenarum episcopatus brandenburgensis nec non havelbergensis, eo quod multiplicarentur ecclesiæ et decimarum ingens succresceret possessio... Helmold, *ibidem*.
4. Stendal paraît avoir été fondé par des Flamands. Seehausen

aux bords mêmes du fleuve, en face de Havelberg, à Brandebourg, dans le territoire de Lœwenberg, même dans celui de Lebus [1]. D'autres signes font encore reconnaître leur présence. Ces industrieux colons apportaient une architecture nouvelle ; avant eux, on bâtissait dans la marche en grossiers moëllons : ils élevèrent les premiers des édifices en briques, dont la plupart subsistent pour attester la rapide prospérité qui suivit leur établissement. Enfin le nom de *Fläming*, que porte un territoire de la province prussienne de Saxe, est un souvenir des Flamands [2] : il paraît qu'aujourd'hui encore les coutumes, l'habillement, la langue même rappellent l'origine des habitants [3].

Il n'y a point de doute que, parmi ces colons, il s'en trouvait de condition militaire. On voit figurer par exemple dans une charte d'Albert II, un chevalier Henri de Flandre [4], et peut-être certaines familles illustres, celles des Schulenbourg, des Arnim, des Bredow trahissent-elles par leurs noms mêmes leur ori-

et Werben ont été colonisés et accrus par des Hollandais. — Une charte d'Albert l'Ours mentionne des manses de mesure hollandaise (*mansos hollandriensis dimensionis*) auprès de Werben ; une autre, d'Otton I, les redevances payées par les Hollandais des bords de l'Elbe (Hollandigenæ super ripam Albis positi). — Voyez Riedel, *die Mark Br.*, II, p. 51, notes 1 et 2 ; Riedel, *Cod. dipl.* I, t. VI, p. 338, à l'introduction sur la ville de Seehausen.

1 Voyez au tome VII des *Märkische Forschungen* (p. 110-127), *Die niederländischen Colonien in der Mark Brandenburg*.

2. Le Fläming est ce plateau aride, que l'Elbe côtoie, depuis l'embouchure de l'Elster, jusqu'aux environs de Magdebourg, et qui force le fleuve à incliner vers l'ouest. Les Flamands s'établissaient volontiers sur des terrains élevés, au contraire des Hollandais.

3. Heinemann, *Albr. der B.*, p. 217 et 292. Voyez aussi von Ledebur, *Vorträge zur Geschichte der Mark Brandenburg*, p. 34-48. L'auteur y résume les services rendus à la marche par les colons venus des Pays-Bas. Il rappelle une première immigration des colons de ce pays, qu'il place au VIe siècle, et il trouve, aux IXe et Xe siècles, des preuves de leur présence. Il termine en parlant des immigrations postérieures de Hollandais dans la marche, au temps du grand-électeur et de Frédéric-Guillaume I.

4. Voyez Riedel, *die Mark Br.*, t. II, p. 56, note 1.

gine hollandaise : le premier rappelle un château ruiné de la Gueldre, et les deux autres, les villes d'Arnheim et de Bréda. Mais la plupart étaient hommes de métier ou gens de labour ; ceux-là se rendaient dans les villes ; on établissait ceux-ci de préférence là où il fallait fertiliser un sol ingrat ou dessécher des marécages. Ils se mettaient à l'œuvre, dans les districts abandonnés par les Allemands aussi bien que par les Slaves, et ils gagnèrent ainsi sur l'eau de vastes territoires, par exemple tout le pays compris entre ces quatre cours d'eau : l'Icetze, l'Aland, la Biese, l'Elbe, d'où la rigidité des règlements seigneuriaux qui obligeaient les habitants à l'entretien des digues avait fait fuir la population [1].

Que devenaient cependant les Slaves, anciens maîtres de ce territoire que l'on se partageait ainsi ? La question est difficile. Les historiens d'outre-Rhin voudraient prouver que les vaincus ont été partout humainement traités par les vainqueurs, mais ils n'y parviennent pas. A la vérité les Allemands n'ont ni réduit en servage ni expulsé en masse la population indigène. De nobles familles wendes ont été admises parmi les vassaux du margrave [2]. On trouve mention de paysans slaves, possédant de la terre [3], ayant la faculté de faire donation de leurs biens aux églises, sans autorisation de leur seigneur, et de se transporter dans les villes : toutes choses qui annoncent la

1. Riedel, *die Mark*, t. II, p. 53-54, et la note 1 de la page 54.
2. Parmi les témoins d'une charte d'Otton II, figurent *Slavi nobiles Henricus. Prizzlavus, Pribisslais et Andreas fratres* (id., ibid., p. 38, note 1). Bien qu'il faille se garder de réputer slaves tous ceux qui portent un nom slave, car beaucoup sont des Allemands qui ont pris le nom du lieu où ils se sont établis, il est probable que les margraves firent, au moins dans la petite noblesse, un assez grand nombre de ces sortes d'adoptions.
3. Riedel, *die Mark Br.*, t. II, p. 16, note 1.

liberté personnelle [1]. Enfin il y a des exemples de bourgeois slaves figurant parmi les magistrats des villes [2]. Dans une seule partie de la marche, dans le Havelland, la population indigène semble avoir été frappée par mesure générale ; mais nous savons de reste qu'après s'être rendu maître de la rébellion de Brandebourg, Albert, pour assurer sa conquête, avait expulsé les Wendes. C'est probablement à ce pays et à ce fait seuls que le chroniqueur Helmold fait allusion, quand il dit que les Slaves furent « foulés aux pieds et expulsés, *protriti atque propulsi.* »

Cependant il ne faut pas se hâter de conclure que le colon germain, respectueux de la propriété du vaincu, se soit contenté de bâtir sur des terrains inoccupés ou de remplir des vides dans les villages slaves. Des villages nouveaux ont été, il est vrai, fondés en place libre : les Hollandais, par exemple, ne dépouillaient personne, quand ils s'établissaient dans les marécages ou sur la rive d'un fleuve, sans cesse menacée par une invasion des eaux. Tel autre territoire a été conquis sur des bois défrichés. Mais le pays n'était pas si dépeuplé que le nouvel arrivant ne dût se heurter souvent à un premier occupant. Les documents sont très-rares sur le sujet du litige : il est remarquable que presque tous parlent d'une expulsion des Wendes.

Un des publicistes qui ont rendu le plus de services à l'histoire de la marche [3] cite une charte où il

---

1. Voir la charte de fondation de la ville de *Neusalzwdel*... Ad hæc volumus ut quicumque ad ipsam novam civitatem confluxerint, rustici, teutonici sive slavi..., coram judice civitatis ejusdem astent judicio... (Riedel, *Cod. dipl.*, I, t. XIV, p. 3, n° V.)

2. Dans une charte des margraves Otton, Conrad, Henri, Jean, figure comme témoin parmi les « consuls » de Stendal un Jacobus Slavus. Voyez Riedel, *Die Mark*, t. II, p. 35, note 2.

3. Riedel. Voyez *di Mark Br.*, t. II, p. 194, note 2. Nos Hen-

est fait mention d'un ancien village slave, dont « les habitants ont été éloignés », et il ajoute qu'il s'agit d'une expropriation à l'amiable, accompagnée d'indemnité; mais on ne sait sur quoi repose une pareille hypothèse. D'autres pièces font croire à une dépossession sans compensation aucune. Par exemple l'archevêque de Magdebourg cède à l'abbé de Nienbourg la levée de la dîme dans le territoire de Kleutsch, acquis par le dit abbé « qui en a chassé les anciens Slaves infidèles pour y placer des colons chrétiens [1]. » L'abbé de Ballenstedt fait savoir à tous les fidèles présents et à venir que, « voulant améliorer et augmenter les biens de l'église, il a vendu deux villages... habités jusque-là par des Slaves, à des Flamands qui désiraient les acheter [2]. » L'évêque Otton de Halberstadt, disposant de la dîme d'une paroisse habitée par des Allemands et par des Slaves, prévoit le cas où ces derniers « abandonnant le terrain cultivé par eux, s'éloigneraient contraints par une nécessité quelconque et seraient remplacés par des Saxons [3]. » Évidemment le cas devait se présenter souvent, puisqu'il était prévu par une sorte de formule : l'évêque de Halberstadt lui-même en donne des exemples dans le document qui vient d'être cité.

Malgré la concordance singulière de ces textes, il

ricus episcopus — in dedicatione ecclesie Briccke — villam Raghonese quondam Slavicolem nequicquam subjecimus ecclesie antedictæ... et plus loin... *et inhabitatores illius villæ sint amoti...*

1. Remotis antiquis Slavorum colonis, novos inibi christianæ fidei cultores collocavit... Voyez le Recueil de chartes à la fin du livre de Heinemann, *Albrecht der B.*, n° 38, p. 467.

2. Ibid, n° 39, p. 468..... Ego Arnoldus... et fratres nostri... bona ecclesie nostræ meliorare atque augmentare cupientes, duas villulas nostras.... hactenus à Slavis possessas. Flamiggis petentibus.... vendidimus....

3. Necessitate quadam cogente.... Voyez Heinemann, *Cod. dipl. anhalt.*, I, p. 156, n° 194.

est vraisemblable que les cas d'expulsion pure et simple furent assez rares : il y eut au contraire de nombreuses transformations de villages. Cette sorte d'opération se fit tout à la fois dans les diverses parties de la marche sans qu'on prît la peine de la constater par écrit, car on ne trouve aucune charte qui y soit relative, mais on peut étudier dans des documents empruntés à un pays voisin la méthode habituellement suivie en pareil cas. Les margraves de Brandebourg ne sont pas des inventeurs, et les procédés de la conquête germanique en pays slave se retrouvent dans tous les états allemands du nord-est. On a vu déjà comment ils ont été appliqués par le duc de Saxe et par l'archevêque de Magdebourg. Seulement les margraves ont duré plus longtemps que leurs rivaux, et ils ont recueilli tout le bénéfice de la politique allemande sur cette frontière de l'empire.

C'est en Silésie qu'il est resté le plus grand nombre de documents relatifs à des transformations de villages. Depuis que ce pays avait été détaché de la Pologne (1169), ses ducs, que de nombreuses alliances de famille rapprochèrent de l'Allemagne, avaient travaillé à germaniser le pays. Il est resté d'eux, ainsi que des évêques, abbés, comtes et chevaliers de la province, nombre de pièces instructives. Pour transformer un village slave, le suzerain traitait avec un colon allemand, auquel il vendait un territoire, touchant à celui du village, à condition qu'il le revendrait par lots à des Allemands. Quand les colons étaient établis, l'ancien et le nouveau village étaient fondus en un seul, administré selon le droit allemand par un Allemand [1].

---

1. Wohlbrück, *Geschichte des ehemaligen Bisthums Lebus, und des Landes dieses Nahmens*, t. I, p. 201, en note, cite un des docu-

Ce qu'il advint de cette cohabitation, sinon en Silésie, où la race germanique a fait de lents et pacifiques progrès, au moins dans la marche, il n'est pas malaisé de le deviner. Ici la lutte a été longue et acharnée, et la haine lui a survécu. Si les vainqueurs avaient l'habitude d'appeler les Slaves des chiens [1], il est probable que les vaincus avaient quelque injure à leur service contre leurs vainqueurs. Même au sein d'une même ville, ils évitaient de se confondre ; ils avaient leurs corporations et leurs sociétés distinctes, et on trouvait encore au xv° siècle à Stendal une rue des Slaves comme une rue des Juifs [2]. Mais le combat n'était point égal et l'histoire des noms de villages montre les progrès croissants du germanisme. Au xiii° siècle, le nom slave et le nom allemand sont encore en concurrence en maints endroits, mais c'est l'exception, elle devient plus rare au xiv°. Parmi tous ces villages de Martin, de Thierry, de Gerard, de Conrad, qu'énumère le *Livre Terrier* rédigé en 1375 par ordre de l'empereur Charles IV, il y a beaucoup de villages wendes, dont le nom a diparu, c'est-à-dire où l'élément germanique a vaincu [3].

---

ments en question : Nos Henricus, D. g. episcopus... volumus esse notum quod nos... perspeximus, quod de Suscouiz villa nostra episcopali..... nobis et nræ ecclesiæ modicum utilitatis et commodi perveniret, prædictam villam — fideli nostro... ad locandum *jure teutonico* tradidimus....

1. Voyez page 26.
2. Longtemps encore cette antipathie subsista. Les maîtres de métiers allemands exigeaient de l'apprenti la preuve qu'il n'était pas Wende. Les Wendes refusaient de manger de la viande d'animaux tués par des Allemands. Ils avaient des bouchers spéciaux. Au xvi° siècle, dans la langue officielle, le mot wende était synonyme d'homme de rien ; on disait *unehrliche und Wendische Leute* (Voyez Droysen, *Geschichte der preussiscchen Politik*, t. I, p. 43.
3. Riedel, *die Mark Br*., p. 196, note 1, cite un grand nombre de ces noms : Mertinstorf, Cunradstorf, Michelstorf, Gerhardstorf, Wilkendorp, etc., etc. Il arrive aussi que des noms slaves ont été à la longue transformés par les plumes germaniques...

Il est impossible de suivre pas à pas et de marquer par des textes les défaites successives et la disparition graduelle de l'élément slave. Il dut arriver souvent que les habitants d'origine wende furent réduits à des conditions inférieures, ou bien se retirèrent dans ces misérables petits villages, situés pour la plupart au bord des cours d'eau, tout près des villes, comme Colbu près de Tangermünde, « où il n'y avait pas de manses », c'est-à-dire point de territoire. Les habitants étaient des Slaves qui se nourrissaient de la pêche ; chacun devait présenter « au seigneur margrave chaque année quinze lamproies à la nativité de notre Seigneur, et tout autant le jour des Cendres [1]. » Ces villages se nomment d'un mot slave *Kietze*, qu'on traduit d'ordinaire par *villa slavicalis* [2]. On ne les trouve que sur la rive droite de l'Elbe ou seulement tout près de la rive gauche ; M. Riedel confesse que le fait est remarquable, mais il ne parvient pas à l'expliquer en invoquant le goût des peuples slaves pour le poisson et les plaisirs de la pêche : il ne faut point ici d'autre explication que la dureté de la colonisation germanique [3].

Au reste, ne demeurât-il aucun des documents qui viennent d'être cités, l'on pourrait encore affirmer que les procédés de la conquête germanique ont été rigoureux dans la marche. A l'exception des parties qui ont été détachées de l'ancienne Lusace, le souvenir de l'origine slave ne vit plus en Brandebourg

---

1. *Kaiser Karls IV Landbuch der Mark Brandenburg*, éd. Fidicin, p. 250... Colbu prope Tangermünde pertinet marchioni. Ibi non sunt mansi, sed Slavi ibidem morantur et nutriuntur piscaturâ....
2. *Kietze* veut dire village de pêcheurs. On donne encore aujourd'hui dans la marche le nom de *Kietzer* à un engin de pêche.
3. Voyez Riedel, *die Mark Br.*, t. II, p. 32, 33 et p. 265.

que pour les érudits, dans des noms de villes, de villages ou de cours d'eau sur lesquels on discute. La langue a disparu de bonne heure, car force fut aux vaincus d'apprendre la langue des vainqueurs. Si le droit saxon régissait les Allemands, si les colons des Pays-Bas conservaient leur droit national et avaient des tribunaux spéciaux [1], il est impossible de trouver dans la marche après la conquête la moindre trace d'un droit wende. Enfin le clergé fit une guerre active à tout ce qui pouvait rappeler dans les coutumes et dans les mœurs la religion proscrite. Ainsi périt jusqu'à la dernière trace de l'origine wende. Maintes superstitions locales, que l'on a cru longtemps remonter aux temps antérieurs à la conquête, ont été reconnues purement germaniques. Les contes brandebourgeois parlent aujourd'hui encore de Wodan, de Freia, du chasseur du Hackelberg; mais il n'y a plus place au foyer pour Swantowit ni pour Radegast. Or pour les peuples comme pour les individus, le souvenir des légendes qui ont bercé l'enfance est le dernier que garde la mémoire affaiblie : il ne s'évanouit que dans la mort.

LES ORDRES DANS LA MARCHE : GRANDS ET PETITS VASSAUX.

L'assimilation du pays conquis a donc été poursuivie de trois manières : par l'expulsion complète des Slaves, par l'établissement d'Allemands sur des terres inoccupées, par la juxtaposition de l'Allemand et du Slave au détriment de ce dernier; mais c'est toujours le margrave qui a présidé à chacun de ces actes. Ses

---

1. Riedel, *die Mark Br.*, t. II, p. 369.

vassaux et ses sujets lui doivent la place qu'ils occupent sur la terre brandebourgeoise.

Créateurs de la marche, les margraves n'y ont pas établi de grande noblesse. Les nobles les plus éminents sont distingués des autres par leur office plutôt que par l'étendue de leurs domaines. Ce sont d'abord les burgraves ou comtes du burg. Il est inutile de signaler l'importance exceptionnelle du burg dans un pays frontière, où il a été le point de départ naturel de l'organisation administrative [1]. Sa garnison n'était point enfermée dans ses murailles ; les « hommes du burg » avaient leurs fiefs dans le pays avoisinant, qu'on appelait burgraviat. Au pied du château et protégée par lui s'élevait presque toujours une ville. Or les hommes du burg, les paysans qui vivaient sur leurs fiefs, les habitants de la ville étaient placés sous la juridiction du burgrave. Le burgraviat était assez étendu : autrement le nom de comté qui lui est quelquefois donné ne s'expliquerait pas [2]. Enfin le burgrave remplissait auprès du margrave une haute fonction, celle du *schultheiss* près du comte, du palatin près de l'empereur. C'était une prescription du droit saxon que le comte ne pût tenir de tribunal sans l'assistance d'un *schultheiss*, ni l'empereur sans celle du palatin, afin que si quelqu'un portait une plainte contre le comte ou contre l'empereur, il se trouvât un juge pour la recevoir [3] : ce juge était, dans la marche,

1. Voyez G. Waitz, *Deutsche Verfassungsgeschichte*, t. V, p. 183, et note 3; Kühns, *op. cit.*, t. I, p. 92, 101.
2. Voyez pour l'étendue du burgraviat de Brandebourg, Kühns, *loc. cit.*, p. 98.
3. *Wenne klaget man over den richtere, so sal he antwerden vor dem scultheiten, wen die scultheite is richter siner scult : als is die palenzgreve over den Keiser, unde die burchgreve over den marcgreven.* — Sachsenspiegel, III, 52, § 3.

le burgrave. Aussi figure-t-il au plus haut rang parmi les vassaux du margrave, et au milieu des membres de sa famille [1]. A côté de lui se placent des vicomtes auxquels étaient inféodées quelques parties de la Vieille-Marche, ou des comtes de comtés étrangers, qui y possédaient des fiefs. On les appelle *nobles hommes, barons du margrave, primats du conseil et du palais.*

On sait peu de chose de ces grands vassaux [2], si ce n'est qu'ils appartenaient à la Vieille-Marche, un seul excepté, le burgrave de Brandebourg, et qu'ils disparurent de bonne heure. Les documents ne nous font connaître l'existence que de trois burgraviats, ceux de Brandebourg, de Stendal et d'Arnebourg. On ne trouve plus trace du dernier à la fin du xiie siècle ; il n'est plus fait mention du second après l'année 1215, date où le margrave « relève sur leur demande les citoyens et conseillers de Stendal de la charge que faisait peser sur eux l'importunité du burgrave », en les dispensant de paraître à son tribunal [3]. Enfin le burgraviat de Brandebourg n'a certainement pas duré au delà de la moitié du xiie siècle. Cette institution devait pour plusieurs motifs déplaire aux margraves. Utile à l'origine, quand la conquête n'était pas encore assurée, elle devint ensuite un obstacle à la bonne administration de la marche. Le château où résidait le burgrave était placé, non point au centre du burgra-

---

1. Riedel, *die Mark.*, t. II, p. 131.
2. Id., *ibid.*, p. 134-142.
3. Voyez Gercken, *Codex diplomaticus brandenburgensis*, t. V, p. 74, n° 55. . ad petitionem civium Stendalensium et consulum, virorum prudentum, gravamen quod idem Stendalenses pro importunitate Borggravii, quem habere consueverunt, penitus relaxavimus, statuentes ut in civitate deinceps placito et juri non teneantur stare Borggravii...

viat, mais à la frontière, tout près de l'ennemi : c'était un grave inconvénient. Il parut sans doute plus insupportable quand les limites de la marche furent reculées et que les burgs ne rendirent plus de services. Les margraves écoutèrent volontiers les plaintes de leurs sujets. Des vassaux qui tenaient leur office à titre héréditaire ne leur étaient pas moins « importuns » qu'aux bourgeois de Stendal. Ils les remplacèrent par des *avoués*, sorte de fonctionnaires à la façon moderne dont on parlera tout à l'heure. Quant aux pays au delà de l'Elbe, à l'exception du burgraviat de Brandebourg, ils furent dès l'origine, divisés en *avoueries*. Sur la rive gauche de l'Elbe les margraves trouvent des institutions toutes faites, semblables à celles qu'on rencontre dans le reste de l'Allemagne ; sur la rive droite seulement, ils sont des conquérants et des organisateurs. C'est là que se forme et se fortifie le caractère exceptionnel de leur autorité.

Les moindres vassaux et les *ministériels* étaient très-nombreux dans la marche. On sait que les ministériels se distinguaient du reste des vassaux en ceci qu'ils devaient à leur suzerain, pour leur fief appelé *fief de cour* ou *hoflehen*, un service non militaire, en qualité d'échansons, de chambellans, de maréchaux, ou d'écuyers tranchants. A l'origine, leur condition était dure. Le suzerain avait sur leur fief un « droit supérieur » de propriété. Ils ne pouvaient faire la moindre donation sans son consentement. Ils ne pouvaient se marier que dans une famille de ministériels de leur seigneur, à moins que celui-ci n'eût signé avec un prince voisin un traité autorisant les ministériels de l'un et de l'autre à se marier entre eux. Ils étaient attachés au fief, transmissibles et aliénables avec lui, par conséquent énumérés dans les contrats de vente parmi les articles vendus. Enfin un seul enfant héritait du fief de cour et du service afférent : les autres devaient demander au seigneur l'investiture de nouveaux fiefs de cour ou chercher fortune dans une autre condition.

Ce n'est pas ici le lieu de discuter sur les origines ni de s'étendre sur le caractère de la *ministérialité* [1]. Qu'il suffise de dire qu'elle existait en Brandebourg dans toute sa rigueur [2]. Toutefois la marche gardait ici encore son originalité. Les ministériels ne s'y trouvent que sur la rive gauche de l'Elbe. Dans la Vieille-Marche, où d'anciennes familles étaient établies, le margrave avait intérêt à se les rattacher par un service personnel. Aussi les ministériels abondent-ils autour des châteaux de Salzwedel, Gardelegen, Arnebourg, Tangermünde, où ils venaient prendre leur service toutes les fois que le margrave y résidait. Au contraire dans les provinces conquises la noblesse était par nécessité trop étroitement unie à son suzerain; les obligations féodales, c'est-à-dire la protection d'une part, et de l'autre le dévouement et l'obéissance, y étaient trop réelles pour qu'il fût besoin d'y rien ajouter.

Il semble aussi qu'il ait été pris dans la marche de

[1]. Voyez *Märkische Forschungen*, t. III, p. 1-96, une étude de Wohlbrück « *Ueber die ministerialen* ».
[2]. Voir les textes rassemblés par Riedel, *die Mark Br.*, II, p. 144-152. Les margraves Otton et Jean ratifient l'acte d'un ministériel « ratione superioris dominii ». — Ils font avec le roi d'Allemagne, Guillaume, l'échange d'une femme de condition ministérielle contre une autre de même condition : Wilhelmus..... cupimus fieri notum, quod quædam inter nos et Brandenburgenses marchiones personarum est variatio ordinata. Habuimus enim quandam personam fœmineam... nobis et imperio attinentem, quam dictis principibus, pro alia persona feminea, ipsis marchionibus attinente, in concambio dedimus, etc., etc...

plus grandes précautions que dans le reste de l'empire contre les abus de pouvoir des grands officiers, grand chambellan, grand écuyer, grand maréchal, grand échanson, dont chacun était le chef d'une des classes de ministériels, servait le prince dans les cérémonies solennelles, mais était surtout l'administrateur d'une partie de sa maison et son conseiller toujours présent. Il est probable que ces offices n'ont jamais été héréditaires dans la marche, et il est certain qu'ils n'étaient pas même viagers au XIIIe siècle : on s'y succédait rapidement et quelquefois on passait de l'un à l'autre [1].

Au reste, la ministérialité subit dans la marche les mêmes vicissitudes que dans le reste de l'Allemagne. Elle s'adoucit peu à peu : à ses *fiefs de cour*, le ministériel put ajouter des *fiefs militaires (mannlehen)*, et la chevalerie, en relevant la dignité du ministériel qui en était revêtu, acheva de l'assimiler au reste des nobles. Au XIIIe siècle, la mention de la qualité de ministériel cesse d'être faite dans les actes publics, à côté des noms des témoins; tous les chevaliers, de quelque extraction qu'ils soient, portent le titre de *milites* [2]. Il est naturel que sur cette terre de combat du Brandebourg, la valeur et les services personnels aient vite effacé toute distinction humiliante entre hommes qui tous les jours partageaient le même péril. Il dut arriver aussi que des fils de ministériels de la Vieille-Marche, non pourvus du fief de cour, passèrent l'Elbe et reçurent sur la rive droite un fief militaire. Cette coutume rapprocha deux conditions

---

1. Voir dans Riedel, *die Mark*, II, p. 154, à la note 3, la liste des officiers connus de la marche.
2. Voyez Riedel, *die Mark*, II, p. 161, les textes où la qualité de *miles* est attribuée à des personnes connues pour être des ministériels.

différentes, où l'on voyait figurer des membres de la même famille [1] : elles se confondirent pour former la petite noblesse de la marche.

Sur le recrutement de la petite noblesse et son établissement en Brandebourg, il y a naturellement beaucoup d'incertitude et d'obscurité. Elle se composait et de Slaves de condition noble, épargnés par la conquête, et des vassaux que les margraves avaient amenés avec eux, ou que l'esprit d'aventure et le désir de conquérir un établissement attirèrent à la suite des Ascaniens. A l'origine, quand la victoire n'est pas assurée et que la Vieille-Marche elle-même est exposée aux assauts des Slaves, les vassaux résident dans les burgs ou sur le territoire du burgraviat. Dans les documents du xiie siècle, on ne trouve presque aucune mention de nobles établis à la campagne. Au contraire il y en a un grand nombre au xiiie, quand la domination des margraves est plus assurée, et que l'immigration allemande s'est accrue. Leurs domaines et revenus étaient d'ordinaire médiocres. Dans les burgs ils avaient une demeure, et le margrave leur assignait pour leur entretien une part de ses droits seigneuriaux sur quelque village voisin, en ayant toujours soin, à l'origine, de ne jamais aliéner ses droits sur tout un village et de ne point constituer de seigneuries au profit de ses vassaux. Plus tard, quand ceux-ci quittent les burgs, se forment les petits domaines qu'on appelle les biens de chevalerie, et dont l'étendue était déterminée par l'usage [2] : six

---

1. Il y a par exemple des *Arnebourg* ministériels sur la rive gauche et vassaux libres sur la rive droite en Zauche.
2. Dans le *Livre Terrier*, rédigé en 1375, il n'y a encore que de très-petites seigneuries...

manses pour le chevalier, quatre pour l'écuyer, francs de tout impôt direct ou indirect, représentaient la solde permanente du service militaire que le chevalier devait avec quatre chevaux et l'écuyer avec deux.

On pense bien que les choses ne demeurèrent pas toujours en cet état, et que maints domaines s'amoindrirent au profit des autres. On retrouvera plus loin ces altérations de l'état primitif ; mais aucun domaine considérable, capable d'élever une famille au point de la rendre redoutable, ne se forma du temps des Ascaniens, sur les ruines de la petite féodalité. La règle première s'y est maintenue : le fief du *miles* est toujours réputé de six manses, et tout ce qui dépasse cette mesure est frappé d'une redevance pécuniaire. C'est l'application de ce principe que la terre appartient au margrave et lui doit redevance, à l'exception de celle que le vassal a reçue pour être mis à même de servir son seigneur à toute réquisition [1].

DES PAYSANS ET DES BOURGEOIS

En même temps qu'il investissait de leurs fiefs les vassaux de la marche, le margrave établissait dans les villages nouveaux, ou répartissait dans les villages habités par les Slaves les colons qu'il appelait en Brandebourg. On connaît déjà les procédés suivis par la transformation des villages ; les mêmes règles présidaient à leur création. Le margrave vendait un certain nombre de manses à un entrepreneur à charge pour celui-ci de les revendre

---

1. On verra plus loin sur quels documents on peut établir l'étendue du fief de chevalerie.

en détail et d'établir un village [1]. L'opération faite, l'entrepreneur devenait le *schulze* ou bailli ; il avait de grands priviléges, un ou deux manses francs de toute redevance, sauf celle du *lehnpferd*, cheval de bataille qu'il devait à son seigneur en cas de guerre ; le droit de faire paître un certain nombre de brebis sur les terres du village, d'établir un cabaret ou un moulin dont il percevait les revenus. Il était le président du tribunal de village et jouissait d'une partie des revenus judiciaires [2]. Sa fonction était héréditaire comme un fief. En revanche il était chargé de la perception des impôts et revenus de toute nature, dont il était responsable envers le margrave. L'impôt n'était pas toujours exigible dès la première année : le margrave accordait la franchise pendant une certaine période, partout où un travail préliminaire était nécessaire pour féconder le sol. La période était d'ordinaire de seize années, là où il y avait un défrichement à faire.

Au-dessous du bailli étaient les *Lehnbauern* ou paysans à fiefs ; ils jouissaient, sinon de tous les priviléges du bailli, au moins de l'exemption d'impôt pour une partie de leur terre, qui n'était redevable que du cheval de guerre. Il est probable qu'au mo-

---

[1]. Voyez Wohlbrück, *Gesch. des Bisthums Lebus*, t. I, p. 204, la vente faite par le prieur d'un couvent de femmes, situé à Czarnovans dans la Haute-Silésie, de 24 manses, à un nommé Siegfried à charge pour celui-ci de les revendre à des paysans allemands, et d'y créer un village qui s'appellera Frauendorf.

[2]. Voir dans Heinemann, *Albrecht der B.*, au supplément, la pièce n° 40, qui est signée par l'archevêque Wichmann de Magdebourg : « Notum sit omnibus qualiter ego Wicmannus... villam quamdam quae Pechoe dicitur, cum omnibus ad eam pertinentibus, agris, pratis, silvis et stagnis ad excolendum et fructificandum tradidi cuidam Heriberto..., et justitiam, quam jus burgense vocant... stabilivi ; ipsi quoque Heriberto sex mansos ibidem in beneficium concessi... » Voir aussi les pièces n°⁸ 39 et 41.

ment de la fondation des villages, il se présenta souvent, au lieu d'une seule personne, une association pour tenter l'entreprise : la charge de bailli ne pouvant appartenir qu'à l'un des associés, les autres reçurent des priviléges moindres, mais qui les distinguaient encore du reste des paysans. Ceux-ci payaient une redevance pour leurs terres, qui furent dès l'origine de superficie très-diverse; la moyenne paraît avoir été de trois manses. Enfin au-dessous des paysans étaient ceux que l'on appelait *Kotscter*, en latin *Cossati*, parce qu'ils habitaient des petites maisons ou *Koten*. Cette classe inférieure, qui payait de moindres impôts, se subdivisait en plusieurs catégories; mais un lien commun unissait à l'origine les différentes classes : tous les paysans étaient les sujets du margrave. A la vérité cette situation primitive fut bientôt modifiée : les degrés se multiplièrent dans la hiérarchie de la population agricole; les rapports des personnes entre elles se compliquèrent; entre le margrave et le paysan s'interposèrent les seigneuries ; mais ce fut du consentement du premier. A l'origine le paysan ne relevait que du margrave, auquel il devait, aussi bien que le chevalier, sa place sur le sol du Brandebourg [1].

Une fois ses obligations acquittées, il était libre. Il transmettait son bien à ses enfants, il pouvait l'aliéner sans l'autorisation de son seigneur et aller chercher fortune ailleurs. Sa condition était préférable à celle des paysans saxons contemporains, qui étaient attachés à la glèbe. Aussi l'émigrant allemand allait-il chercher au delà de l'Elbe ce qu'il va chercher maintenant au delà de l'Atlantique, une propriété libre. Un

---

1. Voyez Wohlbrück, *Geschichte des Bisthums Lebus*, t. I, p. 200 et suiv. ; Riedel, *Die Mark Br.*, p. 192 et suiv.

curieux document, une glose du *Sachsenspiegel*, qui date des premières années du xivᵉ siècle, donne la raison vraie de cette situation privilégiée des paysans de la marche. Ils sont libres, dit le jurisconsulte brandebourgeois, parce qu'ils ont les premiers défriché le sol [1].

Les villages les mieux situés s'élevèrent naturellement au-dessus des autres. Là où le commerce et l'industrie se développaient sous l'influence de circonstances favorables, le prince créait un marché, et le village devenait un *Flecken* [2]. Mais le *Flecken* n'était encore qu'un « village avec marché » [3]; pour qu'il devînt une ville, il fallait qu'il reçût d'abord un accroissement de territoire et qu'il fût ceint de murailles. C'étaient les conditions essentielles des grands priviléges qui distinguaient la ville du village et du *Flecken* [4].

En Brandebourg comme en Allemagne, comme

1. Voyez ce document cité par Riedel, *Die Mark*, t. II, p. 281, en note : Mit uns aber, das ist in der Marck, haben die gebawer auch Erb am zinfsgut, und mögen es lassen, wenn sie wollen, welches daher kommen ist, dass unser landt also sindt besatzt worden, Denn do solches geschehen, hat man den bawern die huffen erst wildt und unangebawet ausgethan, welche, nachdem sie nochmals durch der leute arbeit sindt gebessert worden, Darumb mögen sie dieselbigen auch ihres gefallens verkeuffen...
2. Voyez pour la création d'un *flecken*, Heinemann, *Albrecht der B.*, au supplément, n° 41 (chart. de l'archevêque de Magdebourg) : Quia vero situs ejusdem villæ viantibus et negociantibus plurimum est oportunus..., statui ut habeatur ibidem annuatim celebre forum et quanta potest copia rerum venalium, forensibus autem et mercatoribus ibi manentibus eam libertatem emendi et vendendi et plenarie in omnibus causis et negotiis suis eamdem justiciam concessi et firmavi, quam habent Magdeburgenses...
3. Villa cum foro...
4. Emendationi oppidi Stolp, ut incrementum recipiat et civitas fiat sollicitè intendere cupientes, eidem oppido ducentos mansos duximus apponendos. Insuper profitemur quod quam primum dictum oppidum plancis munitum extiterit, ex tunc incolæ universi ad decem annos libertati perfruentur... Riedel, *Cod. dipl. br.*, II, t. I, p. 296, n° ccclxxx.

dans la France du nord au xe et xie siècles, les villes se formèrent peu à peu autour des châteaux-forts, parce que de nombreux habitants du plat pays vinrent chercher un asile au pied de leurs murailles et que les ouvriers surtout, qui n'étaient point obligés, comme les laboureurs, de se disséminer au loin dans les campagnes, s'y donnèrent rendez-vous pour y former leurs corporations. Plusieurs des villes de la marche étaient antérieures aux margraves ascaniens. Dans la charte de fondation de Stendal, Albert I nomme les villes de sa domination [1] : ce sont Brandebourg, Havelberg, Werben, Arnebourg, Tangermünde, Osterbourg, Salzwedel. Les deux premières avaient dû être reconquises, parce qu'elles étaient aventurées sur la rive droite ; les autres avaient vu passer et repasser le flot de l'invasion slave. Elles avaient survécu, plus heureuses que Walsleben, qui florissait au xe siècle, mais qui se laissa un jour surprendre par les Redariens et fut si complétement détruite par eux qu'on discute sur la place qu'elle occupait jadis. L'origine militaire des villes de la Vieille-Marche est certaine : à défaut de leur nom (Arnebourg, Osterbourg) leur situation stratégique suffit à la démontrer.

C'est encore au pied des murailles d'un château qu'ont grandi les nouvelles villes de la marche. Toutes ont commencé par être des villages. La transformation se faisait par entreprise particulière, suivant la méthode que l'on connaît déjà, et quand il avait été démontré, pour ainsi dire, que la fondation d'une ville en un lieu déterminé était d'utilité

---

[1]. ...In urbibus ditionis meæ Brandenburg, Hauelberg, Werbene, Arneburg, Tangermund, Osterburg, Saltiwidele... (Riedel, *Die Mark.*, II, p. 289, note 2.)

publique [1]. Le margrave vendait à un ou plusieurs entrepreneurs qu'on appelait des *locatores*, un territoire qui s'ajoutait à celui du village, et dont la superficie variait entre 100 et 300 manses. Un de ces *locatores*, — il y en avait quelquefois jusqu'à huit, — devenait, comme dans le village, le bailli. Il était chargé de revendre en détail le terrain qu'il avait acquis, de faire entourer la nouvelle ville de fossés où l'on s'efforçait, toutes les fois qu'il était possible, d'amener l'eau d'une rivière. Les remparts construits, on élevait les édifices publics, le *Rathhaus* ou maison du conseil, la halle aux marchands, appelé *theatrum*, des bâtiments spéciaux pour l'exercice de certaines industries comme celles des pelletiers et des bouchers. Cependant arrivaient les bourgeois qu'attirait l'exemption d'impôt promise par le margrave pour un temps déterminé. Les maisons privées commençaient à s'élever. Aux XIIe et XIIIe siècles, elles sont en bois pour la plupart : plus tard seulement, à l'exemple des Hollandais, on y employa la brique qui fut d'abord réservée aux églises et aux cloîtres. Quant à la pierre, il était rare qu'on l'employât même pour les monuments religieux, et ce fut un grand événement dont on parla dans toute l'Allemagne du nord, quand à la fin du XVe siècle les riches bourgeois de Stralsund, après deux incendies qui avaient détruit leur ville, résolurent de la rebâtir en pierre [2]. Au contraire le bois abondait, et il était permis aux villes de prendre

---

1. ...Quoniam nobis et sapientioribus in populo nostro utile videbatur ut juxta Volzen civitas poneretur, dedimus operam illi rei... Chart. de fondation d'Arnskrone. ...Riedel, *Codex diplom. brandenb.*, II, t. I, p. 248, n° CCCXVIII.

2. Aujourd'hui encore les monuments de pierre sont rares dans la marche, et les voyageurs qui ont visité à Brandebourg l'église

partout ce qui était nécessaire à la construction de leurs édifices.

Les premiers personnages de la cité étaient le bailli et les entrepreneurs associés. Le contrat passé entre eux et le margrave leur assurait un domaine à part qu'ils se partageaient, et qui était souvent considérable : 24 manses à Müllrose, 64 à Landsberg, 320 à Arnskrone. Ajoutez le droit de chasse et de pêche sur tout le territoire urbain, et des revenus de diverse nature [1]. En outre le bailli percevait des droits sur le marché, la halle, les bancs des bouchers, les tables des marchands de saucisses et de poissons, les boutiques, etc. Pour que de tels priviléges, auxquels s'ajoutait celui de l'hérédité [2], fussent accordés aux entrepreneurs de villes, il fallait qu'ils eussent à payer au margrave une somme considérable, ou bien qu'il y eût dans l'affaire des risques à courir, soit à cause de la difficulté à réunir les sous-acheteurs, soit à cause des dangers provenant du voisinage de l'ennemi. Nul doute, par exemple, que l'entreprise de bâtir une ville comme Arnskrone ne fût très-périlleuse, et qu'on ne puisse expliquer par cette raison la concession faite aux locataires d'un domaine plus étendu que le territoire même de la ville [3].

Saint-Jacques, ont vu le sacristain leur montrer comme une merveille une chaire en pierre, en faisant sonner son doigt sur les marches de l'escalier comme on ferait sur un métal précieux.

1. ...Fundatoribus damus libertatem venandi in bonis suis et in terminis civitatis...; quidquid in theatro... census aut precii esse poterit, de omnibus eis, fundatoribus tercia pars solvetur : due partes remanent civitati... Idem fundatorum erit tertia pars de censu et precio locorum, que in annuali foro adventantes occupant, et duas partes civitas retinebit... (Riedel, *loc. cit.*, Charte d'Arnskrone citée plus haut).

2. Ceterùm honestis viris N... et N... contulimus et conferimus per presentes prefecturam, sive judicium ejusdem oppidi, ac eorum heredibus perpetuis temporibus possidendum.... (Riedel, charte de fondation de Stolp citée plus haut.)

3. La charte de fondation de cette ville, déjà citée, énumère

Aussitôt la ville fondée et peuplée, entraient en fonctions les conseillers ou consuls, choisis parmi les bourgeois, probablement par le margrave après avis du bailli. Ils étaient d'ordinaire douze, dont huit sortaient de charge au bout d'une année, pendant que les quatre autres, pour perpétuer les coutumes et traditions, y restaient jusqu'à la fin de la seconde année. Le conseil se recrutait lui-même, mais aucun magistrat sortant n'était rééligible avant un délai de deux ans. Dans certains cas, lorsque le conseil, par exemple, ne pouvait s'accorder sur les élections, il s'adjoignait les plus hauts bourgeois dont le suffrage décidait. Les conseillers étaient les administrateurs de la ville ; ils rendaient des ordonnances de police, donnaient les alignements, prenaient les précautions de sûreté publique contre les incendies, contre les rôdeurs de nuit, tarifaient les marchandises, taxaient les produits alimentaires, etc. Ils percevaient les revenus de la ville et en réglaient l'emploi.

Cependant la cité demeurait soumise au margrave. Elle lui payait l'impôt ; les ordonnances de son conseil avaient besoin, dans toutes les matières importantes, de l'assentiment du seigneur : par exemple il ne pouvait être touché aux fortifications de la ville sans son ordre. Enfin si le bailli héréditaire était le président du tribunal de ville, dont les conseillers élus paraissent avoir été les échevins, le margrave percevait une partie des droits en qualité

avec soin tous les avantages faits aux fondateurs, et elle en dit la raison : « Sed ut fundatores minùs terreat fundationis labor... etc. » Elle offre une prime à quiconque voudra se joindre à eux, d'où qu'il vienne : « Si qui de amicis fundatorum eos sequi voluerint de terris aliorum principum... Si qui vero eos sequi voluerint de terrâ principatus nostri.... » Arnskrone s'appelle aujourd'hui Deutsch-Krone.

de juge suprême [1]. M. Riedel cherche à démontrer que les villes ont été dès l'origine exemptées de toute juridiction margraviale, c'est-à-dire pourvues du droit de haute et de basse justice, par le fait même de leur constitution à l'état de ville ; mais cette opinion est contredite par quelques textes précis, et par le caractère même des institutions de la marche [2]. Il est certain que les villes du Brandebourg ont reçu de grandes franchises. Dans la charte de fondation de Soldin [3], les margraves disent que la nouvelle création exige « beaucoup de liberté ». Ce mot est la reconnaissance d'une loi historique, qui a eu de nombreuses applications dans l'Europe septentrionale : aux bords du Zuyderzée comme aux bords de la Baltique, en Hollande et en Livonie comme en Brandebourg, les fondateurs de villes ont demandé et obtenu des libertés, en compensation des difficultés et des périls qu'ils avaient à vaincre. Mais les margraves ne pouvaient se mettre en contradiction avec l'esprit qui avait présidé à toute la constitution de la marche. Les bourgeois demeurèrent leurs sujets, et, suivant la juste expression d'un historien [4], l'indépendance des

---

1. Les margraves, dans la charte de fondation de Stolp, font trois parts des revenus de justice, « quarum una pars nobis, residua judicibus cedet, tercia pars civitati... » (Riedel, *loc. cit.*).
2. Kühns (*Gesch. des Gerichtsverf.*, t. I, p. 175 et suiv.) combat avec succès cette opinion que les villes aient été à l'origine exemptées de la juridiction de l'avoué. Voyez une charte citée par lui (Riedel, *Cod. dipl.*, I, t. XIV, p. 3, n° V), et qui montre en effet que cette exemption ne faisait pas nécessairement partie de la constitution d'une ville. Les margraves en effet, en fondant Neusalzwedel, lui accordent « omnia jura et constitutiones quæ habet antiqua civitas, » c'est-à-dire la vieille ville de Salzwedel, et ils ajoutent : « *Præterea* ipsi civitati ita duximus indulgendum, quòd advocatus noster, quem ipsi civitati pro tempore statuerimus, quandò judicio præsidebit, secundum quod à consulibus civitatis sententiatum fuerit judicabit. »
3. Riedel, *Cod. dipl.*, I, t, XVIII, p. 440, n° I.
4. Ranke, *Genesis des preussischen Staates*, p. 23.

villages et des villes dut se concilier avec la subordination au margrave. Comment des vilains eussent-ils été des privilégiés dans un pays où l'on va voir que l'Église elle-même n'échappait pas à la condition commune ?

LE CLERGÉ.

Il était naturel que l'Église tînt une grande place dans un pays en partie conquis sur les païens par les armes allemandes. Le premier acte d'Albert l'Ours, après la conquête, avait été de relever les évêchés de Havelberg et de Brandebourg, érigés jadis par Otton-le-Grand. Tout le pays sur la rive droite de l'Elbe était partagé entre ces deux diocèses, à l'exception d'un territoire situé au delà de l'Oder sur la frontière de l'Uckermark, qui était rattaché à l'évêché de Kamin, de la province de Lebus qui formait un diocèse, et de la Lusace qui continuait à relever de l'évêché de Meissen. Sur la rive gauche de l'Elbe, dans la Vieille-Marche, la Milde et la Biese formaient la limite entre les deux diocèses carlovingiens de Verden et de Halberstadt.

Des monastères de divers ordres étaient répartis entre ces diocèses. Il est remarquable qu'il y ait ici encore une distinction à faire entre les deux rives de l'Elbe. Sur la rive gauche, il y avait des monastères de bénédictins : il n'y en avait pas sur la rive droite[1]. C'est que les moines bénédictins ne se livraient plus guère qu'au travail intellectuel et à la prédication. Or l'œuvre de la prédication fut à peu près finie, quand

---

1. Ou du moins il n'y avait, de cet ordre, que des couvents de femmes. Voyez von Ledebur, *Vorträge zur Geschichte der Mark Brandenburg*, l'essai intitulé *das Klosterwesen in der Mark Brandenburg*.

le paganisme, depuis longtemps cerné par les Allemands et par les Slaves convertis de Bohême, de Pologne et de Poméranie, eut capitulé à Brandebourg, qui était son dernier retranchement. Il fallait sans doute vaincre encore quelques résistances, et consolider la victoire de la foi ; mais l'Église pouvait désormais prendre possession de sa conquête : le moine devait se faire bâtisseur et agriculteur. C'est parce que les deux ordres nouveaux de Cîteaux et de Prémontré répondaient mieux aux besoins des nouvelles provinces de la marche qu'ils ont passé l'Elbe, pendant que les Bénédictins demeuraient dans la Vieille-Marche, où leurs communautés habitaient soit les châteaux qui leur avaient été donnés par de nobles familles, soit des monastères bâtis au pied des villes, sous les murailles desquelles ils avaient cherché un refuge contre les invasions des Xe et XIe siècles.

Les moines de Prémontré, disciples de Norbert, archevêque de Magdebourg, et ceux de Cîteaux, disciples de saint Bernard, les uns et les autres dans le premier élan de la jeunesse, s'établirent hardiment sur la rive droite, en pleine campagne, pour y prier, y prêcher et y labourer. Ils rivalisèrent de zèle. De leurs monastères, ils faisaient des fermes-écoles. Ils mettaient à profit les aptitudes diverses des immigrants et ils appelaient les Hollandais, partout où leur aide était nécessaire ; mais eux-mêmes, ils savaient défricher les bois et en préparer le sol pour la culture, convertir des étangs en prairies et en jardins. Ils étaient les propagateurs du progrès agricole, grâce à la coutume observée par les colonies monacales, de demeurer en relations entre elles et avec la maison mère, d'où elles avaient emporté des semences, des boutures, des instruments et des méthodes de travail. Ces moines étaient les représentants les plus accomplis de l'esprit tout à la fois religieux, conquérant et colonisateur qui régnait aux XIIe et XIIIe siècles dans l'Allemagne orientale. Le commerce et l'émigration avaient alors le caractère d'une œuvre pie : de même que les marchands de Brême et de Lübeck étaient des missionnaires, les missionnaires de Cîteaux et de Prémontré étaient des colons [1].

Les services rendus par les évêques et les moines à la marche de Brandebourg furent donc très-grands : aussi les évêchés et les couvents furent-ils richement dotés dans ce pauvre pays, et, la piété des margraves stimulant par son exemple celle des vassaux et des villes, les donations en faveur de l'Église se multiplièrent. Cependant en Brandebourg l'élément laïque l'a toujours emporté sur l'autre. Les monastères auraient dû, ce semble, être plus nombreux sur la rive droite de l'Elbe, que sur la rive gauche. Or, tandis qu'on comptait dans le diocèse de Halberstadt, cent trente monastères ou chapitres, les deux diocèses de Brandebourg et de Havelberg, deux fois plus étendus, n'en possédaient que cinquante. C'est que les immigrants venus en grand nombre des Pays-Bas ou d'Allemagne, nobles ou non, soldats ou colons, occupaient la plus grande partie du sol brandebourgeois. Depuis le margrave jusqu'au dernier paysan, chacun avait par le fer

---

1. Les principaux monastères étaient pour l'ordre de Prémontré Jérichow, Leitzkau, Granzow; pour l'ordre de Cîteaux Lehnin et Chorin. — Il y avait aussi des communautés de Franciscains à Stendal, Salzwedel, Berlin, etc., de Dominicains à Brandebourg, Seehausen, Cölln, Ruppin, Soldin, etc. Voyez Riedel, *die Mark Br.*, t. II, p. 555 et suiv., et v. Klöden, *Diplomatische Geschichte*, t. I, p. 57 et suivantes. Voyez surtout Winter, *Die Cistercienser des Nordöstlichen Deutschlands*, et *Die Præmonstatenser*.

de l'épée ou par le fer de la charrue contribué à l'œuvre commune. Chacun avait conscience des services qu'il avait rendus, et le margrave plus qu'aucun autre. C'est pour cela que, dès l'origine de la dynastie ascanienne, un grave différend éclata entre l'Église et les margraves.

La dîme fut l'objet de la querelle. C'était l'usage général de la chrétienté que le dixième des fruits de la terre ou du troupeau fût offert à Dieu par l'intermédiaire de son Église, soit en nature soit en argent. Dans la marche de Brandebourg, ce dernier mode prévalut de bonne heure ; mais en dépit des chartes par lesquelles les empereurs assurèrent ce revenu aux évêques de la marche dans toute l'étendue de leurs diocèses, les margraves y prétendirent, dès le premier jour. Albert l'Ours dispose de la dîme même dans la Vieille-Marche [1]. Sur la rive droite, dans les nouvelles provinces, ses successeurs ne cessent d'en réclamer le bénéfice. Otton Ier est pour ce fait menacé d'excommunication, probablement même excommunié ; mais Albert Ier, son fils, est en possession de la dîme au moins dans le diocèse de Brandebourg, puisqu'il en laisse la jouissance à l'évêché dans certains lieux déterminés [2]. Pourtant le conflit n'est point arrangé ; il dure encore sous Otton II, et peut-être y faut-il voir une des causes de l'excommunication dont ce margrave fut frappé. La querelle devint plus vive encore quand de nouvelles acquisitions se furent ajoutées à celles d'Albert l'Ours. Albert II imagina de soustraire ces nouveaux domaines à l'évêché de Brandebourg. Il fit représenter au pape « qu'une portion non modi-

1. Riedel, *Die Mark.*, t. I, p. 97. — Albert l'Ours fait présent à l'église épiscopale de Havelberg de l'église d'un village, avec le droit de lever la dîme dans le village.
2. Riedel, *Die Mark.*, t. II, p. 103.

que de terre appartenant à la marche, et qui avait été arrachée des mains des païens par lui et ses prédécesseurs, gisait stérile et inculte », et il offrit d'y construire « une église conventuelle, pour douze chanoines et leur chef; l'église relèverait seulement du pontife romain; deux tiers des dîmes seraient dévolus au margrave et à ses héritiers, qui étaient tenus de faire les frais d'installation et de payer les soldats sans lesquels ceux qui professent le nom du Christ ne pouvaient être en sûreté; l'autre tiers serait attribué à l'Église [1]. » Les évêques de Brandebourg prétendaient au contraire que, dans les nouveaux territoires, la population était chrétienne avant la conquête, et que la dîme revenait tout entière à l'évêque. Albert II mourut sans avoir vu la fin de la querelle, qui ne fut terminée qu'en 1237 sous ses fils Jean et Otton.

Les margraves reconnurent que dans les anciens et les nouveaux territoires de la marche, la dîme appartenait à l'évêque, mais celui-ci en concéda la jouissance aux margraves de la maison de Ballenstedt, en leur qualité de conquérants du pays : il se réservait de rentrer en possession de ce droit après l'extinction de la dynastie, et demandait, en dédommagement, la cession qui lui fut accordée d'un territoire de 100 manses dans les nouvelles provinces [2].

Ce traité est un des rares documents où soit énoncée

---

[1]. Le pape expose les raisons du margrave et de l'évêque dans une lettre de 1234 adressée à l'évêque de Mersebourg, qu'il charge de l'arbitrage entre les deux parties. Les passages entre guillemets sont traduits de cette lettre. — Le pape donne tort aux margraves et rappelle qu'ils ont été plusieurs fois excommuniés : « Sed idem marchio, ut dictam ecclesiam fraudaret decimis sicut progenitores sui, qui propter hoc pluries fuerunt vinculo excommunicationis adstricti. » (Voyez Gercken, *Stiftshistorie von Brandenburg*, p. 443 et suiv.)

[2]. Voyez Gercken, *ibid.*

d'une façon précise la raison des priviléges qui donnaient au pouvoir margravial un caractère exceptionnel. C'est en sa qualité de conquérant du pays que le margrave a le droit de percevoir un revenu que l'Église considère comme sien ; c'est à cause de cette qualité que l'Église reconnaît avoir envers lui de certaines obligations. Quant à lui, sa prétention est très-nette : sans lui et les soldats qu'il commande et qu'il paie, dit-il, il n'y aurait point d'Église. Il sait bien qu'il est le personnage nécessaire, de qui tout le reste tire sa raison d'être.

ADMINISTRATION DE LA MARCHE : LES AVOUÉS

Entre le margrave d'une part, ses vassaux et sujets de l'autre, il y eut dans les anciens territoires, après la disparition des burgraves, dans les nouveaux, dès le lendemain de la conquête, un intermédiaire appelé l'*avoué* (*vogt*) : il représentait le margrave dans la plénitude de son autorité, rendait la justice en son nom, percevait les contributions et services qui lui étaient dus et commandait les forces militaires dans le ressort de l'*avouerie*[1]. Il est donc naturel de grouper

1. La circonscription de l'avoué, ou *vogtei*, correspondait à peu près aux cercles actuels. On peut déterminer assez exactement les chefs-lieux des avoueries. Les voici tels qu'ils sont donnés par Kühns, *loc. cit.*, p. 102 et suiv. Quelques-uns, qui sont douteux, sont signalés par des points d'interrogation : dans la *Vieille-Marche*, Salzwedel, Arnebourg, Stendal, Gardelegen, Tangermünde ; dans la *Priegnitz*, Kyritz, Wittstock ; dans le *Havelland*, Rathenow, Spandau, Pritzerbe, Kremmen ; dans la *Zauche*, Brandebourg, Golzow (?), Belitz (?), Saarmund (?), Treuenbrizen (?), Görtzke ; dans le *Teltow*, Trebbin, Köpenick, Mittenwalde (?) ; dans le *Barnim*, Biesenthal, Liebenwalde, Oderberg, Strausberg, Berlin (au XIVe siècle) ; dans l'*Uckermark* Prenzlau, Pasewalk, dont la partie nord fut cédée à la Poméranie pendant que la partie sud fut rattachée à l'avouerie de Prenzlau, Jagow, d'où l'avouerie fut ensuite transférée à Boizenbourg, Angermünde (XIVe siècle), Templin (id.) ; dans la *Neumark*, Kœnigsberg, Bärwalde (?), Soldin, Arenswalde, Landsberg,

autour de lui l'exposé de l'administration de la marche; mais comme cette administration ressemble à celle des autres pays de l'Allemagne et de l'Europe au moyen âge, il ne saurait être question ici d'en montrer le détail. Il suffira d'en dessiner l'ensemble et de noter les singularités qui s'y rencontreront.

L'avoué n'était pas le seul juge dans l'avouerie, et son tribunal, appelé comme celui du comte *Landgericht*, ou tribunal du pays, n'y était pas unique. Chaque ville et chaque village avaient le sien. Il est impossible de distinguer avec précision les attributions judiciaires des avoués de celles des baillis ; car les documents sur la matière sont très-rares et très-obscurs. L'idée que l'on peut se faire de la compétence d'un tribunal de village, jugeant les causes civiles qui intéressent les paysans d'une même localité et les affaires criminelles de peu d'importance, n'est pas démentie par les quelques textes que fournissent sur la question le *Sachsenspiegel* et les recueils de chartes brandebourgeoises. Il est vraisemblable aussi que le tribunal de ville n'a eu à l'origine qu'une juridiction d'ordre inférieur [1]. Quant à l'avoué, il connaissait des affaires civiles de haute importance, — par exemple des procès qui s'élevaient entre deux villages ou deux villes, ou bien entre un village ou une ville et une seigneurie, — et des affaires criminelles capitales [2]. Toute une classe de personnes échappait cependant à sa juridiction : c'était celle des ministériels et des vassaux du margrave.

Schivelbein ; dans le Stargard, Stargard ; en Lebus, Francfort-sur-l'Oder.

[1]. Les difficultés que soulèvent ces questions de compétence, et qui sont à peu près insolubles, n'étant point particulières à la marche, n'ont pas besoin d'être exposées ici. Voyez la discussion de Kühns, *Geschichte des Gerichtsverfassung*, tome I, p. 156-193.

[2]. Kühns, *loc. cit.*, p. 143-152.

L'usage du droit germanique était qu'une différence de naissance ou de condition entraînât une différence de juridiction. Dès le x⁰ siècle, le *miles* se sépare du paysan ou du bourgeois libre : il a des priviléges juridiques. Or dans la marche plus que partout ailleurs la distinction est très-marquée entre l'homme d'armes et le paysan ou le bourgeois. Dans les documents les plus anciens, le premier est soigneusement mis à part du reste du peuple. Peut-être a-t-il été justiciable à l'origine des burgraves, mais il ne l'a jamais été des avoués. C'était un de ses plus beaux priviléges de n'avoir pour juge que le margrave, et le margrave ne l'en privait qu'à la dernière extrémité. Même lorsqu'il concédait aux villes une juridiction quasi indépendante, il en exceptait presque toujours ses vassaux [1].

Ceux-ci comparaissaient devant le tribunal de cour [2], présidé à l'origine par le suzerain; mais bientôt les affaires devinrent trop nombreuses pour que le margrave pût en connaître personnellement; il se fit suppléer d'abord en de certains cas déterminés par le *juge de cour*, qui devint ensuite un magistrat permanent. On suppose qu'il y eut entre eux un partage d'attributions, le margrave se réservant les grandes affaires et laissant au juge les moindres, par exemple les procès pour dettes que les riches bourgeois intentaient aux pauvres chevaliers. Plus tard encore, un seul juge de cour ne suffisant plus, on en établit dans les différentes provinces, mais ce fut seulement après la période ascanienne. On peut dire que, sous Albert l'Ours et ses

---

[1]. Milites vero et famuli nostri armigeri coram nobis solummodo stabunt juri... dans une charte de la ville de Pritzwalk (Riedel, *Die Mark Br.*, II, p. 408, note 5). Voir aussi une charte de Spandau, citée dans Riedel, même ouvrage, p. 409, note 1.

[2]. *Hofgericht*, appelé par les margraves, *Curia nostra*...

successeurs, la règle était la juridiction personnelle du suzerain sur ses vassaux. En quelque partie de la marche qu'ils fussent établis, ceux-ci étaient réputés les soldats du margrave, qui gardait sur eux le pouvoir juridique d'un général en chef sur son armée.

Le margrave percevait par l'intermédiaire de l'avoué tous les revenus régaliens. Il était propriétaire des mines de tous métaux et des salines. Il concédait le droit de pêche dans les eaux courantes et stagnantes, moyennant « l'impôt de la barque [1], » le droit de coupe dans les forêts moyennant « le liard du bois » [2], le droit de faire paître sur les terrains vagues, moyennant « l'impôt de la bruyère » [3]. Il se faisait payer l'escorte qu'il donnait sur les routes de terre et d'eau aux voyageurs et aux marchands. L'escorte ne suffisait pas toujours contre les brigands ou contre les Wendes, mais s'il arrivait malheur, le margrave prenait à sa charge les messes qu'on chantait pour le repos des trépassés [4]. Les transports par eau, comme il en était établi à Werben et à Wittenberge sur l'Elbe, à Potsdam et à Heiligensee sur la Havel, payaient contribution [5]. Le passage des ponts, la circulation des marchandises étaient assujettis à des péages. Le margrave avait le droit de battre monnaie, qui était très-productif, car la monnaie n'avait de cours légal dans la marche que

---

1. Canczins (c'est-à-dire Kahnzins).
2. *Holzpennighe;* quand un seigneur devenait propriétaire d'un bois, il continuait à percevoir cet impôt, mais quelquefois ne permettait plus que l'on coupât du bois. Le Livre Terrier donne un exemple du fait, p. 242 : Nicolaus de Bismark habet ibi xxxvi solidos Brandenburgensium denariorum pro lignalibus, pro quibus quondam villani solebant habere ligna ad utilitatem eorum; modo nihil solet eis dare pro denariis.
3. Heidezins.
4. Riedel, *Die Mark. Br.*, II, p. 99.
5. Geleitsrecht, transfretum (Voyez Landbuch, p. 30).

d'une Saint-Jacques à l'autre, et, passé ce délai, elle rentrait dans les fabriques où on la prenait aux trois quarts de sa valeur [1]. Il percevait sur la propriété foncière les diverses sortes de revenus dont le principal était l'*ackerzins*, payé pour chaque arpent de terre cultivée, mais qui variait beaucoup d'une province à l'autre, souvent même de village à village, suivant la qualité du sol, s'élevant à 6 ou 7 schillings là où le village avait été fondé sur une terre prête pour la culture, et s'abaissant à 10 pfennigs là où l'habitant avait dû dessécher les marais ou défricher les bois [2]. Dans les villes, des taxes étaient prélevées sur la propriété immobilière, comme le *worthzins* ou *census arcarum* [3], impôt calculé sur la longueur de rue occupée par les maisons du bourgeois; le marchand payait pour sa boutique, pour la table ou le banc qu'il occupait au marché. Enfin le margrave, en qualité de suprême justicier, percevait les revenus de justice, c'est-à-dire une part du prix de chaque jugement, et les amendes.

La marche avait en outre, comme la plupart des états du moyen âge, certaines ressources extraordinaires, comme la *bede* [4], correspondant à nos aides, qui fut perçue à l'origine dans des cas exceptionnels mais qui devint bientôt, ainsi qu'il arrive toujours en pareil cas, un impôt ordinaire, plus accablant

---

1. Cum antiqui denarii prohibentur, ex tunc per circulum illius anni nullus debet emere cum denariis antiquis, sed cum denariis novis, qui novi denarii exire debent octavo die ante festum Jacobi... (Riedel. *Die Mark Br.*, t. II, p. 97, note 1). On battait monnaie dans plusieurs villes, Stendal, Salzwedel, Brandebourg, Berlin...
2. Voyez Riedel, *Die Mark. Br.*, t. II, p. 225-226.
3. Wortcinse.
4. Petitio sive precaria exactoria.

que les autres, car il ne fut pas régulièrement évalué, jusqu'au jour où les margraves accordèrent aux réclamations de leurs sujets qu'il fût converti en une redevance fixe [1]. Le margrave recourait d'ailleurs, comme faisaient tous les souverains du temps, à des expédients pour se procurer de l'argent aux jours de détresse. Le plus ordinaire était de menacer les villes, domaines épiscopaux, monastères d'un arpentage de leur territoire ou de leurs biens. A l'origine, l'arpentage avait été fait avec une certaine négligence, et il faut croire que les usurpations furent considérables; car, pour éviter qu'elles fussent constatées, les villes s'empressèrent d'acheter fort cher la dispense de l'arpentage et leur exemple fut suivi par les évêques de Brandebourg et de Havelberg [2].

On a vu que les baillis de villes et de villages étaient les collecteurs de l'impôt dans leur circonscription : ils étaient placés sous le contrôle des avoués, dont les attributions financières étaient fort importantes. Les margraves avaient soin d'intéresser l'avoué à la bonne gestion de leurs affaires, en lui assurant une part proportionnelle dans la perception de l'impôt. Ils prenaient des précautions contre les abus de pouvoir qu'il pouvait commettre. Parmi les obligations de l'avoué, dont l'énumération est faite dans des documents du xv siècle, soit par le margrave, soit par l'avoué lui-même, quand il prête serment à son entrée en charge, les principales sont de ne rien prendre des revenus margraviaux,

---

1. Voyez plus loin, p. 238 et suiv..
2. C'était quelquefois une façon pour le margrave de payer ses dettes. Wusterhausen en 1293 remet aux margraves une partie de la dette qu'ils avaient contractée envers elle, à condition que son territoire ne serait pas arpenté (Riedel, *Die Mark Br.*, II, p. 107).

hormis la part qui lui est attribuée, et de n'opprimer personne [1]. Il était à craindre en effet que, pour accroître la remise qu'il prélevait sur les perceptions, il ne pressurât le contribuable. Les margraves promettent assistance à leurs sujets contre lui, et jamais ils n'accordent un privilége ou une exemption sans ajouter une clause pour garantir cette faveur contre son mauvais vouloir.

L'avoué était dans son avouerie le chef militaire des vassaux et sujets du margrave. Il veillait à l'entretien des forteresses, convoquait et réunissait tous ceux qui devaient le service militaire à un titre quelconque, c'est-à-dire à l'origine tous les habitants de la marche, excepté les paysans des dernières classes, qui étaient exemptés parce qu'ils ne possédaient point de terre. Les autres paysans devaient le service des forteresses [2]. Ils étaient requis pour la construction ou pour l'entretien des burgs dans le district desquels ils étaient établis [3]. A l'origine ils devaient fournir à tout appel le service de l'armée [4], qui fut ensuite par voie d'exemption réduit au cas de défense de la terre

---

1. ...Auch soll der N... in allem dem, das vns und vnser Herschaft auszerhalben des, das Im In nachgeschribner weisz czu bescheiden ist, in dem gemellten ambt einzunehmen zu steet, nichts einnehmen noch douon auszgeben.... Document du XVᵉ siècle, dans Riedel, *Cod. dip.*, I, t. VI, p. 221, n° CCXL.

2. Borchwerk, Burgwerk.

3. Le margrave réservait quelquefois cette obligation, quand il renonçait à toutes les autres, par exemple en faveur d'une église : « Homines ecclesiæ ab omni servitio liberos esse... exceptâ... communi ædificatione castri sub quo bona ecclesiæ sitæ sunt... » Riedel, *Die Mark.*, t II, p. 228, note 2 ; mais le plus souvent il la sacrifie comme les autres, et les paysans en devinrent redevables aux églises ou vassaux, ou bien aux villes qui achetèrent les burgs quand ceux-ci, après la conquête assurée, devinrent inutiles.

4. *Heerdienst.* En outre, les habitants d'un ou de plusieurs villages (suivant le nombre des habitants), devaient fournir un chariot attelé de quatre chevaux : c'était le *Wagendienst* ou *servitium curruum*.

natale contre l'invasion [1]. Enfin dans les pays frontières, comme dans l'Uckermark et le Stargard, où des précautions permanentes étaient prises contre l'ennemi, les paysans devaient contribuer à la défense des fortifications et fournir des hommes aux postes qui veillaient à l'embranchement des routes [2].

Les bourgeois, obligés à l'entretien de leurs murailles, ne devaient point le service des forteresses, mais ils devaient le service de l'armée aux mêmes conditions que les paysans, c'est-à-dire, à l'origine, sur chaque réquisition du margrave, plus tard en cas d'invasion [3]. A mesure que les conquêtes des Ascaniens se consolidèrent et que le commerce et l'industrie fleurirent dans la marche plus populeuse et plus tranquille, les levées en masse qui eussent été ruineuses, furent remplacées par un système de contingents, fournis par les villes ou par les villages. Cet usage commence à s'établir au xive siècle, mais il faut attendre jusqu'au xviie pour trouver des documents qui permettent d'évaluer en chiffres le contingent des différentes villes ; Stendal et Salzwedel donnaient alors à elles deux 500 hommes, la vieille et la nouvelle ville de Brandebourg 300, Perleberg 200, Berlin 100, etc. ; le plus faible contingent était celui

---

1. Nisi tantum ad terræ tuitionem et defensionem vel terræ necessitate legitimâ imminente....... Privilége accordé contre indemnité par les margraves aux paysans de la Vieille-Marche. Voyez Riedel, *ibid.*, p. 26, note 2.
2. On les appelait les *Landwehre*. En 1298 le margrave Albert II dispense les habitants de Nemerow, près de Neubrandenburg, du service « ad custodienda propugnacula, vel... viarum transitus, quæ landwehre dicuntur. » Riedel, *Die Mark.*, t. II, p. 227, note 1.
3. Voyez une charte accordée à la ville de Müncheberg : Cives insuper civitatis sæpius nominate ....ab omnibus expeditionibus qui fiunt extra terram reddimus absolutos. In defensione vero terre Lubucensis omnes adesse tenentur ut eo validius hostilis incursio reprimatur....

de la petite ville de Strassbourg qui se réduisait à 8 hommes [1].

Pour suppléer à l'insuffisance de ces milices bourgeoises, lentes à réunir et d'ordinaire mal exercées, les margraves entretinrent de bonne heure des troupes soldées [2]. On vient de voir qu'au cours de la discussion qui s'éleva entre eux et les évêques de Brandebourg au sujet de la dîme, ils défendirent leurs prétentions à la jouissance de ce revenu par la raison qu'ils étaient obligés d'entretenir des soldats pour la défense des territoires enlevés aux Slaves. Plus tard les margraves, quand le cercle de leur action se fut encore élargi, donnèrent aux troupes soldées une plus grande place dans leur système militaire ; mais au temps des Ascaniens leur véritable armée fut la milice féodale.

Elle se composait des chevaliers et des écuyers qui avaient reçu le fief militaire sous la condition de servir le margrave à toute réquisition, le chevalier avec 3 ou 4, et l'écuyer avec 2 ou 3 personnes armées [3]. Les baillis des villes et des villages et les paysans ou bourgeois à fiefs devaient le cheval de guerre. Il était impossible que la régularité de l'institution primitive se maintînt longtemps : tel bien de chevalerie s'agrandit au détriment de tel autre ; le premier se trouva redevable de plus d'un service, tandis que le second ne pouvait plus suffire à un service tout entier. Il

1. Voyez *Märkische Forschungen*, t. I, p. 365 et suiv. l'article de Riedel, *Die brandenburgische Lehnsmiliz*.
2. Ils en levaient en pays slave : Archiepiscopus (Magdeburgensis) intelligens quod Johannes et Otto... validam de partibus Slaviæ militiam conduxissent... *Chronic. Magd.* ad ann. 1229 (*ap.* Meibom. II, p. 330.)
3. Ce service s'appelait le Vasallendienst, le Manndienst, le Wapendienst...

arriva d'ailleurs que des villes et des corporations devinrent propriétaires soit de biens de chevalerie, soit de biens de baillis. L'usage de se racheter à prix d'argent s'introduisit au moins pour les derniers [1]; mais en général l'obligation du service continua de peser sur les uns et les autres. Le Livre Terrier offre des exemples de chevaliers qui n'ayant plus le nombre réglementaire de manses ne donnaient plus qu'une moitié, un quart ou même un huitième de service, ce qu'on exprimait en disant qu'ils fournissaient deux pieds, un pied, un demi-pied de cheval; mais on voit d'autres chevaliers servir avec plusieurs chevaux. Certaines villes donnent aux levées de la milice féodale un cheval, comme le magistrat de Berlin, ou bien 1/4, 1/3, 1/8 de cheval, comme les magistrats de Francfort sur l'Oder, de Stendal, de Prenzlow [2]. Évidemment, en changeant de main, une partie au moins des fiefs de chevalerie ou de baillage était restée grevée du service de la milice féodale.

Cette milice est demeurée, jusqu'au XVIᵉ siècle, le corps principal de l'armée brandebourgeoise. On ne saurait dire quel en était l'effectif; mais un passage de la chronique de Pulcava donne à croire qu'il était assez considérable [3]. Bien qu'aucun témoignage ne permette de l'affirmer en toute certitude, il est probable que cette milice était levée autrefois et groupée

---

1. Voyez par exemple, *Landbuch*, p. 25, au mot Krewitz : Prefectus in Krewitz dat I talentum... pro equo pheodali...
2. Märkische Forschungen, *loc. cit.*, p. 372-3.
3. Parlant du partage des terres de la marche qui fut fait entre Jean et Otton, le chroniqueur dit : « Cum Johannes centum milites plures haberet quàm Otto.... » (Voyez les fragments de cette chronique, *loc. cit.*, p. 12.) Pour que la différence du nombre des chevaliers ait pu être si considérable, il a fallu qu'il y en eût de chaque côté plusieurs centaines.

par avouerie. On ne peut douter en effet que l'avoué n'eût sous son commandement les forces militaires, car il représentait le margrave non-seulement auprès de ses vassaux et sujets, mais encore auprès des princes voisins de la marche. La recommandation faite par le margrave à l'avoué de Schivelbein de ne point provoquer de combats, mécontentements ou guerres « sans la connaissance et l'aveu » de son seigneur [1], prouve qu'il était dans les attributions de l'avoué de faire la guerre au nom du margrave. Il avait également le droit de paix, car, dans les traités conclus par des avoués avec des états étrangers, il n'était pas toujours spécifié que l'acte pour être valable dût être revêtu de l'approbation margraviale [2]. Ce fait prouve que l'avoué dans sa circonscription était le chef des forces militaires. N'est-ce pas une singularité de la constitution de la marche, que ces avoués, qui d'ailleurs sont tenus dans l'obéissance par des précautions bien entendues, soient abandonnés à leur propre initiative et fassent office de souverains en face de l'ennemi? Évidemment dans un pays menacé sur toutes ses frontières, il fallait qu'il y eût, à tous les points exposés, quelqu'un qui fût toujours prêt à l'attaque comme à la défense, et pourvu de pouvoirs suffisants pour commencer une guerre à l'improviste ou la terminer en temps opportun.

Percepteur des impôts, chef militaire, juge, protecteur de ceux dont l'administration lui était confiée,

---

1. Riedel, *Cod. dipl.*, I, t. XVIII, p 252, n° LIV... Sol er kein Vehede, Unwillen oder Kriege mit niemand machen oder anheben, das geschee dann mit unserm Vulbort, Wissen und Geheiss... (Document du XVe siècle.)
2. Riedel, *ibid.*, t. XIV, p. 203, n° CCLXIX; t. V, p. 371, n° CXLVIII; p. 372, n° CLI; p. 374, n° CLIII.

ayant charge de maintenir l'ordre et la paix dans l'avouerie, arbitre aussi souvent que juge [1], jouissant, comme on l'a vu, sous réserves, du droit de paix et de guerre, l'avoué était un si important personnage que le margrave d'une part, et d'autre part les habitants du district gouverné par lui prirent contre lui certaines garanties. Les administrés demandaient qu'on leur donnât un avoué né dans l'avouerie, y ayant son principal fief et sa résidence, connaissant les personnes et les choses : Müncheberg, Salzwedel, Stendal, obtinrent cette faveur du margrave [2]. Mais ce qui faisait la sécurité des sujets était un danger pour les margraves; car l'avoué pouvait fortifier l'autorité qu'il tenait de son office par celle que lui assuraient ses bénéfices, comme il arriva pour les comtes en Allemagne. Ce danger fut écarté. Tandis que la royauté germanique fut ruinée par les usurpations féodales, la marche, même au temps de ses plus grandes misères, sous le faible gouvernement des Bavarois et des Luxembourgeois, ne fut jamais menacée d'un démembrement par l'usurpation de ses avoués. Les margraves avaient soigneusement pris les précautions nécessaires. Non-seulement ils ne nommèrent jamais d'avoués à titre héréditaire, mais ils ne voulurent même pas que leur fonction fût viagère. Ils les choisissaient le plus souvent parmi les officiers de leur maison, qui gardaient leur charge à la cour pendant le temps qu'ils passaient dans l'avouerie. Il n'est pas possible de dresser une liste complète des

---

1. Voyez comme exemple de ces arbitrages, qui étaient fréquents, Riedel, I, t. VI, p. 19; II, t. II, p. 177, n° DCCCII.
2. Riedel, *Cod. dipl. br.*, I, t. XIV, p. 83, n° CXVI; p. 98, n° CXXXVIII; I, t. XV, p. 118, n° CLVII; et t. XX, p. 133, n° XI.

avoués, mais les documents où figurent ces officiers sont assez nombreux pour qu'on y trouve des exemples d'avoués transférés d'une circonscription dans une autre; on rencontre aussi des noms à côté desquels figure la qualité d'ancien avoué, comme on dirait d'un fonctionnaire moderne [1].

Les margraves d'ailleurs avaient toujours le moyen de surveiller les avoués. Ils n'avaient pas de résidence fixe, et voyageaient sans cesse d'un château seigneurial à l'autre, s'arrêtant quelquefois chez leurs vassaux ou dans les villes, plus souvent dans les cloîtres qui devaient toujours être prêts à les recevoir, ou bien campant sous la tente à portée d'une forêt où ils se livraient au plaisir de la chasse. Ces voyages se faisaient sans plan déterminé, car le margrave dans ses tournées seigneuriales ne suivait jamais un ordre régulier. Partout où il s'arrêtait, l'avoué, les principaux vassaux laïques et ecclésiastiques se rendaient auprès de lui. Une partie de la journée était consacrée à l'expédition des affaires de toutes sortes, qui attendaient de la venue du margrave leur solution définitive.

Sans doute il faut écarter, quand il s'agit du moyen âge, toute idée d'un contrôle exercé à la façon moderne. Quand le margrave investissait un avoué de son office, il ne lui donnait point d'instructions détaillées; il se contentait de lui faire promettre de gouverner « en toute foi, droit, honneur et utilité, du

---

[1]. Tunc advocatus... quondam advocatus... Voyez Riedel, *Die Mark Br.*, t. II, p. 433-5, surtout les notes de la page 435. Voyez aussi tout le chapitre sur la circonscription des avoueries, p. 439 et suiv. — Kühns, *loc. cit.*, t. I, p. 101 et suiv., donne la liste des avoueries, avec les noms des avoués qui sont parvenus jusqu'à nous.

mieux qu'il pourrait [1]. » Il lui demandait de lui faire chaque année un compte-rendu oral, mais en ajoutant : « Cela doit nous suffire [2]. » L'engagement d'honneur était le lien qui unissait l'un à l'autre ces deux personnages, le frein qui retenait chacun d'eux dans la limite de ses droits ou de ses devoirs. Le pouvoir qu'avait le margrave de reprendre les fonctions qu'il avait confiées, et qu'il revendique souvent et clairement au xive siècle, suppose pourtant un contrôle de sa part. En effet, dans ses voyages, il recevait ou même provoquait les plaintes; il promettait à ses sujets de les protéger contre les excès de pouvoir [3]. En un mot il faisait servir à la bonne administration de la marche une coutume aussi vieille que l'institution margraviale [4].

DES ALTÉRATIONS DE L'INSTITUTION PRIMITIVE DANS LA MARCHE DE BRANDEBOURG; DE L'AUTORITÉ MARGRAVIALE APRÈS CES ALTÉRATIONS.

Des paysans, des bourgeois, des vassaux établis par les margraves dans leurs villages, leurs villes et leurs fiefs : telle est la population de la marche. Un suzerain, presque un souverain, qui n'a pas eu de conditions à subir, pas de droits antérieurs à respecter, qui est lui-même, pour ainsi dire, antérieur à ses paysans, bourgeois, nobles, évêques, et par conséquent leur est supérieur : tel est le margrave. Entre le margrave et

---

1. Klöden, *Dipl. Gesch.*, t. I, p. 24... Nach sinen truwen, mit allen rechten, eren und nutzen... szo er best kann und magk.
2. *Id., ibid.*, was er uns czu jerlicher czeit redelichen borechnet, dar soll uns an genugen. Wir sullen em ouch keyne rechenschaft noch thun.
3. Riedel, *Die Mark.*, t. II, p. 435, note 2.
4. Voyez, sur les avoués, Kühns, t. I, p. 101-156.

ses sujets ou vassaux, des relations nombreuses, mais simples; nombreuses, parce que chacun des vassaux et sujets avait envers le margrave des obligations personnelles; simples parce qu'ils n'étaient point séparés de lui par les degrés multiples de la hiérarchie féodale : telle est, à l'origine, la constitution politique et sociale du Brandebourg. Elle s'altéra peu à peu, mais ne s'effaça jamais.

Elle s'altéra, parce que les margraves, toujours à court d'argent, battirent monnaie avec leurs droits et privilèges. Parmi les causes de cette détresse, les unes, comme la libéralité sans frein envers l'Église, sont communes à la plupart des états du moyen âge. D'autres sont particulières à la marche : c'est la nécessité de pourvoir en même temps aux frais de plusieurs cours et à ceux d'une administration presque moderne; c'est la guerre sur tous les points à la fois, sans trêve ni merci.

Les libéralités envers l'Église commencent dès le principat d'Albert l'Ours, et se perpétuent sans interruption jusqu'au dernier jour de la dynastie. Très-longue est la liste des donations à laquelle s'ajoute celle des restitutions et confirmations qui étaient nécessaires dans ce temps et dans ce pays troublé, et qui permettent par les récapitulations qu'on y trouve de mesurer l'étendue des libéralités margraviales. Il est rare qu'une donation soit confirmée sans être accrue : Albert l'Ours, confirmant purement et simplement à un monastère un don de sa mère Eilika, s'excuse par cette raison qu'il est marié, qu'il a beaucoup d'enfants et peu à donner[1]. Terres ou bois, droits de pêche dans les

---

1. Heinemann, *Cod. dipl. anhalt.*, I, II, p. 325, n° 445. — Voir au contraire *id.*, I, III, p. 493, n° 673.

eaux courantes et stagnantes, droits de juridiction sur tel ou tel village, villages entiers avec tout ou partie des droits seigneuriaux, tels sont les objets habituels des donations [1]. C'est aux évêchés, aux chapitres, aux monastères, aux ordres chevaleresques, templiers, hospitaliers, chevaliers teutoniques, qu'elles s'adressent. Il était naturel d'ailleurs qu'elles abondassent dans la marche. Les évêchés, chapitres, monastères ont été fondés ou rétablis par les margraves; les doter n'était pas seulement une œuvre de piété sur laquelle reposait l'espérance d'une éternité bienheureuse [2] : c'était une nécessité. Quand les margraves rappellent qu'ils ont relevé telle église de ses ruines, « où elle gisait depuis le temps d'Otton », créé tel chapitre, fait célébrer à leurs frais la dédicace de telle cathédrale, les donations qu'ils énumèrent à la suite sont la conséquence de ces déclarations : ils dotent parce qu'ils ont fondé [3].

En Brandebourg d'ailleurs l'Église était, aux premiers jours de la dynastie, une église de combat. Pour confirmer et accroître les donations déjà faites au chapitre de Brandebourg, par son père Otton Ier et son grand-père, Albert l'Ours, Otton II parle de la nécessité de subvenir à la pauvreté et à la misère du chapitre, « afin qu'il combatte plus librement pour Dieu, qu'il accroisse le nombre des chrétiens et réduise

---

1. Heinemann, *Cod. dipl. anhalt.* I, II, p. 319, n° 436; p. 375 n° 513; I, III, p. 425, n° 576; p. 479, n° 654.
2. Les margraves invoquent souvent cette espérance, leur désir de ne pas être oubliés dans les prières, de ne pas ressembler au mauvais riche de l'Écriture, etc... (Voyez Heinemann, *Cod. dipl. anhalt*, I, II, p. 277, n° 368; p. 354, n° 487; p. 375, n° 513; I, III, p. 425, n° 576...)
3. *Id.*, I, II, p. 277, n° 368; I, III, p. 425, n° 576; I, II, p. 375, n° 513.

celui des adorateurs d'idoles [1]. » Le même margrave avait fondé Lehnin pour que ce monastère fût une forteresse contre Satan : il fallait bien mettre la garnison en état de combattre. Aussi les Ascaniens épuisèrent-ils presque toutes leurs ressources allodiales, et aliénèrent-ils une bonne partie de leurs droits seigneuriaux, au profit de l'Église. Quelques-uns d'entre eux furent d'une incroyable prodigalité : Albert III, auquel ses frères, Otton IV et Otton VI, constituèrent une principauté à part avec le Stargard et quelques autres territoires de peu d'importance, trouva moyen de fonder trois monastères, une commanderie d'hospitaliers, une cathédrale, plusieurs autels : un seul des monastères reçut pour son entretien le produit de l'impôt foncier dans trente villages.

Les dépenses de cour et de gouvernement étaient très-considérables chez les Ascaniens, qu'elles auraient suffi à ruiner. Leur cour ressemblait à toutes les cours allemandes. Elle avait les mêmes grands officiers, chargés à la fois d'un service d'honneur et de l'administration de la maison margraviale. On y prisait les mêmes plaisirs, les festins gigantesques, où des mets fortement assaisonnés poussaient aux libations copieuses, les tournois où l'on accourait revêtu d'armures et d'ornements splendides, portant sur les épaules, comme disaient les nobles de France, prés et moulins ; la chasse enfin pour laquelle les forêts et les marécages du Brandebourg offraient de si précieuses ressources. En effet l'ours habitait encore les forêts de la marche; des cerfs gigantesques y vivaient en grandes troupes; les chevreuils y foisonnaient; les

1. Heinemann, *ibid.*, p. 479, n° 654.
2 Riedel, *Die Mark Br.*, t. II, p. 103 ; tome I, p. 437, note 2.

sangliers se vautraient en foule dans les marécages sous bois; les loups y attaquaient les troupeaux et les hommes; la grande quantité de collines qu'on appelle encore aujourd'hui Monts du Renard rappellent la présence de cet animal; le lynx et le castor étaient une proie plus rare et plus recherchée par les nobles chasseurs; enfin le gibier à plume rivalisait avec l'autre d'abondance et de variété [1].

La passion de la chasse était excitée chez les margraves par ce concours de circonstances exceptionnelles, mais il n'y avait pas de prince ou de comte dans l'empire qui n'eût les mêmes goûts et ne vécût de la même vie. Seulement, au lieu d'une seule cour, il y en avait plusieurs dans la marche. Chaque prince portant le titre de margrave, avait la sienne, ses grands officiers, ses fêtes, et des dons à faire pour le salut de son âme. Les frais du gouvernement ambulant des margraves étaient très-lourds. Quand un margrave convoquait autour de lui ses vassaux et ses ministériels, ceux-ci étaient nourris par lui, avec leurs domestiques et leurs chevaux, et des ressources propres étaient affectées à chacun de ses châteaux en vue de ces dépenses. Le séjour n'était pas moins dispendieux dans les rendez-vous de chasse, où l'on campait sous la tente, à l'endroit le plus giboyeux. Dans les villes qui n'avaient point de château seigneurial, le margrave choisissait pour y demeurer la maison de quelque riche bourgeois, et sa cour se pourvoyait auprès des marchands. Or, il arrivait souvent qu'au départ le trésor était vide. On rassurait les créanciers et pour prévenir l'expression trop

---

1. Voyez Klöden, *Dipl. Gesch.*, I, p. 31-5.

bruyante de leur mécontentement, on leur laissait pour gages des bijoux et des étoffes de prix ; quelquefois la ville les rachetait aux détenteurs et les rendait aux princes, mais elle savait toujours se faire dédommager [1]. Ajoutez les frais de l'administration des grands officiers et des avoués, enfin les dépenses d'une guerre perpétuelle où les margraves entretenaient non-seulement la milice soldée, mais la milice féodale; car le fief militaire n'était affecté qu'à l'entretien du chevalier en temps de paix. Il est facile de comprendre que les Ascaniens se soient trouvés de bonne heure dans une pénurie financière qui les força d'aliéner tant de droits et de revenus.

Parmi ces aliénations, les unes ne firent que porter atteinte à la fortune des margraves, les autres modifièrent la constitution même de la marche. Les margraves diminuaient leur fortune, quand ils renonçaient à leurs bénéfices sur les monnaies [2], à leurs droits sur les transports par eau, aux douanes sur les fleuves et les routes, aux impôts prélevés sur chaque place dans la halle ou sur le marché, aux revenus qu'ils tiraient des moulins, des prairies, des bois, enfin aux différentes sortes de contributions foncières, tantôt pour en faire don à quelque église ou monastère par piété, à quelque ville par commisération pour sa pauvreté [3], à des vassaux en reconnaissance des services rendus, tantôt pour en tirer immédiatement quelque grosse somme dans un pressant besoin d'ar-

---

1. Klöden, *loc. cit.*, p. 27-28.
2. Ces bénéfices étaient considérables : l'hôtel des monnaies de Stendal rapportait à lui seul 570 marcs d'argent. — Voir pour les aliénations, Riedel, *Die Mark.*, II, p. 97-8, et les notes.
3. Werben reçut pour cette raison, entre autres bienfaits, la perception des droits sur les transports par eau et sur les douanes. Voyez Riedel, *Die Mark Br.*, I, p. 103.

gent. Ces expédients tarissaient la source même des revenus margraviaux; mais l'autorité politique des margraves n'en était pas directement atteinte. Elle fut compromise par les dons, ventes ou engagements de droits de juridiction.

A la fin du xiv⁰ siècle, au temps de la rédaction du Livre Terrier, il ne restait presque plus de villages qui fussent directement soumis à la juridiction margraviale [1]. La métamorphose s'était opérée peu à peu, au fur et à mesure que des dons, des aliénations, des engagements faisaient passer les droits seigneuriaux à des églises, à des monastères, à des vassaux, à des villes ou même à de simples bourgeois. Il dut arriver le plus souvent qu'un vassal du margrave commençait par acquérir la propriété d'un paysan pour y établir un colon qui lui payait la redevance. En même temps il achetait au margrave *die Zaungerichtsbarkeit*, c'est-à-dire la juridiction dans l'intérieur de la clôture. Il ne devenait pas juge pour si peu et n'instituait pas de juge spécial : les affaires qui concernaient le nouveau bien seigneurial ou les personnes qui l'habitaient et les délits qu'on y commettait continuaient à être portés devant le bailli; seulement les droits de juridiction afférents au margrave étaient payés au nouveau seigneur [2]. D'autres acquisitions suivaient celle-là ; quelquefois le village finissait par passer dans les mains d'un même acquéreur; mais le plus

---

1. 2 sur 90 dans le Teltow, 6 sur 104 dans le Havelland, et de même dans les autres parties de la marche.
2. Kühns (t. I, p. 169) en cite un exemple emprunté au xvi⁰ siècle, il est vrai, mais qui donne une idée exacte de l'état des choses au xiii⁰. C'est un traité conclu entre Hans Spill qui a la *Zaungerichtsbarkeit* sur plusieurs biens, et Hans Hake le juge du village. Celui-ci continue à juger les justiciables de Hans Spill, qu'il doit prévenir huit jours d'avance de la tenue de son tribunal. Riedel, *Cod. dipl.*, I, t. vii, p. 178, n° LXXXIX.

souvent comme le vassal n'était ni assez riche, ni assez économe pour acheter tout un village, trois ou quatre acquéreurs se le partageaient [1], au grand préjudice des paysans et au grand danger de la paix publique menacée par de perpétuels conflits. Ainsi se forma un grand nombre de petites seigneuries ; mais il y a des exemples de cessions, ventes, aliénations de villages entiers [2].

La condition des paysans fut gravement modifiée, quand les margraves se furent dessaisis de leurs droits de toute espèce. Dans beaucoup de villages, ils ne conservèrent plus trace de leur souveraineté; tous les impôts, tous les services, tous les droits étaient en d'autres mains. « Ici, dit en ce cas le *Livre Terrier*, il ne reste rien au seigneur margrave : *Dominus marchio nichil habet ibi* [3]. » Dès lors le bailli du village n'est plus qu'un bailli seigneurial. Si l'office devient vacant, c'est le seigneur qui y pourvoit. Tout ce qui était service public se transforme en corvée particulière : le paysan ne doit plus rien à l'armée margraviale, mais il fait quelques journées de travail sur les terres de son seigneur. Déjà les mots seigneurs et sujets, *domini bonorum* et *subditi*, se trouvent dans des documents du

---

1. Il suffit d'ouvrir au hasard le *Livre Terrier* pour en trouver des exemples. Voir p. 135, *Blingow* le premier village cité de l'Uckermark.

2. Par exemple, le monastère de Lehnin achète aux margraves Jean et Otton III, neuf manses à Netzem, tout le village de Cedelendorp avec sa riche dépendance comprenant un village slave, deux lacs et des bois ; Arntsee et Tribusdorp ; Bredewisch, Wandeliz, Stolzenhagen (en deux fois), Goliz.... Si l'on ajoute à cette liste des achats celle des échanges, toujours avantageux au monastère, et des dons faits, soit par l'un des deux frères soit par les deux, pour motifs de piété, on aura le tableau des aliénations faites sous le seul principat d'Otton III et de Jean I au seul monastère de Lehnin.

3. *Landbuch*, p. 54, au mot *Henrikstorff*.

XIIIᵉ siècle, revêtus du sceau des Ascaniens [1]. Après eux, la décadence de la population rurale se précipite. Le nombre des paysans taxés diminue d'année en année ; beaucoup abandonnent leurs champs et le *Livre Terrier* fait de nombreuses mentions d'*agri deserti*, ou *desolati*, ou *facti desolati* [2]. La plupart des propriétaires avaient sans doute été expulsés dans les temps troublés qui suivirent la dynastie ascanienne ; d'autres étaient allés chercher dans les villes un refuge et la liberté ; car même la liberté d'aller et de venir finit par disparaître, et le paysan de la marche par être attaché à la glèbe.

L'autorité du margrave, diminuée par l'asservissement des paysans, a été également atteinte par l'affranchissement des villes. En effet, enrichies par le commerce et par la sécurité relative que les margraves leur assurèrent au XIIIᵉ siècle, les villes exploitent la détresse financière des Ascaniens. Elles achètent à portée de leurs territoires des villages qui sont soumis à leur juridiction [3] ; mais surtout elles acquièrent pour elles-mêmes d'importants privilèges. Le premier fut d'obtenir un avoué spécial, investi du droit de « juger sur la tête et les membres », de façon que la cité formât une circonscription judiciaire à part, distincte du plat pays, et qu'un bourgeois ne pût être appelé en justice hors de la ville. Mais cet avoué urbain restait à la nomination du margrave, qui perce-

---

1. Riedel, *Cod. dipl.*, III, t. I. p. 11, n° 9.
2. Voyez surtout le *Landbuch* au chapitre de l'Uckermark, p. 137, aux mots *Cernetzin* et *Wetzenow*, p. 138 au mot *Czmenen*, p. 139 aux mots *Walmow, Krempsow, Clepelow*, etc., etc., etc.
3. Otto, D. Gr. marchio, dilectis consulibus et universis civibus in Grabow. — Nobilis vir comes de Dannenberg villas N. N... beato Gregorio vobis et civitat. vendidit. — *Advocati vero nostri nihil juris in his villis sibi reservant.* Item damus vobis et civitati proprietatem ville N.... cum singulis prærogativis ac omni jure civitatensi... (Riedel, *die Mark*, II, p. 385, note 3).

vait encore les revenus de juridiction. Quand la nécessité le contraignit de les aliéner, au profit d'un vassal, d'un monastère ou d'une église, la ville se trouva médiatisée, pour ainsi dire, et le vassal, le monastère ou l'église exerça sur elle les droits de seigneurie ; mais le plus souvent l'acquéreur fut la ville elle-même, représentée par son conseil. L'avoué devint alors un magistrat municipal, choisi par le conseil de ville ; quelquefois le bailli lui-même en faisait les fonctions [1]. Cependant le bourgeois pouvait encore être « appelé hors de la ville », quand il avait à porter plainte en matière civile ou criminelle contre un vassal justiciable du margrave ou du juge de cour. Les villes achetèrent le droit de retenir ces affaires devant leurs tribunaux [2], et dès lors elles formèrent à peu de chose près de petites républiques [3].

Le déplorable régime financier de la marche faillit avoir pour l'autorité margraviale de plus graves con-

---

[1] ... Præsertim volentes nostram predictam civitatem Besckowe ac nostros cives predictos graciâ prosequi alteriori..... dantes eisdem quod coram sculteto (le bailli) de impetendis quibuslibet debent, et non coram nostro advocato secundum juris formam respondeant... Riedel, *Cod. dipl.*, I, t. XX, p. 342, n° 3.

[2] Qualiscumque excessus fuerit perpetratus in civitate vel in campo civitatis, sive in homicidio, sive in vulnere vel lesione, seu causa quacumque judicibus admittimus et concedimus judicandum... (les juges de la ville) ; charte octroyée à la ville de Ruppin : Kühns, t. I, p. 192, note 335... — Voici un autre texte qui montre clairement qu'aucune espèce d'exemption personnelle n'était admise :... Si nos (les margraves), vel consiliarius noster, advocati, officiales nostri et familia nostra vel quicumque alii fuerint, qui adversus cives nostros in dicta nostra civitate (Görztke) commanentes, habuerint aliquid proponere, id scultetus tenebitur judicare sententiis scabinorum. (Riedel, *Cod. dipl. br.*, II, 1, p. 171, n° CCXXXIII.)

[3] Voyez Kühns, t. I, p. 175-197, et tome II, p. 180-257. — En prenant au hasard dans le *Codex diplomaticus* de Riedel un recueil de chartes concernant une ville, on suivra les progrès de son émancipation.

séquences que toutes celles qui viennent d'être énumérées, et modifier complétement la constitution primitive de l'état. A l'origine, l'autorité margraviale n'était soumise à aucun contrôle de la part de ceux sur qui elle s'exerçait, et pourvu qu'elle restât dans de certaines limites, marquées par la coutume et par les idées admises sur les droits du prince, elle ne rencontrait aucun obstacle sur son chemin. Il n'y avait point d'États-généraux en Brandebourg. Le margrave prenait bien conseil de ses vassaux et les réunissait dans des assemblées extraordinaires; mais il avait le droit de convoquer où et quand il lui plaisait ces petits parlements, et les évêques, vassaux, ministériels s'y rendaient en vertu d'un devoir, non pas en vertu d'un droit [1]. Or le margrave créa de véritables droits à ses vassaux et à ses sujets, le jour où, dépassant les limites dont il a été parlé tout à l'heure, il leur demanda plus qu'ils ne lui devaient.

Parmi les revenus margraviaux, les aides [2] avaient ce caractère particulier que n'étant pas un impôt fixe, elles prêtaient à deux sortes d'abus : les margraves y recouraient trop fréquemment et les évaluaient trop haut. A la suite d'événements peu connus, mais assurément après des levées trop fréquentes de cet impôt, suivies de réclamations énergiques et universelles, les margraves furent réduits à signer avec leurs vassaux et sujets une série de conventions. Le plus important de ces documents, au moins le plus explicite parmi ceux qui nous sont restés, est la convention conclue entre

---

1. La preuve que ces assemblées jouaient un rôle très-médiocre, c'est qu'il n'en est presque point qui soient connues, malgré l'abondance des matériaux sur l'histoire primitive de la marche. Voyez Riedel, *Die Mark*, II, p. 78-84.
2. Beden.

les margraves de la ligne johannienne et leurs vassaux et sujets de la Vieille-Marche [1]. Les margraves y déclarent que « de leur propre avis et de celui de leurs vassaux », ils vendent [2] leur droit de lever les aides aux conditions suivantes : tous leurs vassaux, bourgeois, paysans, leur paieraient à la Saint-Michel 1281, à Pâques et à la Saint-Michel 1282, une certaine somme par manse ; les gens du commun qui ne possédaient point de terres [3], donneraient six pfennigs par chaque livre de leur fortune immobilière. Ces trois termes acquittés, les margraves n'auraient plus le droit de percevoir les aides, auxquelles serait substitué un impôt régulier. Pour chaque manse il serait payé un schilling chaque année à la Saint-André, un autre le jour de la Walpurgis. Seraient seuls exemptés de cette charge les biens de chevalerie, à raison de 6 manses pour le chevalier, de quatre pour l'écuyer, parce que ce domaine représentait l'entretien de l'homme de guerre en temps de paix [4].

Les margraves promettaient de ne lever à l'avenir aucun impôt à l'occasion du mariage des princesses de leur famille ou de leurs voyages à la cour impériale. Ils se réservaient pourtant de demander une contribution extraordinaire en cas de captivité de leurs personnes, de besoin pressant pour leur pays, de

---

1. Wohlbrück : *Gesch. des Bisth. Lebus,* I, p. 245; Riedel, *die Mark Br.*, II, p. 109, note 2.
2. Ob salubrem statum terrarum nostrarum de nostro et vasallorum nostrorum arbitrio *petitionem sive precariam exactoriam* quam in terrâ sive territorio marchiæ dignoscimur habuisse, vendidimus sub hac formâ... Riedel, *Cod. dipl.*, III, t. I, p. 10-11.
3. Alii homines communes, ut molendinarii et cozecti, qui mansos non habuerunt....
4. ... Item miles sub aratro suo habebit sex mansos, famuli vero quatuor, et hii erunt penitus liberi, et si plures quidem habuerint, de his dabunt censum prælibatum.

danger de guerre ; mais il ne leur appartenait pas de prendre les mesures nécessaires pour la levée de cet argent. Quatre chevaliers, nommés par eux, d'accord avec leurs vassaux, en délibéreraient avec les plus distingués et les plus anciens du pays ; si l'un des commissaires venait à mourir, les trois survivants devaient dans le délai d'un mois lui donner un successeur [1]. Enfin de sérieuses garanties étaient stipulées pour l'observance rigoureuse de cette convention. On prévoyait le cas où, par suite d'un nouveau partage, la Vieille-Marche tomberait dans le domaine d'un autre prince : celui-ci devait se considérer comme obligé par la convention ; autrement ses vassaux et sujets seraient à l'instant déliés de tous serments de fidélité à son égard, et ils pourraient prendre pour chef un autre prince de la famille. Si, d'une autre façon quelconque, les margraves ne tenaient pas les promesses faites, les vassaux se réuniraient dans les burgs d'Osterburg, Stendal, Tangermünde qu'ils occuperaient jusqu'à ce qu'il leur fût donné satisfaction.

Des traités semblables furent conclus par les margraves de la ligne johannienne avec leurs vassaux des autres parties de la marche : nous n'en avons pas le texte, mais il y est fait allusion dans d'autres documents [2]. Les margraves ottoniens subirent la même nécessité. Ils conclurent à Berlin en 1280 un traité

---

[1]. Item si predicte terre nostre legitima necessitas aut guerarum periculum ingruerit, statuimus unà cum vasallis nostris memoratis quatuor viros ad hoc, ex nomine milites nostros, Johannem de Buc, etc., ut quicquid iidem quatuor ordinaverint ad commodum et utilitatem totius terre, auditis potioribus et senioribus terre, per fidem et juramentum ipsorum pretextu juvaminis nobis prestandi contenti erimus, nec a nobis suspecti aliquatenus fore debent...

[2]. Riedel, *Die Mark*, t. II, p. 114.

où ils autorisèrent formellement, avec promesse de ne pas leur en garder rancune, leurs vassaux et leurs sujets à repousser par la force toute atteinte aux conventions faites à propos des aides [1]. Une lettre de confirmation accordée par eux en 1282 à l'avouerie de Salzwedel montre qu'ils ont suivi dans cette grave affaire la même procédure que leurs cousins de l'autre branche ; mais le conseil chargé d'administrer l'impôt ne fut point formé de la même manière. Présidé par l'avoué de Salzwedel, il se composa de deux chevaliers nommés par le margrave, de deux autres chevaliers nommés par leurs pairs, de deux bourgeois élus par la ville. Il n'est point dit que sa compétence soit restreinte au seul cas d'une levée de contribution supplémentaire, mais au contraire qu'il doit connaître de toutes les affaires concernant l'impôt qui a remplacé les aides. Les conseillers demeuraient en fonction pendant un an ; chacun d'eux nommait ensuite son successeur qui était obligé d'accepter cette charge.

Ainsi après avoir aliéné une grande partie de leurs revenus, de leurs domaines et de leurs droits, laissé les seigneuries s'interposer entre eux et les paysans, abandonné les villes à une indépendance presque complète ; après avoir en un mot altéré le caractère de l'institution primitive et mis la confusion à la place

---

[1]. Verum si in posterum aliquorum non sano consilio uteremur, volentes utique malignari contrà juramentum nostrum et promissum fidei facere niteremur, vel nostri successores idem facere vellent et heredes, ex tunc recognoscimus presentibus protestantes, omnibus nostris vasallis et civitatibus personaliter injunxisse, ut in nostra presentia primo prestito juramento mutuo promittent datâ fide, sibi in invicem assistere fideliter et efficaciter toto posse, tam diu nobis contrarii et oppositi existentes, quousque talem a se injuriam removeant, etc., etc., pro quo ingratitudinem nostram vel odium incurrere non debebunt... (Riedel, *Cod. dipl.*, I I, t. I, p. 9, n° 8).

de la simple ordonnance du début, les margraves en étaient réduits à tolérer un contrôle financier, qui devient toujours un contrôle politique, et ils reconnaissaient à leurs vassaux et sujets qualité pour décider s'ils avaient ou non violé telle de leurs promesses, auquel cas la révolte était de droit. On peut mesurer la décadence de cette autorité, que nous avons vue si forte à l'origine. Le pire, c'est que les margraves ne profitèrent pas de la leçon qu'ils s'étaient fait donner et ne renoncèrent pas à ce gaspillage financier. Ils avaient promis solennellement de n'aliéner jamais cette nouvelle ressource[1] : ils ne l'épargnèrent pas plus qu'ils n'avaient fait des autres et s'appauvrirent encore. Une légende raconte que, quarante années avant la fin de la dynastie, dix-neuf princes de la maison ascanienne, rassemblés sur une colline près de Rathenow, se lamentèrent sur leur indigence qui ne leur permettait pas de mener une vie de prince.

On commettrait pourtant une grande erreur en croyant que l'institution primitive a disparu tout entière dans une sorte de chaos, et que le margrave de Brandebourg est devenu un suzerain nominal comme le duc de Saxe, par exemple, après la chute d'Henri le Lion.

Il est hors de doute que l'esprit particulariste qui s'est manifesté au moyen âge dans l'empire d'abord, puis dans chacun des états de l'empire, a pénétré jusqu'en Brandebourg. Chaque seigneur dans sa seigneurie, chaque évêque dans son diocèse, chaque bourgeois dans sa ville eût voulu s'affranchir de l'autorité margraviale, ou tout au moins la réduire

---

1. Hujusce modi census erit sempiternus nec ipsum conferre possumus aut debemus alicui (Riedel, *Cod. dipl.*, *loc. cit.*, p. 11, n° 9).

à des apparences ; mais des circonstances particulières empêchèrent la réalisation de ces desseins.

Menacée de toutes parts et par moments compromise, l'autorité margraviale ne fut pas atteinte sans remède. L'institution des conseils organisés par les conventions qu'on a vues ne lui fit pas courir de grands périls. Ces conseils devinrent, il est vrai, dans la suite les états provinciaux : ils entrent en activité après la mort de Waldemar, quand il s'agit de trouver un tuteur au dernier des Ascaniens, mais ils n'agissent pas d'accord les uns avec les autres. Tandis que « les chevaliers et les villes d'au delà de l'Oder » choisissent le duc de Poméranie, d'autres se tournent vers le duc de Saxe. C'est que les états représentaient non pas l'ensemble de la marche, comme le Parlement en Angleterre et les États-Généraux en France représentaient toute la monarchie, mais seulement une province particulière. Encore les chevaliers de ces petits parlements ne s'inquiétaient-ils que des intérêts de leurs pairs, pendant que les bourgeois ne pensaient qu'à ceux des villes. On ne voyait rien au delà de la haie du fief de chevalerie ou des murs de la cité.

Une entente des états aurait pu conjurer bien des malheurs dans les temps difficiles traversés par la marche après les Ascaniens, au milieu des désordres de toutes sortes causés au début de la dynastie bavaroise par l'excommunication répétée qui frappe les margraves, et par l'apparition d'un faux Waldemar ; plus tard, pendant les intrigues où Charles IV enveloppa la marche pour la faire tomber sous la domination des Luxembourg.

Mais cette entente ne se fit point, chacun demeurant confiné dans les étroites limites de son horizon. Quand le margrave Louis de Bavière, par exemple, veut obtenir des états une aide extraordinaire pour dégager la Lusace en 1338, il est obligé d'acheter leur consentement par des concessions qui grèvent l'avenir, parce que seul il a intérêt à la reconstitution de la marche. Ce morcellement de la représentation était bien moins redoutable à l'autorité du margrave que ne l'eût été l'institution d'un parlement central. Des états de Brandebourg auraient pu faire échec au margrave de Brandebourg; le margrave de Brandebourg demeura toujours supérieur aux états de Lusace, de Lebus, de la Vieille-Marche, etc. En lui fut personnifiée la marche ou comme l'on dira plus tard « l'état brandebourgeois. »

D'autre part, si le margrave a perdu de son autorité par l'aliénation de ses droits et priviléges au profit de ses villes et de ses vassaux, ni ses villes ni ses vassaux ne devinrent assez puissants pour arriver à l'indépendance absolue.

Les villes de la marche de Brandebourg, comme celles du reste de l'empire, commencent à jouir d'une certaine prospérité au xiie siècle, mais elles restent fort inférieures aux villes allemandes. Stendal et surtout Salzwedel s'enrichissent par les relations qu'elles entretiennent, la première avec Wismar, la seconde avec Lübeck. Quand Hambourg et Lübeck, après avoir purgé de brigands les routes du pays qui les sépare et canalisé les rivières qui y coulent, eurent conclu entre elles une association qui fut le point de départ de la ligue hanséatique, les bourgeois de Lübeck ne tardèrent pas à y admettre « leurs bons amis de Salzwedel »[1];

---

1. Riedel, *die Mark*, t. II, p. 346, note 1.

d'autres villes du Brandebourg entrèrent ensuite dans la hanse.

En même temps que le commerce, l'industrie se développa sous le régime des corporations qui fut importé ou tout au moins confirmé dans la marche par les margraves Jean et Otton [1]. Comme dans l'empire ces corporations, devenues puissantes par l'exercice de leur droit d'acquérir, troublèrent souvent la paix de la cité ; mais là s'arrête la ressemblance avec l'Allemagne. On ne trouve point dans tout le Brandebourg de villes qui puissent être comparées aux grandes métropoles du Rhin, du Danube, ou des bords de la Baltique et de la mer du Nord. Qu'est-ce que Stendal, Salzwedel, Berlin, Brandebourg, Francfort-sur-l'Oder, pour citer les principales, à côté de Strasbourg, Cologne, Brême, Hambourg, Lübeck, Ulm, Nuremberg, Vienne? Les villes de Brandebourg étaient situées à l'extrémité de la grande zone commerciale de l'Europe au moyen âge. Le sol sur lequel elles étaient bâties n'était point riche ; le terrain sur lequel elles faisaient leurs échanges n'était point sûr. Aucune d'elles ne devint assez forte pour prétendre à l'honneur de faire peur aux margraves.

Si abondantes qu'aient été les aliénations faites au profit de la chevalerie de la marche, il ne s'est élevé sur le territoire de Brandebourg qu'un très-petit nombre de grandes seigneuries ; les petites, qui au contraire y abondent, sont rarement d'un seul morceau : elles sont disséminées sur les territoires de plusieurs villages. Il ne faut pas oublier d'ailleurs que la noblesse du Brandebourg était pauvre, puisque les

---

1. Riedel, *die Mark*, p. 352 et suiv.

paysans n'étaient point riches, et cette pauvreté était un obstacle à la conquête de son indépendance.

Enfin ni dans les villes où siégeait au tribunal le bailli bourgeois, ni dans les villages abandonnés à la juridiction seigneuriale, le margrave n'avait renoncé à sa suzeraineté. C'est en son nom qu'était rendue la justice, et elle devait l'être selon la procédure usitée dans la marche. L'avoué margravial avait conservé le droit de surveiller les tribunaux urbains ou patrimoniaux; car si le margrave Louis défend, en 1324, à quiconque possède droit de haute et basse justice, de faire tort à ses justiciables, c'est qu'il se croit le droit de constater en même temps que le pouvoir de réprimer ces abus [1]. Cette suzeraineté ne fut point nominale; les margraves la gardèrent même pendant la triste période des Bavarois et des Luxembourgeois, et les Hohenzollern la trouvèrent intacte. L'un d'eux, octroyant à la ville de Brandebourg des priviléges juridiques, réserve en termes formels sa suzeraineté princière, *Fürstliche Obrigkheit* [2].

Pour montrer encore par un exemple frappant que la primitive autorité margraviale n'a point abdiqué, le margrave sait faire respecter par l'Église elle-même ses droits de juge suprême. Dans la marche, comme dans le reste de l'Allemagne, l'Église avait, en vertu du droit canonique, la juridiction sur ses membres et la connaissance de certains crimes, comme l'apostasie, l'hérésie, la simonie. Elle prétendait en outre juger toute affaire civile qui aurait été portée

---

1. Riedel, *Cod. dipl.*, I, xv, 78, n° CV. We ock gherichte, hogeste, oder sideste, und dhenest hevet in deme lande, dhe scal sine undersaten mit dheme dheneste und gherichte to unrechte nicht vorderven...
2. Voyez Kühns, I, p. 173.

devant ses tribunaux par une des deux parties, et toute affaire criminelle *mixti fori*, comme adultère, concubinat, magie. Les margraves prirent des précautions pour empêcher les envahissements des tribunaux ecclésiastiques : ils leur interdirent de connaître des matières réservées aux tribunaux laïques, et défendirent aux parties de porter devant le juge ecclésiastique des causes où celui-ci n'était pas compétent [1].

Toute tentative faite par un membre du clergé pour se soustraire à la loi commune est sévèrement réprimée, même sous les faibles successeurs des Ascaniens. Un prêtre ayant été assassiné par des habitants de Berlin, la ville fut mise en interdit, selon l'usage. Elle offrit de se racheter en payant le *wergeld* au frère de la victime, qui était prêtre lui-même. Celui-ci refusa, et l'interdit continua de peser sur la ville. C'était au temps où le fils de Louis de Bavière, encore mineur, régnait sur la marche. Louis écrit au jeune margrave de mander devant lui le récalcitrant, de lui assigner un délai pour l'acceptation du *wergeld*, et si par hasard il s'y refuse, de le destituer immédiatement de son office. Le nom du successeur était désigné dans la lettre [2]. Le prêtre se soumit, et l'évêque de Brandebourg lui-même n'éleva pas d'objections : en 1336, il donna quittance de la somme payée par les bourgeois de Berlin [3]. A la fin du même

---

1. Riedel, *Cod. dipl. br.*, II, t. V, p. 5, n° MDCCLXVIII ; et I, t. XXIII, p. 438, n° CCCCXXXIII. (Documents postérieurs aux Ascaniens.)
2. Voyez Kühns, t. I, p. 274... Quòd si fortasse facere renuerit, ex tunc ad privationem officii sui procedas, nullâ consideratione aliâ ulterius citra hoc exspectatâ, et hoc ipsum beneficium Heinrico de Tsuden conferas indilate... Voyez Riedel, *Cod. dipl.*, I t. XII, p. 488, n° VI.
3. Riedel, *ibid.*, t. VIII, p. 245, n° CCXI ; p. 247, n° CCXVII ; p. 258, n° CCXXXIII.

siècle, le margrave Sigismond écrivait à un évêque cette lettre où il revendique nettement son droit de justicier suzerain : « Sachez, monsieur l'évêque, qu'il est venu jusqu'à nous que vous mettez nos villes en interdit, avant d'avoir porté votre plainte devant nous. Or nous entendons rester leur juge... et notre sérieuse volonté est que vous cessiez sur l'heure d'en agir ainsi : sinon nous avons commandé que l'on donne du tracas à vous ou aux vôtres, que cela vous plaise ou non [1]. »

Il ne faudrait pas croire que ces mots « notre suzeraineté princière » et « nous voulons rester leur juge » ne représentent qu'une prétention vaine, comme en ont souvent les pouvoirs déchus. Un curieux procès, plaidé au xvie siècle entre l'empire et la marche, abonde en témoignages qui attestent la permanence du caractère exceptionnel de l'autorité margraviale.

Quand Maximilien d'Autriche voulut mettre un peu d'ordre dans le chaos germanique et qu'il créa la chambre impériale, il inscrivit les évêques de la marche, comme ceux du reste de l'Allemagne, parmi les princes relevant immédiatement de l'empire, et de qui les querelles devaient être portées devant cette juridiction nouvelle. Le margrave de Brandebourg protesta contre cette décision. Il écrivit en 1509 à un avocat près la chambre impériale, pour lui représenter que les trois évêques de la marche n'avaient rien à faire avec l'empire : ils ne tenaient point de l'empire, comme ceux de Thuringe et de Misnie, leurs régales

---

[1]. Kühns, I, p. 279 : « Wisset, Herr Bischof, dass vor uns gekommen ist, wie dass ihr unsere Städte bannet..... so dass ihr vor uns nie eure klage angebracht habt..... denn vir vollen selber richter über sie bleiben..... »

ni leurs fiefs ; c'étaient les margraves qui leur avaient donné l'investiture de leurs châteaux et de leurs biens ; à cause de cela, ils devaient aux margraves, dans la paix et dans la guerre, les mêmes services que le reste de leurs vassaux.

Au cours du procès, qui dura très-longtemps et n'eut pas de conclusion, le margrave et les évêques, d'accord pour repousser les prétentions de l'empire, fournirent un grand nombre de documents, dont plusieurs remontent au temps des princes ascaniens. Des nobles et des bourgeois du Brandebourg, cités à comparaître en 1564 devant une commission impériale, attestèrent que les coutumes de la marche étaient en opposition avec les prétentions de l'empire. Il résulte de leurs dépositions que les évêques n'ont jamais été princes d'empire : ils sont sujets brandebourgeois. On en appelle de leurs tribunaux, non à l'empereur, mais au margrave. — Il n'y a jamais de relations directes entre les évêques et l'empire ; les lettres impériales adressées aux évêques passent par les mains du margrave ; l'impôt d'empire appelé « commun pfennig, » institué pour subvenir aux frais de la chambre impériale, est versé par les évêques à la trésorerie brandebourgeoise. — Les évêques doivent au margrave le service militaire et le service de cour ; leur place est marquée dans les cérémonies, leur costume prescrit ; ils portent les couleurs du margrave ; ils se disent dans les lettres qu'ils lui écrivent « de Sa Grâce Électorale les chapelains très-soumis ». Le margrave les appelle simplement « monsieur de Havelberg, monsieur de Brandebourg, monsieur de Lebus » ; il ne leur dit pas « Votre Dilection », comme on fait entre personnes de condition princière, mais simplement « Vous ». — « J'ai trois évêques dans mon pays, a pu dire l'électeur Joachim I, qui ne doivent de services qu'à moi [1]. »

Or, l'électeur dans sa lettre à l'avocat près la chambre impériale, déclarait que les comtes de Ruppin et de Hohenstein, qui étaient alors ses plus puissants vassaux, ne relevaient pas plus de l'empire que les évêques. On sait du reste que parmi les villes de Brandebourg, pas une ne devint ville impériale. Ainsi la hiérarchie et la discipline instituées dans la marche à l'origine ne se sont pas perdues, même en traversant les deux siècles lamentables qui séparent l'extinction de la dynastie ascanienne de l'avénement des Hohenzollern. Depuis les successeurs d'Albert II jusqu'aux prédécesseurs du Grand Électeur et de Frédéric II s'est conservée la tradition d'un pouvoir qui demeure fort au-dessus de ses vassaux ecclésiastiques ou laïques et de ses sujets bourgeois, en dépit des priviléges qu'il leur a octroyés ou vendus.

1. Voyez l'article *Die Unterordnung der Bischöfe von Brandenburg, Havelberg und Lebus unter die Landeshoheit der Churfürsten von Brandenburg*, au tome I des *Märkische Forschungen*.

CONCLUSION

On peut résumer en quelques pages les réflexions que suggère l'histoire du Brandebourg sous la dynastie ascanienne.

L'état brandebourgeois est sorti d'une marche, et cette origine en a déterminé tout le caractère.

Pour se représenter le rôle historique d'une marche, il faut remonter au temps de l'empire carlovingien. Couronné empereur par le pape, Charlemagne avait mission, non-seulement de protéger la communauté chrétienne d'Occident dont il était le chef laïque, mais encore de porter chez les infidèles le glaive et la croix, pour les soumettre et les convertir. La guerre était à l'état permanent sur toutes les frontières ; les comtes de la frontière ou margraves étaient donc au poste d'honneur dans l'empire : ils étaient des acteurs importants dans l'histoire générale du monde.

L'empire franc, cette conception ecclésiastique et romaine, ne dura pas longtemps : il s'écroula et les nations modernes naquirent. L'Allemagne prit et garda quelque temps la première place. Comme elle confinait à l'Est aux Hongrois, aux Slaves et aux Danois, ses rois, en combattant les païens, continuaient la tradition carlovingienne. Henri-le-Fondateur est un héros chrétien ; Otton-le-Grand se fait donner par le pape la couronne de Charlemagne ; aussitôt, les marches qui étaient en décadence se relèvent. Toute la frontière de l'Elbe est placée sous la surveillance du margrave Gero. Véritable croisé, Gero mêle les œuvres pies aux œuvres de guerre. Quand il a conquis le terrain où se sont élevés les évêchés d'Oldenbourg, Havelberg, Brandebourg, Mersebourg, Zeitz, Meissen ; quand il a vaincu et entamé la Pologne, il va déposer son épée sur le tombeau de saint Pierre, et revient en Allemagne fonder un monastère et mourir. Un écrivain contemporain le nomme le « défenseur de la patrie : » ce surnom glorieux sied bien à un margrave.

Mais Gero n'eut pas de successeur ; la marche qu'il avait gouvernée fut morcelée, et de ce morcellement naquit la marche du Nord.

Pendant près de cent quatre-vingts ans, la marche du Nord mène une existence misérable, et les margraves défendent à grand'peine contre les Slaves leur étroit territoire, situé sur la rive gauche de l'Elbe. C'est que les chefs du saint Empire Romain Germanique ne sont pas les continuateurs de Charlemagne. Ils ont pris dans son héritage les prétentions à la souveraineté universelle, sans se soucier des devoirs qui s'y rattachent, et ils dépensent en Italie plus de forces qu'il n'en aurait fallu pour convertir et soumettre les Slaves. Du reste, dans le conflit qui éclate entre l'empire et la papauté, l'unité du monde chrétien est brisée. En même temps la féodalité, née dans le royaume franc, et que Charlemagne s'était efforcé de plier à des lois, pénètre dans l'Allemagne qu'elle divise. Dans ces conjonctures, les marches étaient impuissantes contre l'ennemi. Que peut l'avant-garde, si le corps d'armée ne la suit pas, et qu'il se partage en fractions indifférentes ou bien hostiles les unes aux autres? Elle provoque les coups sans pouvoir les repousser.

Des circonstances plus favorables à la marche du Nord se présentèrent quand Lothaire, duc de Saxe, monta sur le trône impérial. A la frontière orientale du duché de Saxe la guerre contre les Slaves était une tradition constante, et comme le règne de Lothaire fit trêve pour un moment à la lutte du sacerdoce et de l'empire, les peuples de l'Est furent de nouveau attaqués avec vigueur : le premier des margraves ascaniens, Albert l'Ours, acquit au delà de l'Elbe un territoire qui ne devait plus être perdu, et la marche du Nord, du nom de la capitale des Slaves Hévelliens, s'appela marche de Brandebourg.

Ses progrès sont continus jusqu'à la fin de la dynastie ascanienne. De nouvelles discordes, il est vrai, affaiblissent l'empire. Pas un règne ne s'écoule sans guerre civile, et la féodalité prend pied à pied possession du sol allemand. Elle en est maîtresse, quand le saint Empire Romain Germanique s'est effondré sous l'anathème du pape Grégoire IX. Dès lors plus d'unité, plus d'œuvre commune de la Germanie : les dynasties territoriales n'ont souci que de leurs intérêts privés.

Il semblait que la marche fût encore exposée aux périls qu'elle avait courus, après les règnes de Charlemagne et d'Otton. Mais si la force offensive de l'Allemagne avait diminué à cause de la chute de l'empire, la force de résistance des ennemis était plus réduite encore. Aux ixe et xe siècles, les trois confédérations des Slaves de l'Elbe, Sorabes, Wiltzes, Obotrites s'appuyaient sur les Polonais, les Poméraniens, les Danois, redoutable réserve du paganisme. Au xiie siècle la Pologne, la Poméranie, le Danemark étaient chrétiens. Les confédérations des Slaves de l'Elbe, qui, à de certains moments, avaient fait trêve à leurs discordes pour défendre contre les Allemands leurs dieux et leur liberté, avaient disparu. Le territoire des Wiltzes, entamé par la Poméranie, était occupé par de petites tribus, hésitant entre les deux religions, incapables de résister longtemps aux margraves de Brandebourg.

Un margrave pouvait plus facilement qu'aucun autre prince allemand s'isoler du reste de l'empire et travailler uniquement pour lui et pour sa maison. Une marche, en effet, avait un double privilége : comme état frontière, elle avait des institutions exceptionnelles, et elle était bien située pour s'étendre.

Il y a deux périodes à distinguer dans l'histoire des institutions brandebourgeoises, celle de la création et celle de la déformation.

Il est naturel que la création ait été méthodique. Quand les institutions naissent d'elles-mêmes, ce n'est jamais sans quelque désordre. Quand on les établit, c'est toujours sur un plan plus ou moins bien conçu. Celui des margraves brandebourgeois fut très-simple. Une fois qu'ils eurent passé l'Elbe, ils se trouvèrent en terre nouvelle, libres d'y bâtir, comme ils l'entendaient. Ils firent la distribution du sol à leurs vassaux et sujets, mais sans laisser prescrire leur droit primordial sur ce sol, et en imposant à tous la reconnaissance de ce droit. Les paysans reçurent une propriété plus libre que n'en possédaient alors les paysans d'Allemagne ; mais ils avaient envers les margraves des obligations militaires et financières. Les villes, quoique pourvues de libertés municipales étendues, furent soumises aux mêmes obligations. Il n'y eut pas de grande noblesse. Le vassal ne fut point dispensé de toutes charges, sous prétexte qu'il payait l'impôt du sang. C'était un soldat, à l'entretien duquel était affecté un domaine déterminé et dûment arpenté. Tout ce qu'il possédait de plus était soumis aux charges d'état.

Les évêques eux-mêmes, bien qu'ils pussent alléguer que leur origine, antérieure aux Ascaniens, remontait au temps de l'empereur Otton, durent reconnaître que la qualité de conquérants du sol donnait aux margraves des droits particuliers. Chacun savait donc en Brandebourg, quels étaient ses devoirs envers son seigneur, qui l'avait mis ou replacé à son poste. Des avoués, dont les attributions ressemblaient à celles des comtes, mais qui n'étaient que des fonctionnaires toujours révocables, représentaient le margrave dans les diverses circonscriptions de la marche.

Il y avait dans cet état d'une nature exceptionnelle de la simplicité, une hiérarchie et de la discipline.

La déformation ne se fit pas attendre ; on peut même dire qu'elle est contemporaine de la création. La pénurie financière a été partout au moyen-âge le fléau des états qui ont voulu comme le Brandebourg se donner des institutions presque modernes, sans avoir les ressources que les temps modernes devaient fournir aux princes. Les margraves battirent monnaie avec leurs droits et priviléges. En même temps la régularité de l'institution primitive était détruite par le jeu même de la vie quotidienne. Des vassaux s'élevèrent au-dessus des autres. Des paysans vendirent leur terre à des chevaliers, à des bourgeois ou à des moines, qui, une fois introduits dans la communauté villageoise, la détruisirent. L'aliénation faite par les margraves de leurs droits de juridiction constitua les seigneuries, qui étouffèrent la liberté des paysans. En même temps les villes développaient leurs libertés au point de devenir presque indépendantes, et des états provinciaux commencèrent à s'organiser dans chaque territoire de la marche, pour consentir et régler la levée de l'impôt. Cependant le margrave demeurait le chef de ses vassaux et de ses bourgeois. Il avait aliéné à leur profit des revenus et des droits, mais en réservant « sa suzeraineté princière ». Personne n'était capable dans la marche de la lui contester sérieusement. Les seigneuries demeurèrent petites, les villes médiocres. Les états provinciaux ne représentaient que la province où ils étaient élus; encore ne peut-on guère donner ce nom de province aux petits territoires qui avaient été successivement réunis pour former le Brandebourg. Le margrave en était le lien : il demeura le personnage nécessaire, essentiel. La marche n'existait que par lui.

De même que certaines institutions s'imposaient au Brandebourg, à cause de sa qualité d'état frontière, de même la direction où devait s'avancer la conquête ascanienne était marquée d'avance par la situation géographique de la marche. Placée au milieu de la grande plaine germano-slave, sur les deux rives de l'Elbe moyenne, elle ne pouvait s'étendre du côté de l'Allemagne, où toutes les positions étaient prises.

C'est à l'est qu'elle devait prendre corps, aux dépens des petites principautés slaves désorganisées. Mais un état ne peut s'allonger en plaine, parallèlement à la montagne et à la mer, sans chercher à couvrir ses flancs menacés de toutes parts. Riverains de l'Elbe, les margraves ne pouvaient point ne pas s'efforcer de remonter le fleuve et de le descendre. Ils étaient nécessairement attirés vers la montagne et vers la mer. Ils ont atteint l'une, et à plusieurs reprises touché l'autre : leurs acquisitions dans la Saxe actuelle et dans la Lusace ont porté leurs frontières jusqu'aux monts de Bohême : ils ont commandé à Dresde et à Görlitz. Un moment même, la Silésie fut entamée par eux. Quatre jours avant sa mort, le dernier margrave ascanien, Waldemar, se faisait promettre par les ducs de Glogau les territoires de Schwiebus, Züllichau, Crossen. Enfin n'est-il pas remarquable que les successeurs d'Albert-l'Ours aient possédé Lübeck et Danzig, convoité Stralsund, aidé le roi de Bohême à fonder Kœnigsberg ?

Il y a donc dans cette vieille histoire de la marche avant les Hohenzollern, plus d'un enseignement utile, et nous n'avons pas exagéré en disant qu'il y faut chercher les origines véritables de la monarchie prussienne. N'a-t-on pas reconnu les traits principaux de cette monarchie dans la marche, telle qu'elle a été conçue d'abord par les margraves ascaniens, puis modifiée par les circonstances? Des libertés provinciales, des libertés municipales, une nombreuse petite noblesse, toute militaire, des seigneuries investies du patronat et de la juridiction dans les campagnes, ce mélange singulier du féodal et du moderne où un Français peut trouver tout à la fois à railler et à envier, n'est-ce pas, avec les changements inévitables apportés par le temps, le Brandebourg d'aujourd'hui? Telle loi que les chambres de Prusse ont longtemps discutée, et qu'on met en vigueur au moment où ces lignes sont écrites a été faite pour modifier un état de choses qui date de la conquête ascanienne.

Ces chambres de Prusse sont toutes nouvelles dans la monarchie ; le parlement unique et national y est né d'un accident révolutionnaire : seuls, les états provinciaux ont pour eux la tradition historique. Il n'y a pas longtemps que l'unité de la monarchie était représentée uniquement par le roi, c'est-à-dire par l'héritier des margraves. Aujourd'hui encore cet héritier se croit plus qu'un souverain constitutionnel, et l'expérience lui a donné raison. L'histoire entière du Brandebourg justifie sa prétention ; car personne n'a mérité autant que les margraves le titre de « père du pays », que les princes allemands aiment à se faire donner par leurs sujets. Ce livre a montré que la marche était bien leur création ; mais elle était aventurée sur un terrain dangereux, et, plusieurs fois, elle faillit périr : les successeurs des margraves, les premiers Hohenzollern, après la triste période des Bavarois et des Luxembourgeois, le Grand Électeur après la guerre de trente ans, Frédéric II après la guerre de sept ans, la créèrent à nouveau. Frédéric parcourant ses états dévastés, ordonnant lui-même de relever telle ruine, de dessécher tel marais, reconstruisant ou fondant des villages par entreprise, fait songer aux Ascaniens, quand ils prirent possession du pays transalbin depuis si longtemps désolé par la guerre, et que les villes et les villages s'élevèrent par leur ordre et sous leurs yeux.

Certaines traditions, qui datent du temps des Ascaniens, se sont perpétuées à travers l'histoire entière de la Prusse. Elles sont attachées, si l'on peut parler ainsi, au pays même. Il n'en est guère de plus triste que le Brandebourg, ni que la nature ait fait plus pauvre. Les géographies allemandes plaident là-dessus les circonstances atténuantes. Elles veulent qu'on ait calomnié « la sablière de l'Allemagne. » Elles nomment des collines, qui ont en effet plusieurs mètres de haut, et vantent avec raison les lacs grands et petits, et les bois où l'œil s'arrête et se repose. Il faut pourtant convenir qu'en plus d'un endroit on se croirait, l'été, perdu dans le Sahara. Telle petite ville, quand le vent est fort, est enveloppée par des tourbillons de sable : le vent tombé, il faut dégager les portes obstruées des maisons et balayer les rues, où le sable monte jusqu'au genou. Ailleurs le désert est remplacé par le marécage. Un patriote brandebourgeois a célébré les agréments de la marche, dans un livre qu'il a intitulé : *Entre marais et sable* [1]. On comprend que pour féconder un sol pareil, il ait fallu de longs efforts, de l'habileté, et les bras de nombreux travailleurs. Aussi Albert l'Ours appelle-t-il les immigrants ; il les envoie même chercher ; les Hohenzollern feront comme lui. Le Brandebourg, sous les électeurs Frédéric-Guillaume et Frédéric III, sous les rois Frédéric-Guillaume I et Frédéric II, a été une terre d'asile ! L'amour de l'humanité n'était certes pas le principal mobile de ces princes. Ce n'est point par commisération qu'Albert l'Ours a introduit les Hollandais dans

---

[1]. Voyez Daniel, *Deutschland nach seinen physischen und politischen Verhältnissen geschildert*, t. I, p, 473-5.

la marche ; il avait besoin d'eux, et l'on sait que Frédéric II calculait très-exactement ce que lui pouvaient rapporter une tête et deux bras d'immigrant.

Dans ce pays déshérité, où le luxe de la richesse est inconnu, il n'y a guère de place pour certains luxes de l'esprit. Quelques-uns des margraves ascaniens ont été, il est vrai, de brillants chevaliers ; on compte même des poètes parmi eux, et les chanteurs étaient reçus à leur cour ; mais ces chanteurs venaient du dehors. J'imagine que la cour d'un margrave ascanien, comparée à celle d'un landgrave de Thuringe, devait paraître aussi barbare que la cour d'un roi franc de Cologne ou de Cambrai, comparée à celle d'un roi wisigoth de Toulouse et de Tolède. Depuis les Ascaniens, le Brandebourg n'a point donné de moisson de poètes. Les gloires intellectuelles y ont longtemps manqué ; aujourd'hui encore elles n'y abondent pas. Sur les « cartes intellectuelles, » comme on en publie en Allemagne, la Souabe est couverte de noms illustres ; s'il ne s'en trouvait un certain nombre autour de la ville cosmopolite de Berlin, le Brandebourg paraîtrait vide. Mais l'histoire est d'accord avec la fable pour montrer que les peuples poètes sont rarement des peuples vainqueurs. Les Macédoniens chantaient moins que les Grecs, et la Grèce est devenue une province de la Macédoine. Que sont aujourd'hui les successeurs des landgraves de Thuringe, auprès des successeurs des margraves de Brandebourg ?

A défaut de poètes, on trouverait à citer dans la marche une longue liste d'hommes qui se sont honorés au service de l'état. Le pays des avoués et des chevaliers a produit un grand nombre d'administrateurs et de soldats ; mais le soldat y a toujours été le principal personnage. Les Ascaniens essaient tous les systèmes militaires du temps, la levée en masse, les milices féodales, les mercenaires. Ils se plaignent des dépenses auxquelles les oblige leur armée; mais en même temps ils disent que ces dépenses sont absolument nécessaires. Cette tradition-là ne s'est-elle pas aussi bien gardée?

On a quelques scrupules à juger ainsi le passé avec les lumières que donne le présent. Rien n'est plus légitime pourtant. En présence de grands événements comme il s'en est produit depuis dix ans en Allemagne et en Europe, on éprouve l'impérieux besoin de remonter aux causes, et l'effet, après avoir provoqué la recherche des causes, aide à les discerner et à les comprendre.

Assurément on n'a jamais le droit d'affirmer que ce qui est arrivé devait arriver de toute nécessité. Les circonstances favorables, qui se sont présentées pour seconder la fortune du Brandebourg au temps des margraves ascaniens, c'est-à-dire la faiblesse et le désordre des états allemands voisins de la marche, l'anarchie des pays slaves, l'absence de pouvoir central en Allemagne, auraient pu ne pas se rencontrer de nouveau! Le Brandebourg était exposé à bien des dangers par sa situation même. Dépourvu de frontières, il pouvait périr comme la Pologne; mais s'il devait durer, il était certain qu'il ne demeurerait pas dans la médiocrité; car il fallait d'abord qu'il prît racine par des institutions très-fortes sur ce sol découvert, et il était condamné pour garantir sa sécurité à s'agrandir toujours. Les margraves ascaniens, sans cesse en mouvement, achetant tout ce qui est à vendre, prenant tout ce qui est à prendre, annoncent les Hohenzollern mettant à profit toutes les occasions de rectifier leurs frontières.

C'est sans le savoir que les Hohenzollern ont suivi sur tant de points l'exemple des Ascaniens : la persévérance dans les mêmes traditions s'explique par la persistance des mêmes nécessités.

Les historiens amis de la Prusse ne se contentent pas de cette explication ; ils font d'ingénieuses théories sur la philosophie de l'histoire prussienne : ils veulent que le Brandebourg ait eu au moyen-âge *une mission chrétienne*, et dans les temps modernes *une mission allemande* en pays slave. Mais la mission chrétienne de la marche n'a duré qu'un court moment de l'histoire d'Allemagne. Pour être duc de Saxe, Albert l'Ours eût donné sans hésiter la gloire de convertir la Slavie toute entière; quant aux Hohenzollern, ils ont grandi surtout au dépens de l'Allemagne. Pour l'une et l'autre dynastie, les conquêtes à l'Est ont été plus faciles, les conquêtes à l'Ouest plus enviées. Les Ascaniens comme les Hohenzollern ont voulu jouir en Allemagne des bénéfices de leurs victoires sur les Slaves; la colonie militaire du Brandebourg a eu de très-bonne heure l'ambition de se retourner vers la mère-patrie pour y dominer : trois Ascaniens ont brigué la couronne impériale.

A dire le vrai, le Brandebourg n'a reçu d'autre *mission* que celle de vivre dans des conditions difficiles, et il s'en est acquitté à merveille. Comme il arrive chez les êtres faibles et menacés, l'instinct de la conservation s'est développé dans ce pays. Pour vivre, il a dû faire un effort constant : il l'a fait. « Ce n'est pas la destinée de la Prusse, disait naguère un roi de Prusse le jour de son couronnement, de s'endormir dans la jouissance des biens acquis : la tension de toutes les forces intellectuelles, le sérieux et la sincérité de la foi religieuse, l'accord de l'obéissance et de la liberté, l'accroissement de la force défensive sont les conditions de sa puissance ; si elle l'oubliait, elle ne garderait pas son rang en Europe. » La pensée principale de ce discours, dépouillée des accessoires qui l'enveloppent, est d'une justesse indiscutable, et le prince qui a prononcé ces paroles a donné en langage officiel et mystique la loi de l'histoire de Prusse. Un Français, Mirabeau, l'avait trouvée au siècle dernier sous cette forme plus brève : « La guerre est l'industrie nationale de la Prusse. »

LA BRANCHE JOHANIENNE DE LA MAISON ASCANIENNE.

Jean I † 1266.
épouse : 1° Sophie de Danemark ; 2° Hedwig de Poméranie ; 3° Jutta de Saxe.

- Jean II † 1281.
  - Mathilde, ép. Bogislaw de Poméranie.
- Otton IV † 1309.
  - Jean IV † 1305.
  - Otton VII † 1297.
    - Waldemar † 1319, ép. Agnès de Brandebourg.
- Conrad † 1304.
- Erich † 1295, archev. de Magdebourg.
- Henri † 1319, margr. de Landsberg.
  - Sophie.
  - Henri-le-Jeune † 1320.

LA BRANCHE OTTONIENNE DE LA MAISON ASCANIENNE.

Otton III † 1267,
épouse Béatrix de Bohême.

- Jean III † 1268.
  - Otton V † 1298.
    - Hermann † 1308.
      - Judith, ép. Henri de Henneberg.
      - Agnès, ép. : 1° Waldemar de Brandebourg, 2° Otton de Brunswick.
    - Jean V † 1317.
    - Beatrix, ép. Boleslaw de Jauer.
  - Otton VI † 1303.
    - Mathilde, ép. Henri de Breslau.
    - Jutta, ép. Rodolphe de Saxe.
- Albert III † 1301.
  - Marguerite, ép. : 1° Przemislaw de Pologne ; 2° Niclot de Rostock.
  - Mathilde, ép. Barnim de Poméranie.
  - Beatrix, ép. Henri-le-Lion de Mecklembourg.

ERRATA

Page v, ligne 10, au lieu de *rive gauche*, lire *rive droite*.
» 8, dernière ligne, au lieu de 799, lire 789.
» 16, lignes 9 et 10, après l'*Allemagne orientale*, ajouter *et septentrionale*.
» 23, note 2, au lieu de 983, lire 976.
» 41, ligne 23, remplacer la *virgule* par *et*.
» 41, id. 24, remplacer *et* par *point et virgule*.
» 46, note 1, ligne 4, au lieu de 1180, lire 1170.
» 66, ligne 16, au lieu de *Henri*, lire *Guillaume*.
» 72, id. 11, id. *Frédéric*, lire *Frédéric Guillaume*.
» 80, id. 24, id. *convertir*, lire *retourner*.
» 100, id. 29, id. *Bernard*, lire *Philippe*.
» 129, id. 20, id. 1180, lire 1184.
» 144, id. 2 et 4, id. 1300 et 1301, lire 1200 et 1201.
» 163, id. 11, id. 1239, lire 1237.
» 167, id. 4, id. *neveu*, lire *beau-frère*.
» 196, id. 22, id. xiie, lire xiiie.
» 213, id. 20, id. *Albert Ier*, lire *Otton II*.
» 213, id. 24, id. *Otton II*, lire *Albert II*.
» 250, id. 13, id. *les deux siècles*, lire *le siècle*.
» 250, id. 15, id. *Albert II*, lire *Albert Ier*.

TABLE DES MATIÈRES

CHAPITRE I⁽ʳ⁾. — LA MARCHE AVANT L'AVÉNEMENT DES ASCANIENS.

Les Slaves de l'Elbe et les Germains jusqu'à la mort de Charlemagne.	1
Leur situation comparée en 814.	10
Les Slaves de l'Elbe et les Allemands, depuis la mort de Charlemagne, jusqu'à la fondation de la marche du Nord (814-963).	18
La marche jusqu'à l'avénement des Ascaniens (963-1134).	25
Situation singulière des Slaves de l'Elbe au début du XII⁰ siècle. — Causes et conséquences de cette situation.	36

CHAPITRE II. — LE MARGRAVE ALBERT L'OURS.

Les Ascaniens avant l'avénement d'Albert au margraviat du Nord.	43
Mission d'Otton de Bamberg chez les Wendes.	51
La marche à l'avénement d'Albert, premiers actes d'Albert ; expéditions et négociations en pays wende.	58
Acquisition et perte du duché de Saxe.	61
Croisade en pays wende.	66
Prise de possession de Brandebourg.	70
Nouvelles entreprises sur le duché de Saxe. — Mort d'Albert.	75

CHAPITRE III. — RELATIONS DES MARGRAVES ASCANIENS AVEC L'EMPIRE ET LES ÉTATS ALLEMANDS.

Les successeurs d'Albert l'Ours ; division de leur histoire.	83
Relations des margraves avec l'empire.	87
Relations avec le duché de Saxe.	96
Relations avec l'archevêché de Magdebourg.	103
Relations avec les marches de Lusace et de Misnie.	115

CHAPITRE IV. — CONQUÊTES DE LA MAISON ASCA-
NIENNE EN PAYS SLAVES.

La fondation du monastère de Lehnin.................................. 129
Conquêtes en pays de suzeraineté polonaise........................ 132
Conquêtes en pays de suzeraineté danoise.......................... 139
Tentatives des margraves sur la Pomérellie. — Rapports avec
   l'ordre teutonique.. 155
Relations avec le Mecklembourg et nouvelles luttes avec le
   Danemark... 163
Fin de la dynastie ascanienne... 172

CHAPITRE V. — LES INSTITUTIONS DE LA MARCHE DE
BRANDEBOURG.

Du pouvoir margravial... 177
Formation de la population brandebourgeoise........................ 183
Les Ordres dans la marche : les grands et les petits vassaux. 194
Les paysans et les bourgeois.. 201
Le clergé... 210
Administration de la marche; les avoués................................ 215
Des altérations de l'institution primitive dans la marche; de
   l'autorité margraviale après ces altérations......................... 228

CONCLUSION.. 251

FIN DE LA TABLE DES MATIÈRES.

Coulommiers. — Typogr. A. MOUSSIN.

LIBRAIRIE HACHETTE ET Cⁱᵉ

A Paris, boulevard Saint-Germain, 79

HISTOIRE UNIVERSELLE

publiée par une société de professeurs et de savants

SOUS LA DIRECTION

DE M. V. DURUY

Format in-18 jésus

Les volumes de cette collection sont accompagnés de cartes géographiques, de plans de villes et de batailles, et contiennent des dessins de monuments, de costumes, etc.

La terre et l'homme, ou Aperçu historique de géologie, de géographie et d'ethnologie générales, pour servir d'introduction à l'*Histoire universelle*, par L. F. A. MAURY, membre de l'Institut; 3ᵉ édition. 1 volume.   5 fr.

Chronologie universelle, par M. DRUYSS, recteur de l'Académie de Toulouse; 4ᵉ édition, corrigée et continuée jusqu'en 1872. 2 volumes.   10 fr.

Histoire sainte d'après la Bible, par M. DURUY; 7ᵉ édition. 1 volume.   3 fr.

Histoire ancienne des peuples de l'Orient, par M. MASPERO, professeur au Collège de France. 1 volume avec des fac-simile des écritures hiéroglyphiques et cunéiformes et des cartes géographiques.   »

Histoire grecque, par M. DURUY; 8ᵉ édition. 1 vol.   4 fr.

Histoire romaine, par M. DURUY; 12ᵉ édition. 1 vol.   4 fr.

Histoire du moyen âge, depuis la chute de l'empire d'Occident jusqu'au milieu du XVᵉ siècle, par M. DURUY; 7ᵉ édition. 1 volume.   4 fr.

Histoire des temps modernes, depuis 1453 jusqu'à 1789, par M. DURUY; 6ᵉ édition. 1 volume.   4 fr.

Histoire de France, par M. DURUY. Nouvelle édition illustrée de nombreuses gravures et de cartes. 2 volumes.   8 fr.

Histoire d'Angleterre (abrégé de l'), comprenant celle de l'Écosse, de l'Irlande et des possessions anglaises, par M. FLEURY, recteur de l'Académie de Douai; 3ᵉ édition. 1 vol.   4 fr.

Histoire d'Italie (abrégé de l'), par M. ZELLER, membre de l'Institut; 2ᵉ édition. 1 vol.   4 fr.

Histoire du Portugal, par M. BOUCHOT. 1 vol.   4 fr.

Histoire de la littérature grecque, par M. PIERRON; 6ᵉ édition. 1 vol. broché.   4 fr.

Histoire de la littérature romaine, par M. PIERRON; 6ᵉ édition. 1 volume.   4 fr.

Histoire de la littérature française, par M. DEMOGEOT, agrégé de la Faculté des lettres de Paris; 14ᵉ édition. 1 volume.   4 fr.

Histoire de la littérature italienne, par M. L. ÉTIENNE. 1 vol.   4 fr.

Histoire historique des institutions, mœurs et coutumes de la France, par M. CHÉRUEL; 4ᵉ édition. 2 vol.

Histoire de la physique et de la chimie, depuis les temps les plus reculés jusqu'à nos jours, par M. HOEFER. 1 vol.   4 fr.

Histoire de la botanique, de la minéralogie et de la géologie, par M. HOEFER. 1 vol.   4 fr.

Histoire de la zoologie, par M. HOEFER. 1 vol.   4 fr.

Histoire de l'astronomie, par M. HOEFER. 1 vol.   4 fr.

Histoire des mathématiques, par M. HOEFER. 1 volume.   4 fr.

La demi-reliure en chagrin de chacun de ces volumes se paye en sus :
tranches jaspées, 1 fr. 50 c.; tranches dorées, 2 fr.

www.ingramcontent.com/pod-product-compliance
Lightning Source LLC
Chambersburg PA
CBHW050654170426
43200CB00008B/1286